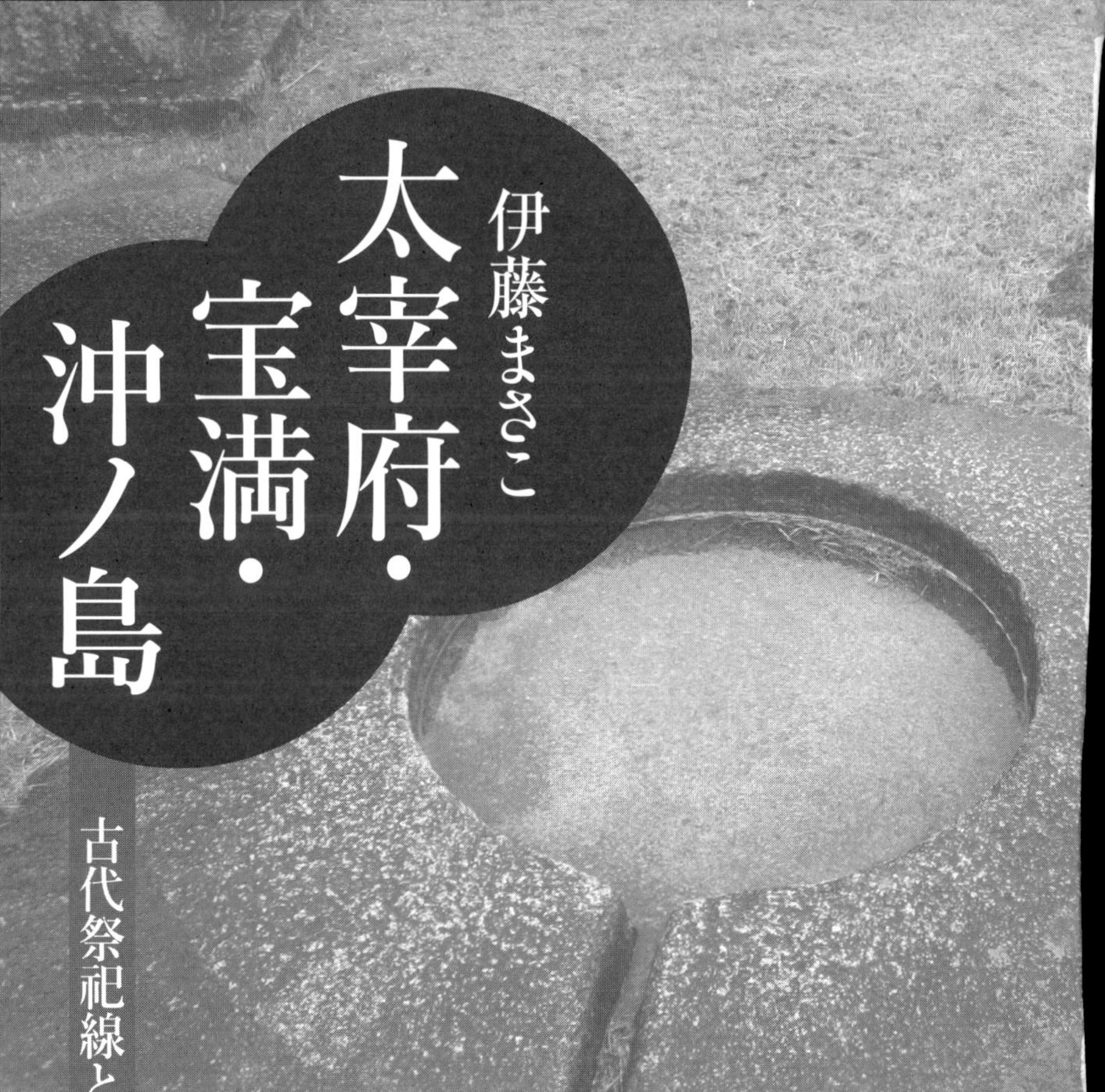

伊藤まさこ

太宰府・宝満・沖ノ島

古代祭祀線と式内社配置の謎

不知火書房

◎目次

二章　倭国の成立……99

三章　倭国を消した大王……217

はじめに

漠然とではあるが、歴史は地図でもかなり読めると考えていた私は、ある時、神社や古墳の位置に蛍光ペンで印を入れていた。すると山頂を起点にしてそれらが並んでいることに気が付いた。定規を当ててみると一目瞭然。直線上にドットが並んだ。国土地理院の五万分の一の地形図を貼りあわせて調べると、同じ傾向が広範囲に渡っていた。それも地図に載っているような著名な神社や古墳ほど知名度の高い山と結びついていた。

貼りあわせた地形図上に引いた直線から古代の人々の思想を探ることが出来る、と考えるようになるのに時間はかからなかった。それらは人々と先祖をつなぐ直線であり、生活の基本となる暦がわりの直線であり、太陽祭祀が行われていたと思われる直線であった。正確を期するために、国土地理院の地図検索サービスを使って山頂や遺跡や神社の緯度・経度も求めた。

弥生時代の首長達が墓を築く時には地域の山に守られる（挟まれる）場所を選んでいることや、次世代の有力者は地域の山に守られた過去の有力者の墓と結びつく場所を選んでいることなども徐々にわかってきた。更に、有名な弥生遺跡と山頂を結ぶ直線が春分・秋分・夏至・冬至のライン*となっているることも分かり、驚かされることが多々あった。時代が下るにつれ、かつて墓であるところが神社に変わったり、逆に人の寄り付かない藪になったりして今に残っているようだった。

このように地図上に祭祀線を見つけて歴史を遡る作業を行っているうちに、私は古代の北部九州には大きな政治的なまとまりがあったと思うに至った。そして、その国や王権（ここでは中心勢力を王権という）の都・王宮・王族の歴史が伝承すら残らず消えたのはなぜなのか、ということに関心が移っていった。

この本は、私がたどったミステリーの謎解きのようにもなっている。地図を片手に容疑者を追い詰めていく面白さを少しでも味わっていただけたら嬉しいし、そのことをひそかに期待している。

＊文中で「ライン」という言葉を使っているが、これは私が地図上に引いた（見つけた）直線のことである。山頂と遺跡と神社を結んだと思われる古代祭祀線を、ここでは「ライン」と呼んでいる。

一章 祭祀ラインで読む古代史

玄界灘から博多湾に入ると脊振山地が南に広がっている。

1　大宰府・都府楼の東西南北

南北ライン

福岡県太宰府市の大宰府政庁跡（都府楼跡）に立つと、北に山が迫って見える。眼前に折り重なって見える山は、地図で調べると大城《おおき》山《やま》（大野山）となっている。地元では四《し》王寺《おうじ》山《やま》ともいわれるこの山の上には、朝鮮式山城である大野《おおの》城《じょう》が築かれている。大野城は白村江敗戦（六六三年）後に急いで造られた山城とされ、高床式の倉庫跡や百間石垣《ひゃっけんいしがき》などが残っている。

この大城山の頂上（４１０ｍ）は、地図上では都府楼跡の真北になる。地元の史跡ボランティアの方から「大宰府政庁の配置は風水にかなっている。四王寺山は政庁を守る山である」という説明を聞いた。確かめてみようと、都府楼・大城山を結ぶ直線を五万分の一の地形図上に南と北にそれぞれ延ばしてみた。

北に延びた直線は、久山町猪野《いの》の伊野《いの》天照皇大神宮（貝原益軒が縁起を草して寄進した）のあたりを通る。「あたり」というあいまいな表現は、この神宮の拝殿が洪水などにより現在の場所に移っているからだ。昔は猪野川のほとりにあったという。この直線はさらに北へ延びて、宗像大社にまで達する。

一方、南に延びた直線は、佐賀県鳥栖市の田代太田《たしろおおた》古墳（国指定史跡）か安永田《やすながた》遺跡（弥生の祭祀遺跡があるらしい）の上を通り、筑後の石人山《せきじんざん》古墳（国指定史跡）の上を通り、山門郡の女山《ぞやま》神籠石の上を通り、屋久島の宮之浦岳や翁岳にまで達する。

もちろん、山頂や歴史上の建造物が南北の一本の直線上に並ぶといっても、ひとつひとつは遠く離れていくつもの県をまたいでいる。たまたま同じ経度上にそれらの遺跡が並んだのか、それとも南北を意識しながら土木工事がなされたのか。直線上に並んだ有名寺社や遺跡は、どんな歴史を背負っているのだろうか。易や風水と関係するのだろうか。興味が湧いて来た。

南北だけでなく、東西を反映した遺跡や建造物が確認できるだろうか。仮に東西ラインがあるとしたら、それは稲作文明とともに入ったものかもしれない。南北なら、何だろう。

東西ライン

都府楼から北東に二キロほどで太宰府天満宮があるが、このあたりは昔から宰府といわれている。ここの天開稲荷神社から真東に直線を引くと、大分県宇佐市の宇佐神宮に達する。他にも同じような例があるだろうか。

試しに、宮地嶽《みやじだけ》神社（境内に横穴式石室を持った巨石の円墳がある）から真東に直線を引くと、香川県の最高峰の三嶺《さんれい》（１８９３ｍ）を横切り紀伊半島の熊野大社に達する。離れすぎているのでグーグルアースを使って直線を引いたのだが、熊野本宮大社の大斎原《おおゆのはら》のあたりに届くとしか言いようがない。大斎原は洪水で流される前の熊野本宮の地であったとか。なるほどと、一人納得してしまった。

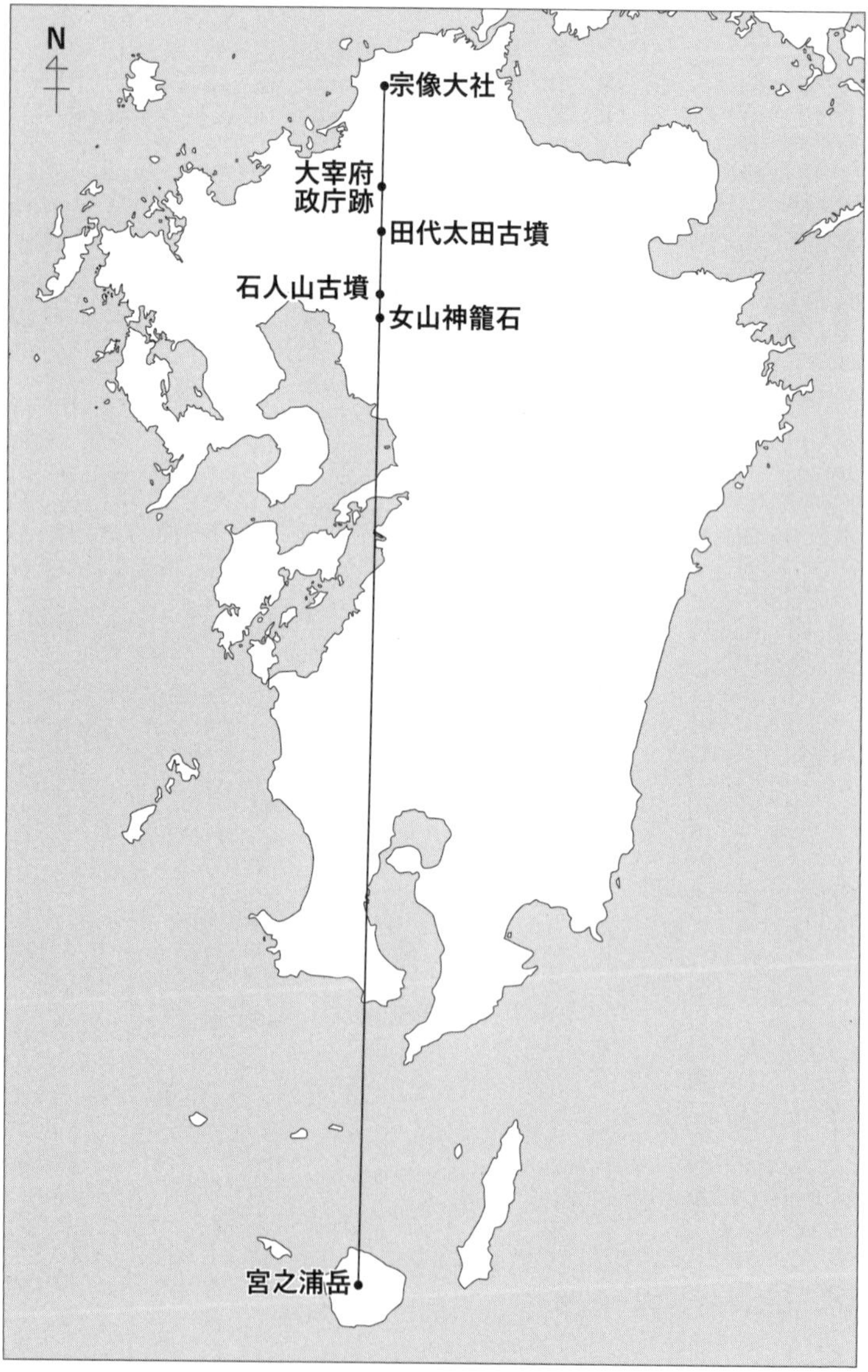

図1　宗像大社から南下するライン

が、考えてみると、宇佐も、太宰府も、熊野も、いずれ劣らぬ有力な神社である。宗像大社も宮地嶽神社も国宝となった宝物で有名である。これらの神社が、東西や南北の直線で結びついているのは、なぜなのだろうか。

なお、五万分の一の地形図上に引くラインは一ミリずれていても実際は五〇メートルずれていることになるのだから、地形図上の地点が東西や南北の直線で結べても慎重に扱わねばならないことは当然だろう。

▼参考資料として

◎南北線（東経で表現。国土地理院・地図検索ホームページの地図上にカーソルを当て、経度を検索したもの）

大宰府政庁跡中心（東経１３０度３０分５３秒）

大城山＝大野城＝四王子山（東経１３０度３０分５２秒）

宗像大社（東経１３０度３０分５１秒）

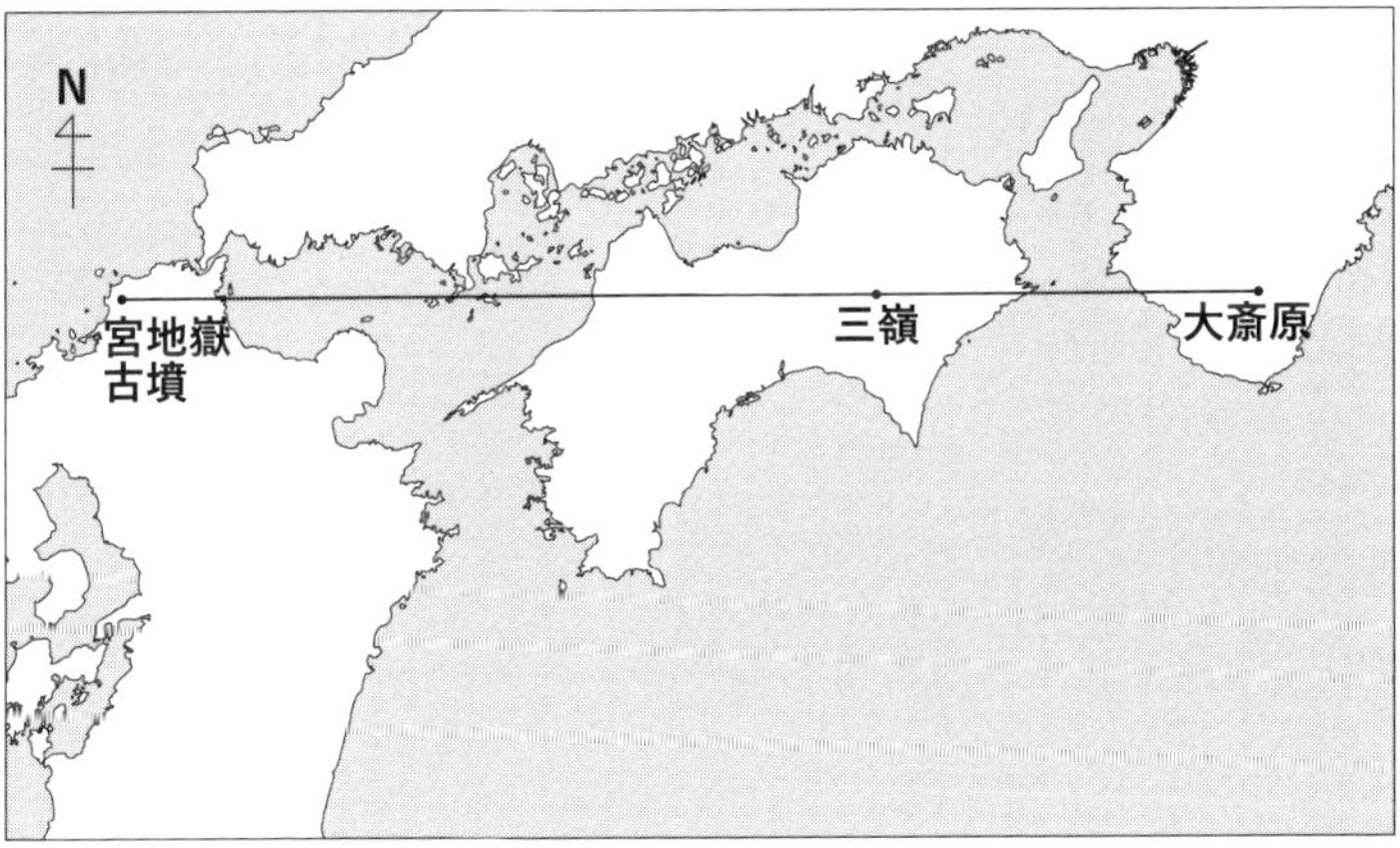

図２　宮地嶽古墳から東へ延ばしたライン

現・伊野皇大神宮（東経130度30分43秒）＊水害で場所移動後
伊野皇大神宮鳥居前（東経130度30分50秒）＊河原
安永田遺跡　（東経130度30分51秒）
田代太田古墳（東経130度30分55秒）
石人山古墳（東経130度30分59秒）
女山神籠石（東経130度30分45秒〜31分5秒）
屋久島・翁岳（東経130度30分45秒）
屋久島・宮ノ浦岳（東経130度30分15秒）

◎**東西線**（緯度で表現。南北線と同様に、国土地理院地図検索を利用したもの）
大宰府政庁跡（北緯33度30分53秒）
太宰府天満宮本殿（北緯33度31分16分）
天開稲荷神社（北緯33度31分23秒）＊太宰府天満宮裏山に位置する神社
宇佐神宮本殿（北緯33度31分24秒）
宗像大社本殿（北緯33度49分52秒）
宮地嶽古墳　（北緯33度46分48秒）
三嶺山頂　（北緯33度50分22秒）
熊野大社・本宮（北緯33度50分26秒）
熊野大社・大斎原（北緯33分50分3秒）

2　竹原古墳に見られる東西線

山当てで決められた竹原古墳

古代の官道は道幅が広く、かなり真っ直ぐに延びていた。道を造る時には、山当てをしていたそうである。山々は太陽と違って動かないから、方向をつかみやすかっただろう。

この山当ての技法を使って配置されたと思われる古墳と神社がある。

福岡県立図書館の二階への階段踊り場の壁面には、国指定の装飾古墳である宮若市の竹原古墳の玄《げん》室《しつ》の壁画の写真パネルが掛けられている。この古墳は、測量されたことが感じられる首長墓である。

竹原古墳は六世紀後半築造の円墳で、玄室、前室、羨道《せんどう》で構成され、勾玉《まがたま》・金環などの装飾品、馬具、鉄製武器などが出土している。

絵は玄室の奥壁と前室の袖石にベンガラと炭で描かれている。奥壁には、さしば、龍、三角連続文、船、馬を牽いた人物、波形文、月などが描かれ、袖石には玄武《げんぶ》と朱雀《すざく》が描かれているらしい。北面に描かれているのは玄武ではなく龍で、四神信仰が浸透する前の過渡的な壁画だろうと言われる。石室の中を見せてもらったが、素人には判別が難しい絵もあった。絵の解釈として龍媒《りゅうばい》信仰などが考えられるというが、被葬者は龍のような強い馬を育てることに誇りを持っていた人物なのだろうか。

竹原古墳の壁画

竹原古墳は、宮若市の里山である天の坊（266m）から東に延びた丘陵の先端に乗っている。五万分の一の地形図を広げて、古墳と天の坊山頂を直線で結んでみる。その直線を二等分する点に垂直の線を立てると、一方は北の靡山《なびき》々頂（296m）に、もう一方は南の間夫《まぶ》山頂（508m）に届く。試しに引いた直線が、二つの山頂をつないだのは偶然とは思えない。

ここで、古墳・靡山・天の坊を頂点としてつないだ三角形と、靡山を間夫に変えて、古墳・間夫・天の坊を結ぶ三角形を作ってみる。大きさは違うが、二つともきれいな二等辺三角形である。竹原古墳を築造する時は、このような山当て測量をして位置を決めたのだろうか。山当てに利用されているのは三角形で、東西南北のラインは使われていないようだ。

天の坊と竹原古墳は、東西の位置関係にはなっていない。竹原古墳の真西に当たるのは、天の坊の隣の雁城《かりき》（333m）である。ここは、昭和四十九年の国土地理院の五万分の一の地形図には「春山」と書かれているが、平成二年の改訂版では「雁城」と変わっている。同じ山でも呼び名が変わるのだ。春山という役目が終わったのだろう。

薦野氏と春山

春山・竹原古墳の直線を西に延ばすと、古賀市薦野《こもの》の天降《あもり》神社に当たる。緯度を出してみよう。

竹原古墳（北緯33度43分59秒）

春山々頂（北緯33度43分58秒）

天降神社（北緯33度43分59秒）

ほとんど一直線、きれいな東西線が出来る。竹原古墳・天降神社間は地図上で十六センチだから、直線距離にして実際は八キロほど離れている。

天降神社は、いつどのようにして建てられたのだろうか。薦野にある神社を訪ねてみると、説明板に「一三〇五年に、古野からこの地に移した」とあった。古野にあった神社を、領主がこの地に移した。領主もこの地の名をとって氏の名としたようで、土地の霊力を借りたかったのだろう。

七百年前の薦野の人々が、この地が竹原古墳の真西であることを承知していたかどうかは分からないが、少なくとも目前に立ちはだかる山の向こうに小さな古墳があることは知っていたかも知れない。

西山（644m）の北斜面にさえぎられて、薦野からは全く見えない春山は、それでも春分・秋分の日に太陽が昇る山であり、宮若市側からは太陽が沈む山だったのである。中世の武士にとって東西線上の古墳と山は、霊力の強いものだったのだ。

天降神社の氏子は米多比《めたび》・薦野・舎利蔵《しゃりくら》の人々である。ご祭神は大己貴神・スサノヲ尊・少彦名神である。

近くを通りかかった人に元宮とされる古野のことを聞いてみたが、ご存知なかった。地図やパソコンでも調べたが、近くに古野という大字はなく、小字も見つからなかった。

そもそも神社を遷すことには、どんな理由・目的があったのだろうか。強い指導者が候補地を選択したり、一族の繁栄のために祀りを執り行ったり、大変だったはずである。鷹野氏はこの地の領主として、神の力を借りなければならないことがあったのだろう。

中世の武士たちの多くが山城を築いた。生死をかけた戦乱に巻き込まれた彼らは、神仏に深く帰依していた。鷹野氏も、この地で清滝寺と天降神社を支えた領主だった。

山頂と古墳をつなぐ三角形のライン

山頂をつないでできる三角形を使って、測量したと思われる線がほかにもある。

天降神社から靡山までと、天降神社から間夫までの距離は、ともに八キロ強でほぼ同じである。靡山頂・天降神社・間夫山頂の三点を結ぶと、正三角形に近い三角形が出来る。地図上の天降神社から、靡山頂・間夫山頂を結ぶ一辺に垂直な線を引くと、底辺をほぼ二等分する。山頂をつなぐ直線は目測しやすかったのだろうか。

天降神社を頂点とした三角形の中には、宮若市の人ならたいていは知っている西山《にしやま》連山が入る。一番高いのが西山（644m）で、レーダー基地が置かれている。

この西山は、この地区にとってどんな意味を持っているのだろう。

宮若市の若宮地区には数多くの古墳があるが、竹原古墳から一キロばかり南の平地に剣塚古墳がある。この古墳は、西山からと間夫から流れてくる二本の川の合流点に造られている。剣塚古墳から西

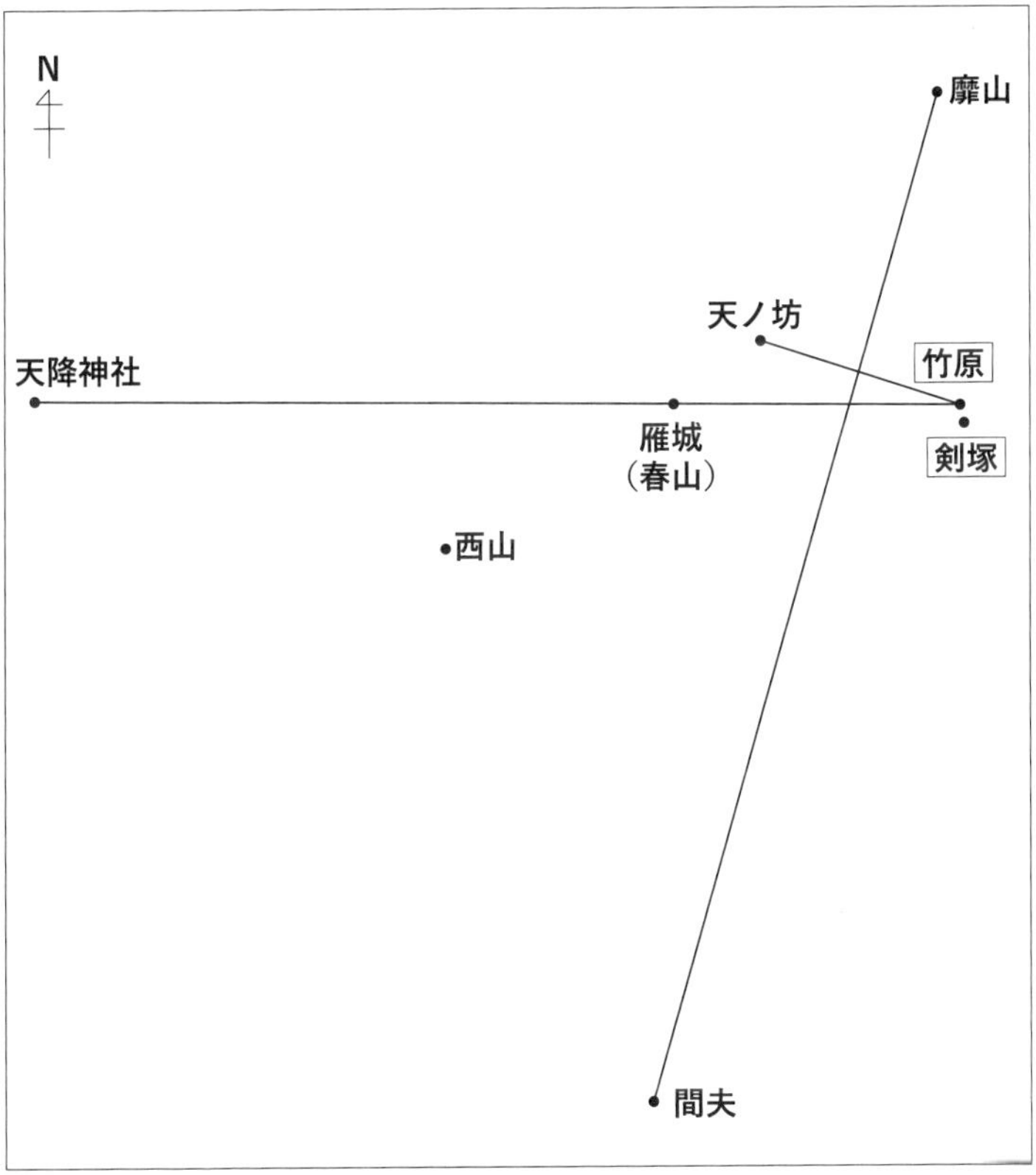

図３　竹原古墳と天降神社は東西ライン上に並ぶ

山までの距離と、西山から間夫までとの地図上の距離は、ほとんど同じである。地図上ではきれいな二等辺三角形が出来る。西山・剣塚古墳のラインには大きな意味があったに違いない。

西山・間夫ラインもなかなか思わせぶりである。西山・間夫ラインを五、六キロ南に延ばすと、龍王山（615m）山頂に届く。反対に、西山・間夫ラインを北に延ばすと、宗像市の桜京《さくらきょう》古墳にぶつかる。この古墳は六世紀の築造とされ、玄界灘に面した数少ない装飾古墳であり、桜京古墳群（牟田尻古墳群）八十基の中の中心的な前方後円墳である。

古墳は日本中いたる所にあり、犬も歩けば棒に当たるということになるのだろうか。それとも、古代の人は山をつないだライン上に墓や神社を造って、山から霊力のようなものを引き出そうとしたのだろうか。

宮若市の古墳が山当てで三角形を作りながら築造されたとすると、ここでは東西南北のラインはあまり必要とされなかったことになる。中世の鷹野氏がわずかに東西ラインを意識したようである。

3　間夫という山

忘れられた山名

間夫《まぶ》は、福岡県宮若市の脇田《わきた》温泉の背後にある山の名であるが、地図を開いた時、はじめこの山の読みが分からなかった。カンブ、マブ、いずれにしても名づけの由来が想像できない。遊女の情夫をマブといったようだが、そんなキワドイ名前をつけるには面白い伝承があるかも知れないと、調査を開始した。

ところが、私が訪ねた脇田の人は誰一人「間夫」を知らなかった。その名前もその位置も。福岡方面から犬鳴《いぬなき》峠を越えて宮若市に入るとき、カーナビにも間夫の名が出る。確かに脇田温泉の背後の山である。国土地理院の地形図には、麓に「裏の山」や「大道」などの集落名もみえる。大道とは、昔の官道のことではないか。この山の中を官道が通っていたのだろうか。

車で新犬鳴トンネルを出ると、右手に三角形をした大きな山が見えるのだが、それが間夫である。宮若市に入ると山の形は台形に変化した。

脇田を過ぎて、しばらくして田んぼの中に小高い社の森が見えた。由緒ありげなので立ち寄ると、散歩中の老婦人に出会った。

「これは古墳じゃありません。黒水神社です。山の上にあった様々な社も降ろしてきて一緒に祀っています。若い人は忙しくて手が届きませんから、山中の社を合祀しています」

ついでに間夫のことも聞いた。

「山の名は、まぶです。昔から間夫の右に雲がかかれば昼から雨になるし、左に雲がかかれば晴れてくると知っていたので、一日の仕事の計画をしたものです」

間違いなく、間夫は「まぶ」だった。そして、人の暮らしと結びついた山だった。山の名の由来については聞けなかった。若宮地区の西側に台形に座っている大きな山の存在が、地域の人々に忘れられかけているのが残念だった。

それにしても、間夫にはどんないわれがあるのだろう。古代にそういうスキャンダルがあって、関係した人物の伝説が残ったのだろうか。思いついたのは、武内宿禰である。巷には様々なことが言われているようだが、まさか。そもそも、古代に間夫とは言わなかっただろう。間夫は言葉としては新しいのではないか。

次に、夫を分に入れ替えてみると、間分。これなら測量用語のような気もする。固有名詞の下に山や岳が付かないのも、そんな役目があったからではないか。「まぶ」には、鉱夫とか鉱山の坑道の入口の意味もあるそうだから、鉱山があった山かも知れない。

ラインを進めてみる

間夫は、天の坊や靡山や竹原古墳、西山や剣塚古墳などの位置と深いつながりがあるらしいと思っ

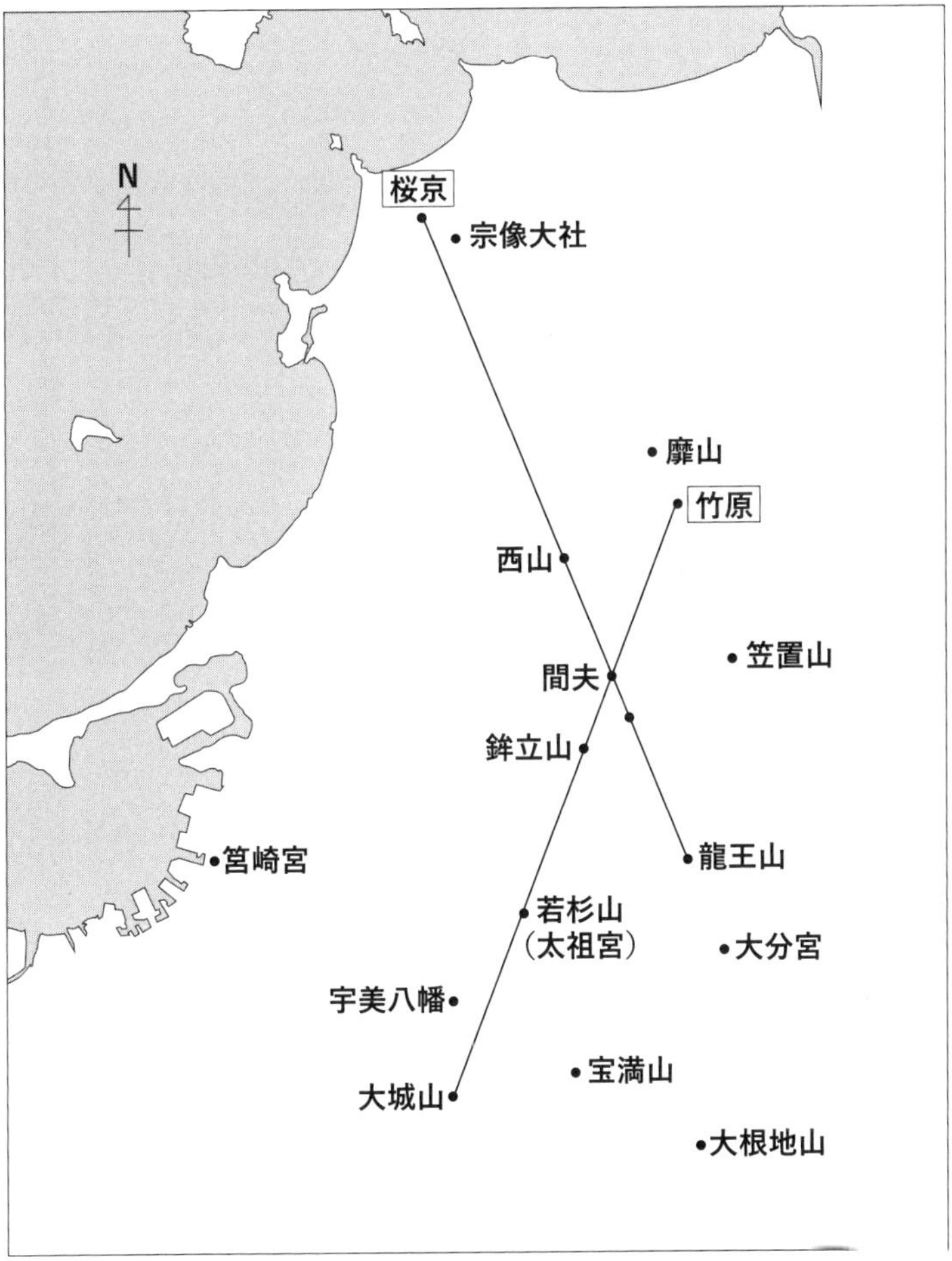

図4　竹原古墳から大城山へのライン

たが、間夫↓西山↓桜京古墳のラインの起点に龍王山（飯塚市舎利蔵）が来ているのが新たな疑問となった。

剣塚古墳から間夫山頂を通り更にラインを進めると宇美《うみ》八幡（神功皇后が応神天皇を生んだ伝承あり）の上宮（奥宮）神領《しんりょう》古墳に届く。宇美八幡本宮や大きなクスの神木とややずれるのは、剣塚古墳築造の頃には宇美八幡宮が存在していなかったからかも知れない。この神領古墳は、五世紀初めの円墳らしい。宇美公園内に四基ほどある。円筒埴輪や勾玉などを出土している。

更に、宇美には光正《こうしょうじ》寺古墳がある。前方後円墳で、主体部から出土した土師器から三世紀後半の築造とされている。が、間夫と龍王山ラインからは、かなりずれている。やっぱり、このラインはただの妄想だろうか。

龍王山を越えた穂波《ほなみ》町には大分《だいぶ》という地名がある。穂波は、神功皇后が豊かに実った稲穂が揺れるのを見て、「穂波かな」と言ったことに由来するという。大分には、三韓征伐から帰還した皇后が兵士達と別れたところであるという地名譚も残っている。

間夫が測量用語なら大分も測量用語かも知れないと考えたが、大分には別な解釈もあるらしい。大分宮を訪ねてみると、以前は相当賑わいを見せていたらしいことが案内板に書かれていた。宮の裏は宮内庁管轄の陵墓指定を受けていた。

穂波町の大分八幡神社は、三大八幡宮の一つ筥崎八幡宮の元宮である。説明板によると、大分県の宇佐神宮の本宮でもあるらしい。『八幡宇佐宮御託宣集』には筥崎宮の神託を引いて、「我が宇佐宮より穂波大分宮は我本宮なり」とある。他にも、築上郡椎田《しいだ》町の矢幡八幡宮（金富《きんとみ》神社）が八幡神顕現の霊地であり、宇佐神宮の元宮とする説もあるそうだが、伝承のことで詳細はわからない。三大八幡宮の元宮・本宮となると、これは軽々しく扱うことではないとも思った。

竹原古墳→天の坊→靡山（三角形）

竹原古墳→天の坊→間夫（三角形）

竹原古墳→春山（雁城）→天降神社（東西のライン）

竹原古墳→間夫→鉾立山→若杉山→大城山

天降神社→靡山→間夫（三角形）

間夫→剣塚古墳→西山（三角形）

剣塚古墳→間夫→宇美八幡

桜京古墳→西山→間夫→龍王山

4　式内社・筥崎八幡宮

本殿の上に三郡山頂

福岡市東区箱崎に官幣大社の筥崎八幡宮がある。筥崎浜側の参道から社を見ると、鳥居と本殿の上に三郡山《さんぐんさん》（三郡山地の最高峰936m）の山頂が三角形に突き出ている。山頂があまりにぴたっと社殿屋根中央に来るので、前から気になっていた。筥崎宮と三郡山とは、何らかの関係があるのだろうか。

縁起をみると、九二三年に大分八幡より遷宮となっているが、山とのかかわりについては何もない。遷宮が十世紀なら、福岡の神社の中では古い方ではない。しかし、筥崎八幡は筑前国の一の宮であり、延喜式神名帳[注1]に名を連ねる由緒ある神社なのである。山とのかかわりを書いたものはどこにもないが、なぜ三郡山を社の背後に頂くのか、それを知りたくなった。

筥崎宮について「応神天皇の胎衣《えな》が筥に収められて川に流され、流れ着いたところで埋められた。だから、靴箱の箱ではなく、玉手筥の筥の字で筥崎宮という」と神社の近隣の人から聞いたことがある。社伝にも「応神天皇の胎衣を筥に入れて収めた地に松を植え、しるしの松とした」と書いてあった。それで、筥松《はこまつ》と呼ばれたとも。

筥松は、御神木として拝殿前に今も名残がある。地名としても、筥崎宮の東側を流れる宇美《うみ》川沿いに残っている。この川の上流に神功皇后伝説の「応神天皇誕生の地」宇美八幡宮はある。

宝満ラインと馬見ライン

試しに、筥崎宮本殿と宇美八幡を直線で結んでみる。直線を延ばすと三郡山からはずれて、同じ山地の宝満山頂・竈門《かまど》神社上宮（８２９ｍ）に届く。更に延ばすと、大根地《おおねち》山頂（６５２ｍ）に届く。少しずれて大根地神社が鎮座する。筥崎・宇美・宝満の三カ所の神社はラインでつながるのである。

本殿の屋根の上に三郡山頂が見える

また、筥崎宮本殿と本殿の屋根の上に三角に付き出して見える三郡山頂を直線で結ぶと、遠く朝倉の馬見《うまみ》山頂（９７８ｍ）にまで延びる。こんな偶然もあるのだ。

宝満山と三郡山は平野部からはよく目立つ山である。それぞれの山頂は、山当ての直線がたやすく引ける高度を持っている。

筥崎宮の祭神は応神天皇・神功皇后・玉依姫となっているので、同じ祭神を祀る宇美八幡と直線で結ばれるのは納得できる。問題は、このラインが宝満山頂に延びていることである。筥崎宮が背負う山は三郡山なのに、どうもしっくり来ない。このラインはただの偶然かと再び思う。

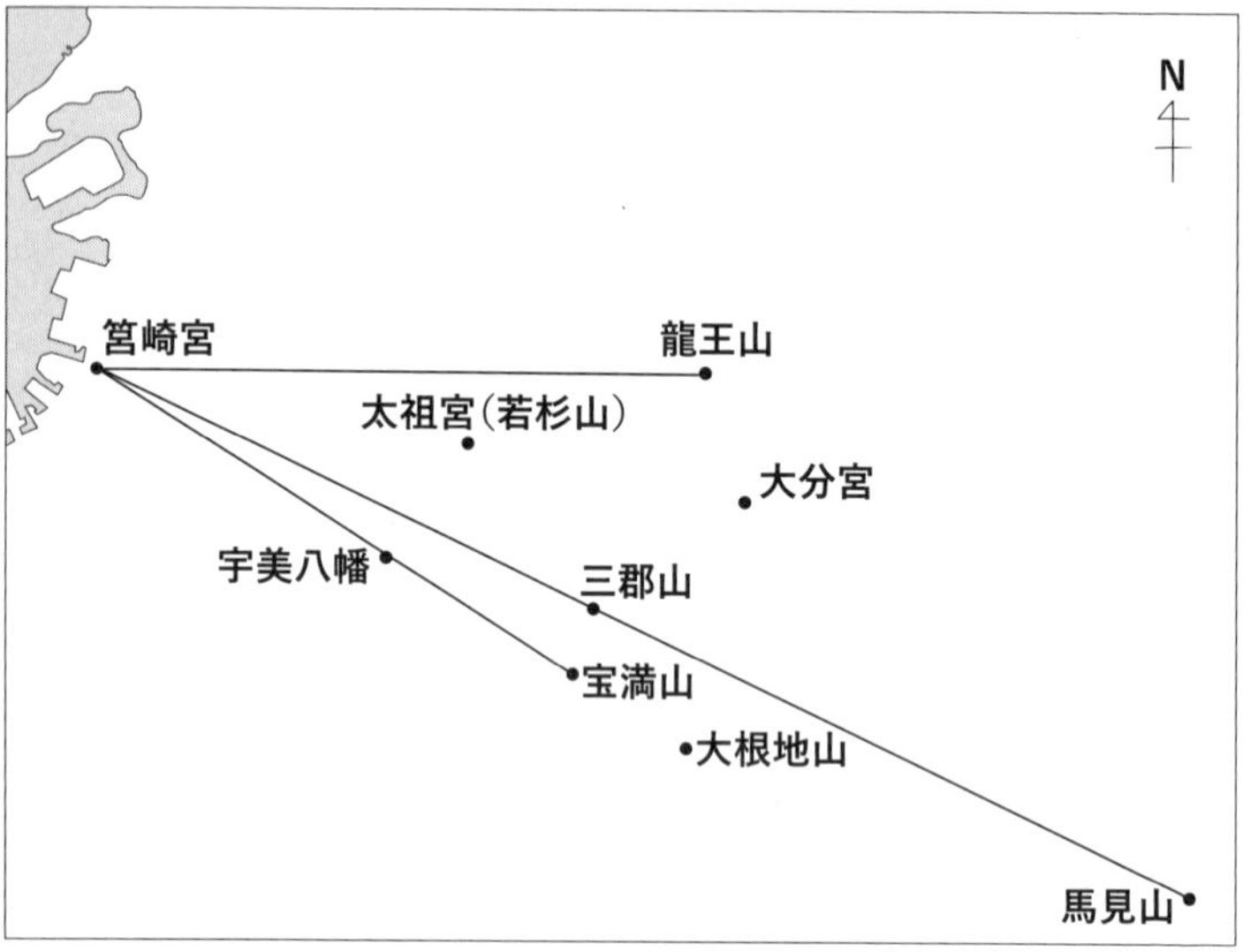

図5　筥崎宮からのライン

大分宮ライン

更に、筥崎宮と大分八幡との地理的なつながりが見当たらない。あえて大分八幡から三郡山山頂へ直線をつないでみると、行先は大きく外れて太宰府の観世音寺に届く。何の脈絡もないが、そこから直角に右に折れると筥崎宮本殿に届く。筥崎宮から三郡山を通過して大分宮につなぐには、観世音寺から直角に曲がるより他はないのである。

筥崎宮は、元々は大分宮の頓宮であったという。延喜二十年（９２１）に託宣が降り、現在地に新宮を営むことになった（遷宮は、その二年後の延喜二十二年）。大分宮では三悪があるというのが理由だった。

一に、節会に参来する府官人の行路にある伯母竈宮《かまどぐう》（宝満山の竈門神社）に不敬である。

二に、険阻な山越えのため、饗応にあたる郡司百姓が苦しんでいる。

三に、放生会は海上で行われるべきで、山間部の大分宮では不適当。

古代の国司の初仕事は赴任地の全ての官幣社・国弊社への参拝であったというから、大宰府から大分宮への道は確かに難儀したであろう。他の二点も、もっともらしい理由ではある。

しかし、である。元々は大分宮の頓宮であった筥崎宮が、何故、式内社となりえたのであろうか。

醍醐《だいご》天皇から『敵国降伏《てきこくこうふく》』の宸筆が与えられたのが九二一年、遷宮は九二三年である。

延喜式神名帳に載る二八六一社は、祈年祭奉幣を受けるべく、当時の朝廷から重要視された神社で

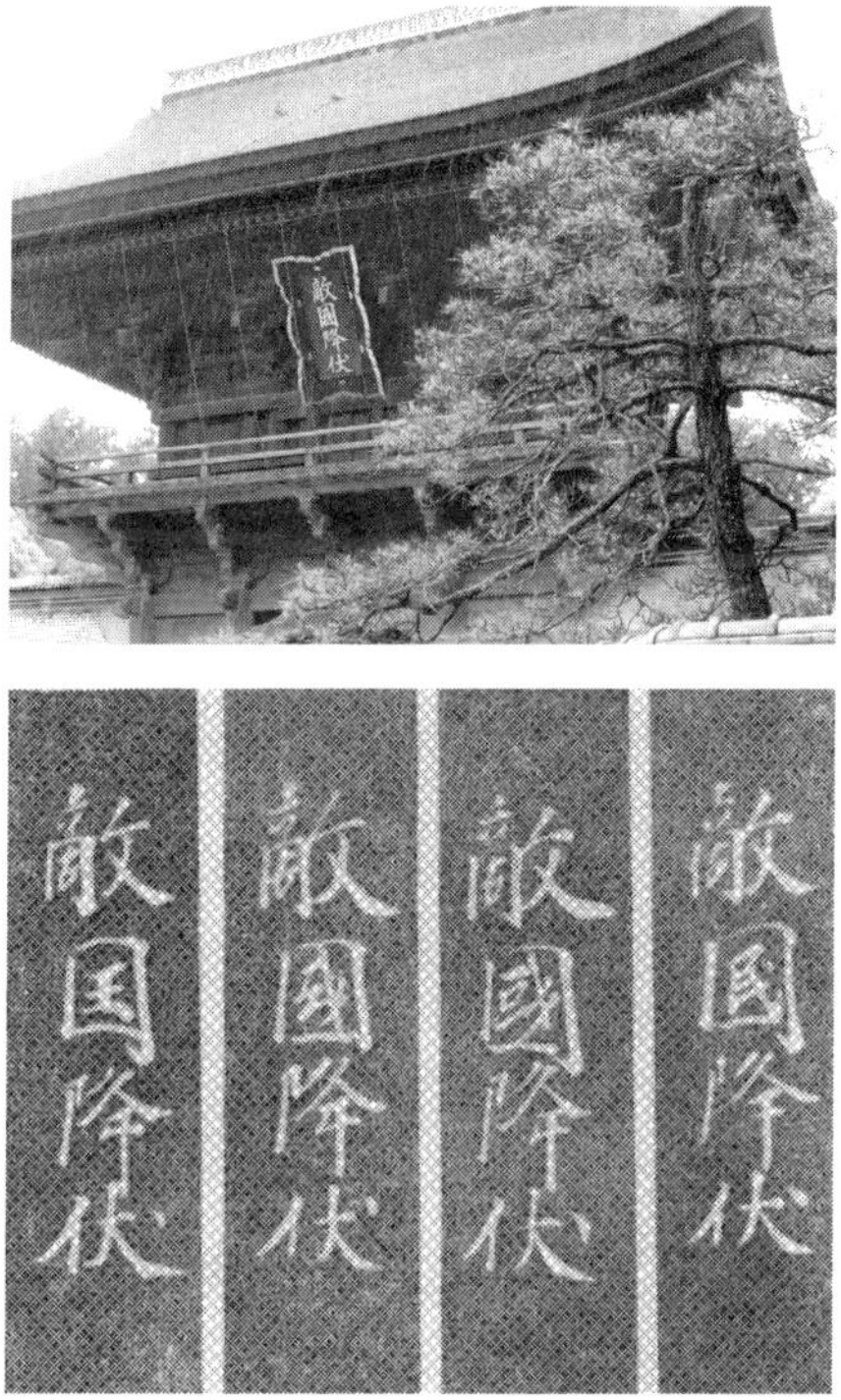

楼門に掲げられた「敵国降伏」の額（上）と四種類の宸筆（下）

ある。仲哀天皇の崩御の地と伝わる香椎宮も、境内の巨石の横穴式石室から多数の国宝の副葬品が出土した円墳を抱える宮地嶽神社も式内社に選ばれていないのに、新参の神社がいとも簡単に式内社になれたのだろうか。下された宸筆が『敵国降伏』なのは、どういう政治的状況の反映だったのか。そもそも、たいした由緒もないような海っぺたの頓宮に何故、新しい社殿を建てたのだろうか。

注1　延喜式神名帳……延喜式は三代格式の一つで、律令に基づいた行政の施行細則を集大成したものである。九〇五年に醍醐天皇の命により編纂が始まり、奏上が九二七年、施行が九六七年。その神名帳に名が載る神社を式内社といい、毎年朝廷から祈年祭奉幣を受ける。当然ながら近畿の神社が圧倒的に多く、筑前の神社で式内社として名を残しているのは十三社という。神社としての格式が認められているということは、朝廷とつながりをもつ何らかの理由があるからだろう。

筑前の国の式内社は次の通り。

宗像大社（宗像市沖ノ島・大島・田島）
織幡《おりはた》神社（宗像市鐘崎）
八幡大菩薩筥崎宮神社（福岡市東区箱崎）
住吉神社（福岡市博多区住吉）
住吉神社（福岡市南区若久《わかひさ》）
志加海《しかうみ》神社（福岡市東区志賀島）＊志賀海神社
志登《しと》神社（糸島市志登）
筑紫《つくし》神社（筑紫野市原田）
竈門《かまど》神社（太宰府市内山）

麻氏良布《まてらふ》神社（朝倉市杷木）
美奈宜《みなぎ》神社（朝倉市林田）
美奈宜神社（朝倉市荷原）
於保奈牟智《おほなむち》神社（朝倉郡筑前町）＊大己貴神社

真東に龍王山

ふらりと筥崎宮に参拝してみると、御神木の筥松が瑞々しい緑を湛えていた。本殿の裏地に回ると末社が左右にあった。

東末社には、稲荷社、住吉社、乙子《おとこ》殿、武内社、池島殿。

西末社には、民潤社、厳島社、仲哀殿、若宮殿、龍王社。

バラエティに富む社の数々である。

家に帰って地形図を広げると、筥崎宮の真東に飯塚市舎利蔵の龍王山（６１５ｍ）があった。西末社に龍王が祭られていたが、この時点では龍王山には大きな意味は見出だせていなかった。しかし、地形図上では本殿の真東に龍王山の山頂が来るのだ。これは見逃せない。春分・秋分に決まって太陽の昇る山を、昔の人は祭っていたからだ。図書館で旧穂波町について調べてみることにした。

龍王山には伝説がいくつか残されていた。穂波では水を抑えた龍に田植えの水を乞うために人身御供が行われたとか、龍王山には鎮西八郎為朝の矢で昇天した龍が住んでいたとか。

山頂に龍王神社があり、昔この一帯で大旱魃があった時、村人が神前に酒を供え、かがり火を焚いて太鼓をたたき、一昼夜交代でお籠りを続けたところ俄かに雨が降って助かったという話もあった。

穂波の人々は、博多へ出る近道だったにも関わらず、龍王山の傍を通るのを恐れたともいう。

ここで私の中に生まれたのは、次のような推測である。筥崎八幡宮の地では、もともと龍王を祀っていたのではないだろうか。九二三年以前は社殿も東を向いていたのではないだろうか。そういう由緒のある場所だったから、同じ穂波の大分宮の遷宮の地にもなれたのではないか、と。

それでは龍王社はどんな霊力を持つ神としてこの地に祀られたのかといえば、龍王というからには農耕の水を司る神、そして、海上交通の安全を守る神であろう。春分・秋分には太陽が真東の龍王山から昇り、真西の能古島の城ノ浦に沈む、太陽信仰の地で、同時に海上交通の神を祀る地でもある。そう考えると、漁師町の箱崎に穂波の大分宮が遷宮されたことも理解できるのではないだろうか。

そう考えてはみたものの、九州には龍王山・竜王山の名を持つ山は少ない。福岡県(1)、大分県(2)、熊本県(1　＊竜王山古墳)でしかない。ちなみに岡山県(22)、広島県(13)と、九州外が圧倒的に多い。ということは、太陽信仰の山だとしても龍王山という名は他の文化圏由来のものなのだろう。穂波の龍王山も以前は別の名で、政変があった時にでも付けられた山の名であろうか。

そもそも、古代の豪族が山を御神体として頂くときは、どんな山を対象に選ぶのだろうか。新たな疑問が湧いてきた。地形図を使えば、山と神社(信仰)の関係が他にも見つかるだろうか。

筥崎八幡宮→宇美八幡宮→宝満山頂神社→大根地神社

筥崎八幡宮→三郡山→馬見山

筥崎八幡宮→(真東)龍王山

5　東西ライン上に並ぶ弥生の王墓〜吉武高木・須玖岡本・三雲南小路

吉武高木と須玖岡本

古代の信仰の痕跡は、目に見える形ではもう残っていないだろう。そう思いながら、やっぱり地図を開いてみる。

福岡県の旧筑前部の山塊は、大きく西の脊振山地・東の英彦山々地・中央の三郡山地に分けられる。大宰府の鬼門（北西の方角）に当たるという宝満山（829m）は、中央の三郡山地の西端に位置する。昔は御笠《みかさ》山、または竈《かまど》山と呼ばれていたという。貝原益軒の『筑前国続風土記』によれば、「この山は国の中央にありていと高く造化神秀集まれる所にして神霊のとどまります地なれはにや筑紫の国の総鎮守と称す」とか。宝満と名を変えたのは、神仏習合の時代になってからのようである。「御笠の森」や「御笠川」に、いにしえの名をわずかに留めて。

明治になるまで、宝満山は英彦山、求菩提《くぼて》山と並ぶ修験道の聖地であった。盛時は僧坊三白七十を数えたという。近くにはもっと標高の高い三郡山（936m）もあるが、急峻な花崗岩の宝満山が好まれたのだろうか。若杉《わかすぎ》山（681m）も、山岳信仰と結びついている。宝満・三郡・砥石《しいし》（828m）・若杉は、今日では山歩きに慣れた人の縦走コースである。

宮地岳（筑紫野市）から見た宝満山

宝満山頂にあるのは竈《かまど》門神社の上宮である。竈門神社の神は初めに山頂に降りたので、上宮が竈門神社の本宮であるという。古代の人々は、この山のことをどう思っていたのだろうか。

五万分の一の地形図の上に、宝満山頂から福岡平野を横切る東西ラインを引いてみた。ラインは福岡平野の西、飯盛山《いいもりやま》（362m）の山頂に届いた。定規で引いた直線をよく見ると、この宝満・飯盛山ラインには二つの大きな弥生の遺跡がのっていた。

宝満山から西にラインをたどると、春日《かすが》市の須玖岡本《すくおかもと》遺跡の真上を通過する。この遺跡は、三十面以上の船載鏡を持つ弥生の王墓として知られている。この時期（弥生中期）の墳墓の中では圧倒的な漢鏡の数である。王墓の近くには銅矛《どうほこ》鋳型を所蔵する熊野神社があり、王墓とはほぼ東西に並んでいるようだ。

そして、このラインを更に西にたどった福岡平野の西奥には吉武高木《よしたけたかぎ》遺跡[注2]がある。

弥生の墓地からは考古学上の様々なことが分かるが、そこが墓地として選ばれた場所にも注目しなければならないだろう。吉武高木遺跡の背後は飯盛山頂。山の東麓に飯盛神社がある。吉武高木遺跡は、東の宝満山と竈門神社、西の飯盛山と飯盛神社に挟まれているのである。

二つの弥生王墓は前期と中期と時代は違うが、無関係なのだろうか。それとも、お互いに意識し合っ

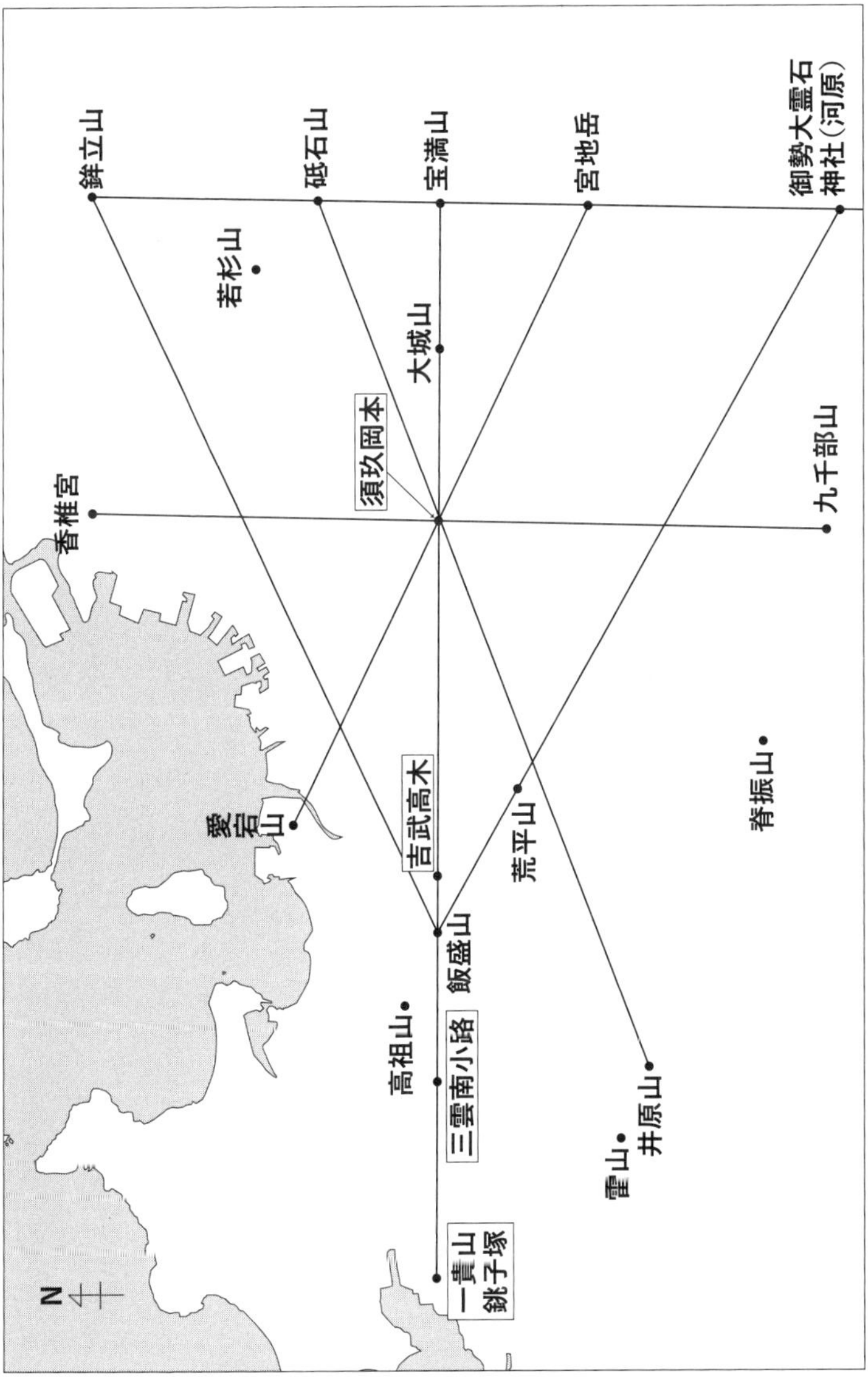

図6　福岡平野の東西ラインと南北ライン

須玖岡本遺跡の王墓の大石（発掘地点から移動して展示されている）

ていたのだろうか。代表的な弥生の王が同じ東西ラインの下に眠っていたことは、単なる偶然だろうか。

吉武高木（弥生前期）と須玖岡本（弥生中期）では前者の方が古い遺跡だが、鏡の数は後者の方が圧倒的に多い。吉武高木遺跡では整然とまとまっていた甕棺《かめかん》墓群が、時代が下った吉武大石遺跡では無秩序に並ぶようになり、銅剣・鏡・腕輪・玉類などの副葬も見られなくなるという発掘調査の結果がある。結局、ここでは大きなクニに発展できず、早良地区が衰えた頃、春日地区や糸島地区が漢帝国と交流して栄えたとされている。

飯盛山の東には大型建造物の柱跡も見つかっているが、これは吉武高木遺跡の人々が祭祀をした建物と考えられている。だとすれば、弥生前期には山に向って神祀りが行われていたことになるだろう。太陽の沈む飯盛山頂を祀っていたのか、それとも日が昇る東の宝満山を祭祀していたのか。いずれにしても鏡をともなった太陽信仰の痕跡がうかがえる。

注2　吉武高木遺跡……室見川流域の早良平野には縄文時代からの遺跡が数多く点在するが、最盛期は弥生前期から後期にかけてである。甕棺を主体とした墳墓が千二百基、丹塗磨研《にぬりまけん》土器を投入した土壙《どこう》五十基、竪穴住居や掘立柱建物などが出ている。中でも一九八四年からの発掘調査で甕棺墓三十四基と

木棺《もっかん》墓四基が出土した吉武高木遺跡は、紀元前二世紀から二百年あまりの間に栄えた人々の墓地だという。3号木棺墓に多鈕《たちゅう》細文鏡《さいもんきょう》（朝鮮半島と関係の深い鏡）・糸井川産ヒスイ勾玉・銅剣・銅矛・銅戈・碧玉《へきぎょく》製管玉《せいくだたま》などの副葬が見られたことから、「弥生の王墓」として注目された。「三種の神器」の発祥地ではないかということなのである。その後、慎重論も出てきたが、北部九州の王墓に見られる「鏡・玉・剣」のセットや墓の標石《ひょうせき》などは、吉武高木遺跡にその系譜を求めることができる。

なお、王という称号は中国の皇帝から臣下と認められた首長に与えられるもので、弥生の有力者がすべて王だったわけではない。この本でも、そう推定できる首長ないし首長墓について使っている。

三雲南小路王墓と一貴山銚子塚古墳

この宝満・飯盛ラインを西に延ばすと、糸島地方に入る。すると、驚くことにラインが三雲南小路遺跡[注3]を通過するのである。ここは文政五年（1822）に多くの副葬品と共に巨大な甕棺が出土した弥生中期の伊都国の王墓とされる所である。

宝満・飯盛ラインは、やはり弥生時代の聖なるラインだったのではないだろうか。

このラインを、更に西に延ばしてみた。すると、四世紀に造営されたという一貴《いき》山銚子塚《さんりょうしづか》古墳に届いた。この古墳は、伊都国で一番大きな前方後円墳（103m）である。

この古墳は十面の銅鏡を副葬し、そのうちの二面（一面は鍍金《ときん》された後漢鏡）は中国製で、被葬者の頭部近くに置かれていた。残りの八面は三角縁神獣鏡で、棺の左右の側縁に四枚ずつ置かれていた。この古墳が造られた頃には、伊都国は三角縁神獣鏡の勢力圏に組み込まれていたのだろうか。しかし、それでもこの地方の人々が宝満・飯盛ラインにこだわって墓を造ったのだとすれば、前の時代の王墓ラインが強烈に意識されていたと見ることができる。ちなみに、鍍金された漢鏡は日本では数面しか出土例がない。

宝満山→須玖岡本遺跡→吉武高木遺跡→飯盛山→三雲南小路遺跡→一貴山銚子塚古墳

ここで、思考の整理のために一つの作業仮説を立ててみたい。すなわち、この時代（弥生時代）、宝満山を中心に一つの文化圏が出来ていた、とする仮説である。地域により盛衰はあるが、それは甕棺文化圏である。そこでは、宝満山（三笠山・竈山）を春分・秋分の太陽が昇る山として、祖霊が留まる山、あるいは王の魂が天に昇る山として信仰していたのではないだろうか。

また、一貴山銚子塚古墳が造営された時期には、北部九州ではこの古墳が最大規模の墳丘墓（柄《え》鏡《かがみ》型）となる。ということは、王位継承のために宝満・飯盛ライン上で王の神霊が引き継がれたということになるのだろうか。

同じような信仰の山は、宝満山や飯盛山以外にも当然あっただろう。祖霊はそれらの山に留まって子孫達を見守り、子孫達も山の守りの中で祖先を敬いながら生活していたのだろう。

弥生の国守りの山

弥生時代の人々は、見える範囲の山を自国の守りの山として信仰していた、と仮定出来ないだろうか。そして、その山は地域や氏族により異なっていただろう。

そう考えて、以下、古墳や神社と山の関係を見てみたい。その際、山頂に限ってラインを引くことにしよう（宝満山のように山頂神社が起点になることもあるが）。信仰の対象として考える場合、やはり山頂でなければならないと思うからである。

地形図の上に定規を乗せて線を引きながら、少し恐ろしくなって来た。書店で買った五万分の一の地形図とプラスチックの定規で、私は古代史に危うい説を打ち立てようとしているのだろうか。そうではなくて、やるだけやってみても面白いかも知れないという程度のことである。とりあえず、山頂と古墳と神社に定規を当てながら、湧いてくる疑問に自分で答えを見つけてみたい。


注3　三雲南小路遺跡……三雲南小路遺跡の1号甕棺は、江戸時代の文政年間（1822）に発見された。『柳園古器略考』（青柳種信著）には、巨大な甕棺の中から三十五面の漢鏡、銅剣、銅矛、銅戈、ガラス璧《へき》（八個以上）、勾玉などの副葬品が出土したことが書かれている。ガラス璧は中国の皇帝から王侯クラスの者に贈られるもので、他に副葬品として出土したのは須玖岡本王墓と夜須《やす》町の峰《みね》遺跡くらいである。

それから百五十年後の発掘で2号甕棺が発見された（一九七五年）。こちらは盗掘されていたものの、銅鏡二十二面、勾玉（碧玉製・ガラス製）、管玉（ガラス製）などが出土した。

また、1号甕棺も再調査されて銅鏡破片、ガラス璧、金銅製の四葉座《しようざ》飾金具《かざりかなぐ》が出土した。この飾金具は、中国の皇帝から王侯クラスの葬送のために贈られる棺の付属物という。その棺は使用されなかったようで、被葬者は甕棺に埋葬されていた。1号と2号の二基の甕棺のみが、周りを周溝に取り囲まれた大きな墳丘（32m×22m）内にあり、弥生時代の墓としては巨大であるという。

6　平原ラインから分かること

山を背負う王墓

東西ライン（宝満・飯盛ライン）の上に乗らない有名な弥生遺跡がある。在野の考古学者の原田《はらだ》大《だい》六《ろく》が発掘した平原《ひらばる》王墓である（平原王墓の発掘のいきさつは原田の『実在した神話』にくわしい）。

この弥生後期の方形周溝墓《ほうけいしゅうこうぼ》とその周辺からは、国内最大の大きさを誇る仿製鏡《ほうせいきょう》（内行花文鏡）五面を含む四十面の銅鏡（いずれも国宝）が出土、更に素環頭大刀《そかんとうたち》や多数の勾玉・管玉・ガラス玉も出土した。なかでもコハク蛋白石のピアス（耳璫《じとう》）は漢の高貴な女性が身につけるというものだそうで、これは国内唯一の出土例だとか。この被葬者は女性とされる。

平原から南に見える脊振山地の山は、井原山《いわらやま》（９８２ｍ）と雷山《らいざん》（９５５ｍ）、それに羽金山《はがねやま》（９００ｍ）である。これらの山と王墓には、どんな関係があるだろうか。

まず、井原山と平原王墓をつなぐと、ラインは北に伸びて糸島半島（いにしえの志摩国）の天《てん》ヶ《が》岳《だけ》（２５０ｍ）に届く。女王は、この二つの山の間に眠っているようだ。

また、羽金山と平原王墓を結ぶと、ラインは北東に延びて浜崎山（９７ｍ）につながる。浜崎山は博多湾側にあって今津湾の入り口を扼する山である。

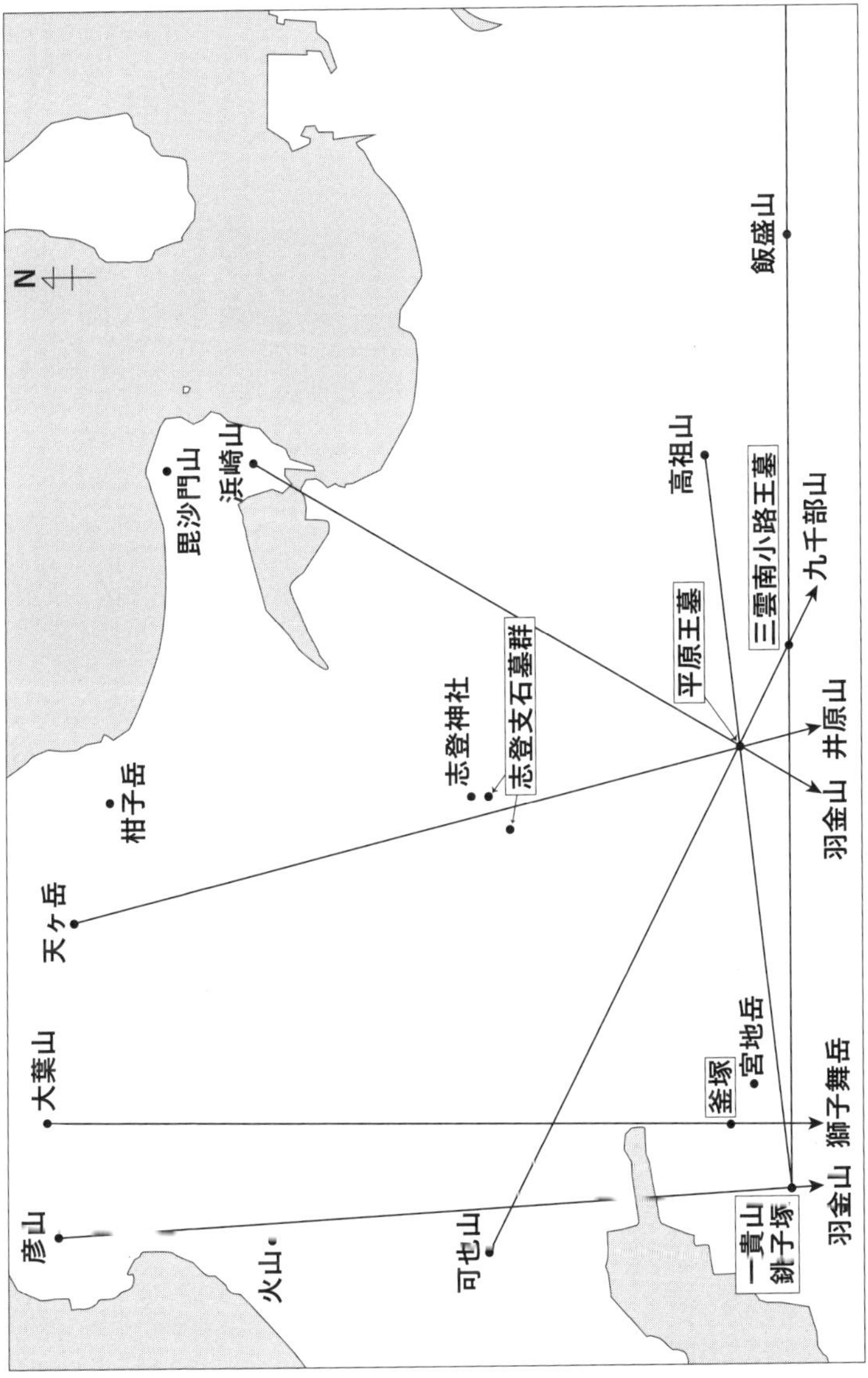
N
飯盛山
高祖山
三雲南小路王墓
九千部山
平原王墓
毘沙門山
浜崎山
志登神社
志登支石墓群
柑子岳
井原山
羽金山
天ヶ岳
宮地岳
釜塚
大葉山
獅子舞岳
彦山
火山
可也山
一貴山
銚子塚
羽金山

図7　平原王墓のライン

平原王墓

平原の女王は、井原山ラインと羽金山ラインの交点に、日向峠《ひなた》に向かって横たわっていた。

井原山↓平原王墓↓天ヶ岳

羽金山↓平原王墓↓浜崎山

このようなラインは、糸島地方の他の墳墓にも認められるのだろうか。

たとえば、羽金山ラインは、一貴山銚子塚古墳（四世紀後半）を通り、志摩国側の彦山（231m）に届く。一貴山銚子塚古墳は弥生の王墓ライン上に造営された糸島地区最大の前方後円墳だった。

浮嶽（805m）ラインは、宮地岳（118m）、志登支石墓群《しとしせきぼ》注4（志登神社南）を通り、毘沙門山《びしゃもん》（177m）に届く。

獅子舞岳《ししまい》（841m）ラインは、釜塚古墳《かまつか》（五世紀中）を通り、志摩国の大葉山《おおば》（157m）に少しずれて届く。

脊振山（1055m）ラインは、三雲南小路王墓を通り、志摩国の火山《ひ》（244m）に届く。火山は神功皇后伝説の山で、新羅遠征の時にそこで火を焚いたことからその名がついたという。

糸島では、山↓墓（古墳）↓山の信仰が弥生時代から引き継がれたようである。力のあった王の墓は高い山を背負っている。霊力のある山に見守られて（はさまれて）眠ることは、首長達のステイタスシンボルだったのだろうか。

脊振山→三雲南小路王墓→火山
羽金山→一貴山銚子塚古墳→彦山
浮嶽→宮地岳→志登支石墓→毘沙門山
獅子舞岳→釜塚古墳→大葉山

注4　支石墓……支石墓とは遺体を埋葬した上に小さな支えの石を置き、その上に大きな上石を置く墓の形態である。支石墓に副葬品は少ないが、柳葉形磨製石鏃の出土から弥生時代初期の朝鮮半島との交流が指摘されている。支石墓は甕棺墓に交じって、おもに西北部九州に分布している。糸島地方には多くの支石墓群がある。

雷山と平原王墓

さて、雷山《らいざん》である。平原王墓の被葬者が伊都国で強大な力を持っていたことは、鏡の副葬状況から疑う余地はないが、雷山との関係はどうだろうか。定規を当ててみたが、雷山と平原王墓を結ぶラインは、何故かどの山頂にも当たらない。

雷山は井原山より若干低いのに、伊都国から見ると雷山の方が高く見える。その雷山と平原王墓は何故結びつかないのだろうか。何か意図があって直接結びつくのを避けたのか。様々に憶測してしまう。平原の王が、井原山よりも近くにある雷山に何も思いを抱かなかったとは考えられないのであるが。

雷山と三雲南小路王墓を結ぶと、ラインはややずれて丸隈山古墳に届く。この古墳は今宿《いまじゅく》古墳群[注5]

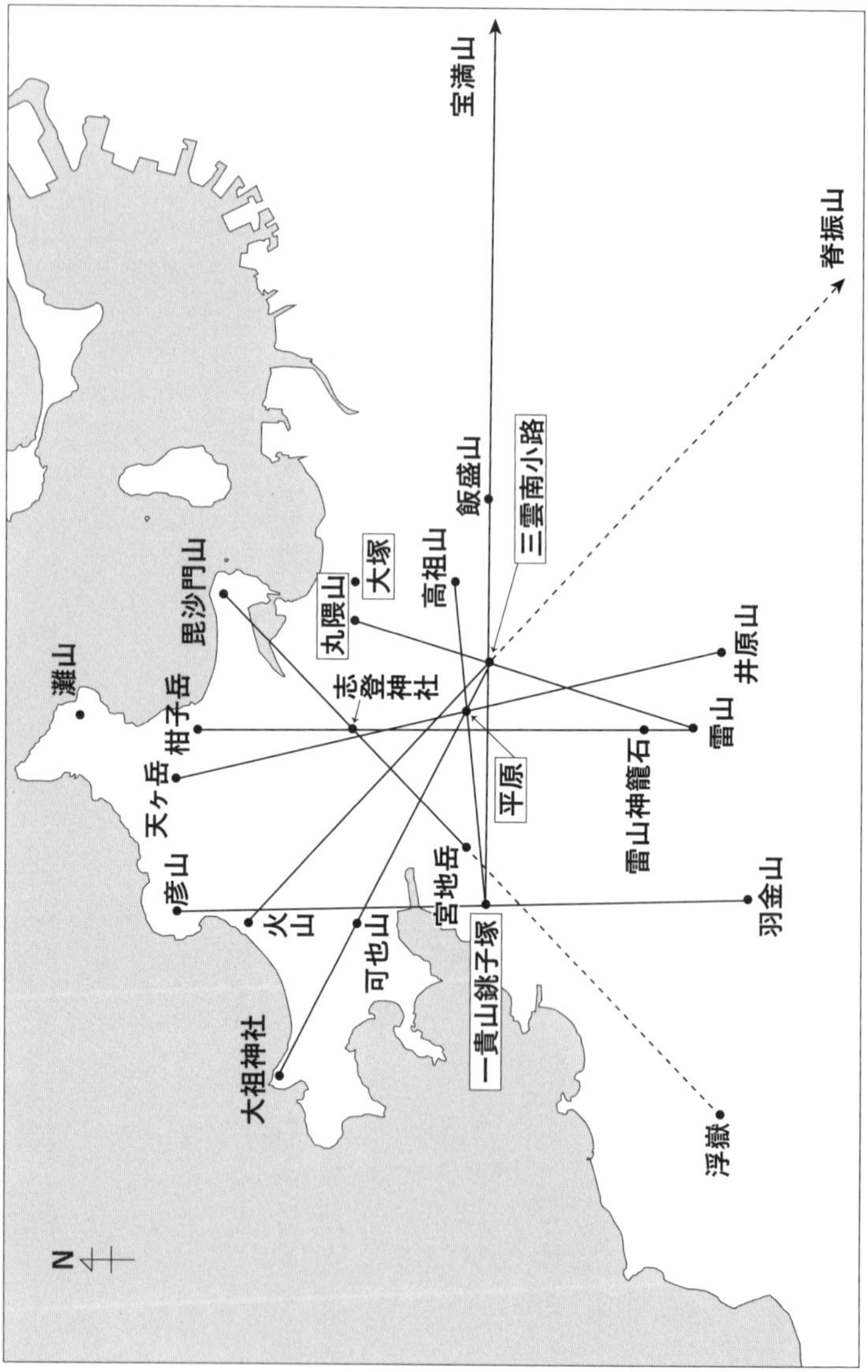

図8　糸島の古墳と山の結びつき

写真中央部が井原山。その右のピークが雷山

の中の前方後円墳である。同じく雷山から高祖《たかす》山頂を通るラインが、今宿古墳群の鋤崎《すきざき》古墳に届く。つまり、古墳時代の鋤崎古墳まで待たなければ、雷山からのラインは結べないのだ。雷山も弥生時代の王墓や首長墓とつながると思っていたが、そうではなかったようだ。

　三雲南小路遺跡の時代も、雷山は大切な山だったはずである。弥生後期には雷山への信仰が一時的に途切れたために、平原王墓と雷山の関係がないのか。あるいは、雷山と結びつく権力の交替があったことから、平原の被葬者は意識的に雷山ラインを避けたか、である。

注5　今宿古墳群……今宿古墳群は、高祖山の北の山裾に広がる大古墳群である。十一基以上の前方後円墳と三百数十基の円墳が確認されている。この地域では若八幡古墳から鋤崎古墳、次に丸隈山古墳と、前方後円墳が連続して築造されている。若八幡古墳（四世紀後半・前方後円）は木棺直葬で、三角縁神獣鏡・竪矧革綴短甲《たてはぎかわつづりたんこう》が副葬されていた。鋤崎古墳の追葬可能な初期横穴式石室には、長方板革綴短甲《ちょうほうばんかわつづりたんこう》と位至《いし》三公鏡《さんこうきょう》（魏・晋時代の鏡）が副葬されていた。丸隈山古墳（五世紀前半）は横穴式石室の前方後円墳としてはもっとも古い時期のもので、副葬の鏡は国産とされている。

　この古墳群の最後の前方後円墳は、六世紀後半の飯氏《いいじ》B14号墳といわれている。平地から高祖山の丘陵への墳墓移動の理由は、まだ解明されていない。

式内社・志登神社が乗るライン

雷山を通るラインから、他にどんな事実が導き出されるだろうか。

雷山から真北へ定規を置いてみると、柑子岳《こうし》（２５４ｍ）に当たった。この南北ラインには、志登《しと》支石墓群（岩鏡）と式内社の志登神社が乗っている。志登神社の祭神は豊玉姫で、あたりは豊玉姫上陸の霊地であるという。

志登神社

支石墓群が点在することから、ここは弥生時代から陸地であったことが分かる。二千年前は西の加《か》布《ふ》里《り》湾と東の今津湾が両側からこの地に迫っていたと推測できる。雷山からのラインは、伊都国と志摩国を結ぶ陸橋のようなこの土地を通り、柑子岳に届く。だが、弥生時代には雷山の活躍の場は少ないようだ。

他にも志登神社を通過するラインがある。宮地岳→志登支石墓群（志登神社の南西）→志登神社（延喜式内社）→毘沙門山とつながるラインである。ちなみに、支石墓はこの地ばかりでなく方々にある。西九州にたくさんある支石墓群の中の二つがライン上に並ぶように見えても、それはただの偶然かも知れない。

また、この志登神社の西には可也山《かやさん》（３６５ｍ）の山頂が見える。可也山は韓国の慶尚南道の伽耶《かや》に由来する山名で、支石墓群も周囲に点在している。半島から渡来した人々も地域の山

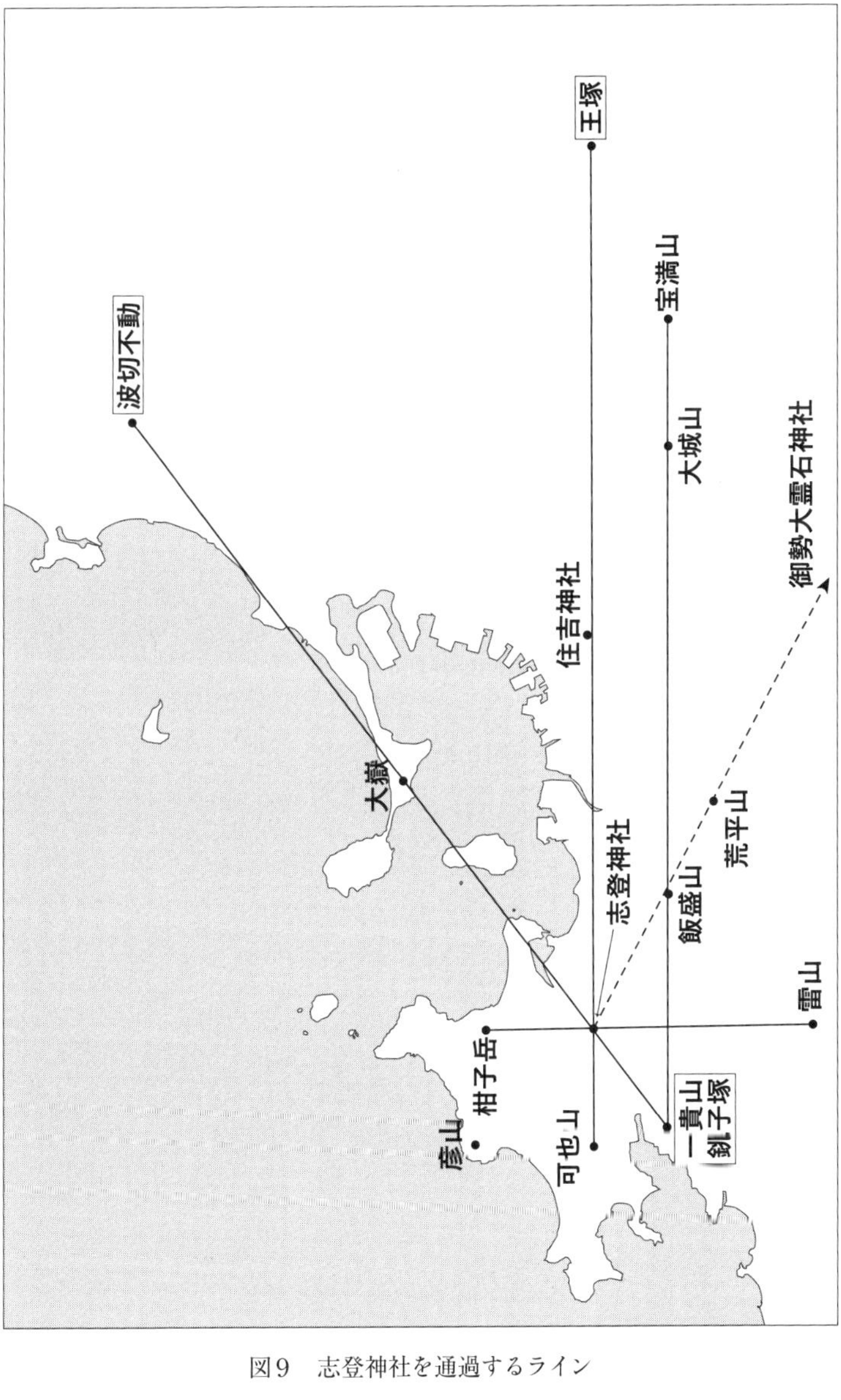

図9　志登神社を通過するライン

に対して聖なるものを感じて、心のよりどころとすることはあったと思われる。

この可也山から定規を当てると、可也山↓志登神社（延喜式内社）↓寿命王塚古墳と東西ラインがつながる。

ところで、前記のライン以外に志登神社を通過するラインがある。一貴山銚子塚古墳↓志登神社（延喜式内社）↓大嶽（海中道）↓波切不動古墳（福津市）とつながるラインである。不思議なことに、志登神社（延喜式内社）↓飯盛山↓荒平山↓御勢大霊石神社（延喜式内社）のラインは二カ所の延喜式内社を結んでいる。

志登神社は可也山の東西ラインと雷山の南北ラインとの交点にある。十世紀になって、志登神社は延喜式内社として可也山と雷山を意識してこの地に鎮座されたようだ。今は田んぼの中に取り残されたように見えるが、古代の志登神社のあたりは大事な聖地だったようである。

これらの墓や神社の歴史的背景や築造時期は、同じではない。ずっと存在するのは、山くらいのものだ。

可也山ラインと高祖山ライン

可也山は糸島半島の西の付け根に位置する山であるが、この可也山と平原王墓の関係はどうなるだろうか。

可也山から平原遺跡に向かって定規を当てると、王墓上を通ったラインは南東の三雲南小路王墓に届く。この三雲南小路王墓は、先に見た宝満・飯盛ライン上の王墓でもある。

平原と三雲南小路という二つの弥生の王墓を、可也山からのラインが結びつけていた。近くには狐塚とか、割れ塚古墳、築山《つきやま》古墳、端山《はやま》古墳など多くの古墳があるが、それらとは結びつかずに三雲南小路王墓にラインが当たることは、平原王墓の被葬者が三雲南小路王墓を意識して、その王権を継承しようと意図したからだろうか。

それでは、一貫山銚子塚古墳から高祖神社がある高祖山にラインを延ばしてみよう。直線は平原王墓を通り、東に延びて高祖山に当たる。さすが高祖山、平原王墓と糸島地方最大の前方後円墳である一貫山銚子塚古墳を結びつけていたのである。

可也山と支石墓群

やや気になるのは高祖山の山頂が台形に削平されていることだ。ここは八世紀後半に吉備真備《きびのまきび》が築造した怡土《いと》城跡なのである。細長く平らな山頂の南端に、一貫山銚子塚古墳からのラインが届く。周囲は急な崖で、山頂から西に一気に下りた所が高祖神社だ。

一貫山銚子塚古墳は、平原王墓を意識して築造されたのではないだろうか。一貫山銚子塚の被葬者は宝満・飯盛ライン上の三雲南小路王墓の霊力にあやかるばかりでなく、平原の王の威力をも継承しようとしたと考えられる。

可也山→平原王墓→三雲南小路王墓

一貫山銚子塚古墳→平原王墓→高祖山

飯盛山↓三雲南小路王墓↓一貴山銚子塚古墳
羽金山↓一貴山銚子塚古墳↓彦山《ひこやま》（野北）

王墓と王墓、王墓と古墳が山によって結び着く。こんな例は他にもあるだろうか。

もし、このラインが有効だとすれば、天明年間（1781〜89）に発見され、多くの銅鏡（漢鏡）が副葬されていたが埋め戻されて所在が分からなくなった井原鑓溝《いわらやりみぞ》遺跡（甕棺墓）も、このようなライン上に隠れているのではないだろうか。平原の王墓が、その答えを教えてくれているかも知れない。

糸島で出土した大形甕棺

魏志倭人伝には、伊都国に「世王あり」と書かれている。ここには倭人の王がいて、彼らは伊都国内に眠っているはずである。歴代の王の埋葬の仕方も、文化として受け継がれたであろう。

糸島では他の地域より甕棺墓が早く始まり、早く終わっていると聞いた。三雲南小路王墓は甕棺墓であるが、平原王墓は割《わり》竹形木棺《たけがたもっかん》墓である。平原では、鏡、太刀、勾玉、豪華な装身具などを副葬することは継承されていたが、副葬された四十面の鏡は破砕されていた。国内最大の内行花文鏡を量産し、何らかの意図を持ってそれを破砕して副葬したのだ。このことは、同じ地域内で葬送文化に変化[注6]が起こったことになるのではないだろうか。それは文化だけではなく、政治上の変化をも示しているのだろう。

注6　葬送文化の変化……唐津・早良・佐賀・神崎から福岡・春日へ広がった甕棺墓は、制作技法が確立するにつれ大形化していった。やがて、熊本・南筑後・大村にも広がり、漢以前の朝鮮系の青銅器を副葬するようになる。最盛期の弥生中期には、須玖《すく》式や立岩《たていわ》式と呼ばれる更に大形の甕棺が造られ、漢鏡・九州産青銅器、鉄器など多くの副葬品が納められた。しかし、弥生中期から後期に移る中で、福岡・春日・佐賀の甕棺墓は衰退し消滅している。弥生後期に入ると、北部九州的甕棺葬はすでに終焉し、周辺地域に一部残り、糸島地域で特殊に展開しているという。

弥生文化の中心地で墓制が変わるほどの大変革は、何によって引き起こされたのだろうか。それは、「倭国大乱」と中国の史書に記された弥生後期の内乱だったのかも知れない。甕棺墓の後に入ってきた墓制は箱式石棺での埋葬であり、後漢鏡・素環頭大刀などを副葬する。これが卑弥呼の時代の墓制である。

若干のずれ

とにもかくにも、南北ラインと東西ラインの交点という新しい視点を見つけたことで、これから先がもっと面白くなりそうな気がする。嬉しいことである。

しかし、である。ここでいう東西ライン、南北ラインが不正確だとしたら、これからの考察は意味をなさなくなる。そこで国土地理院の地図検索を使って緯度と経度を測定してみた。

◎宝満山・飯盛山の東西ライン（福岡平野から糸島を横切るライン）

宝満山頂　（北緯33度32分22秒）　＊竈門神社上宮

大城山頂　（北緯３３度３２分１８秒）　＊山城であるため頂上削平
須玖岡本遺跡（北緯３３度３２分１９秒）＊王墓
須玖岡本・熊野神社（北緯３３度３２分２０秒）
吉武高木遺跡（北緯３３度３２分１６秒）＊王墓
飯盛山頂　（北緯３３度３２分１１秒）
三雲南小路遺跡（北緯３３度３２分１２秒）＊王墓
一貴山銚子塚古墳（北緯３３度３２分１１秒）

◎可也山の東西ライン（糸島から福岡平野を横切るライン）

砥石山　（北緯３３度３４分４４秒）＊三郡山地
丸隈山古墳（北緯３３度３４分２５秒）
志登支石墓群（北緯３３度３４分２２秒）＊志登神社の南
可也山頂（北緯３３度３４分１８秒）

カーソルで数字を出してみると、平野の両端では若干のずれを生じる。定規を使って引いた宝満・飯盛ラインは、地形図上では真東真西の関係と確認したつもりだったが、パソコンで調べた数字では数秒傾いたラインになっている。それは、地形や目視による測量に起因するものだろうが、出発点と到着点が数十キロ離れていることも関係していると思う。それとも、この二千年の間に真東がずれたのだろうか。

◎雷山の南北ライン

雷山山頂　　（東経１３０度１３分２４秒）
志登支石墓群（東経１３０度１３分２０秒）＊志登神社の南
志登神社　　（東経１３０度１３分２０秒）
柑子岳山頂　（東経１３０度１３分１８秒）

こちらも地形図上に定規で線を引いたときは、真北にまっすぐラインが通ったかに思えたが、数字を見るとやや傾いている。山頂のどこに目印を設定したかで、面になる山頂と点になる墓とを結ぶ場合、微妙にずれて来たのだろうか。それとも、この二千年の間に真北がずれたのだろうか。あるいはまた、平原王墓が避けた雷山を取り込んだ十世紀の志登神社の文化は、そもそも弥生時代とはつながらないのかも知れない。

ここでは、山頂と墓をつなぐラインが存在するらしいと、ひとまず結論を出しておこう。

弥生時代から古墳時代にかけて、その時代の有力者達は選ばれた地に眠っている。地域のシンボルの山にはさまれて眠るのは王侯クラスである。それに次ぐ権力者達は、王族とのつながりを示そうとしたのか、あるいは王の墓から霊力を得ようとしたのか、それらの山を媒介にしたライン上に眠っている。

7　八女丘陵の首長墓ライン

八女丘陵の古墳群

前項で、有名古墳がお互いに結びつきそうだとか、山頂と墓との結びつきとか怪しげなことを書いたが、話を続ける前に確認しておかなければならないことがある。

九州の古墳を論じる場合には、いくつかの問題がある。まず、弥生の墳墓も古墳と呼びたい気がするが、考古学者は弥生の方形周溝墓を古墳とは言わない。古墳とは、古墳時代に築造された墳丘を持つ墓なのである。だから、弥生王墓（方形周溝墓）と古墳は区別しなければならない。それから、九州には装飾古墳が集中し、形式の違いも色々ありそうだ。しかし、ここではひとまとめに古墳として扱っている。

さて、八女《やめ》丘陵の古墳群に進みたいが、筑紫君《ちくしのきみ》一族の数世代の墓域といわれる八女丘陵（東西約十キロ）には、百五十以上、三百近くの墳墓があると考えられている。その中で国指定の古墳が石人山《せきじんざん》古墳、弘化谷《こうかだに》古墳、岩戸山《いわとやま》古墳、乗場《のりば》古墳、善蔵塚《ぜんぞうつか》古墳、茶臼塚古墳、丸山塚古墳、丸山古墳の八基で、他には金製垂飾付耳飾や埴輪を出土した立山古墳、徐福伝説もある巨石石室で有名な童男山《どうなんざん》古墳などがよく知られている。

岩戸山古墳の東に熊渡山

岩戸山古墳は東西を主軸にして、後円部が東に向けられている。全長百三十五メートル（後円部直径60m）の二段築造で、東北隅に「別区」とよばれる一辺四十三メートルの方形状区画を有するのが特徴である。電気探査などで後円部に横穴式石室が存在することが判明した。墳丘・周堤・別区から人物・動物・器財に大別される阿蘇凝灰岩製石製品が百点以上出土していて、円筒埴輪と共に古墳に立てられていたという。

この古墳が特に知られているのは、九州最大級の規模もさることながら、この墓の被葬者が判っているからである。「筑後国風土記」逸文には、磐井《いわい》が生前に造らせた墓であることと、裁判の様子を表したという墓の横に造られた「衙頭《がとう》」という別区のことが書かれていて、その記述と岩戸山古墳の規模や形状が一致することから、磐井の墓と比定されたのである。

他にも、正史に記されている「磐井の乱」がある。継体天皇の二十二年（528）、磐井は新羅から密かに賄賂を受け取り、新羅に奪われた任那《みまな》の地を奪還すべく送られた近江毛《おうみのけ》野臣《なのおみ》を阻止しようとした。新羅と組んだ筑紫国造磐井に対し

岩戸山古墳には後円部に接して「衙頭」と呼ばれる別区がある

て、継体天皇は大伴・物部軍を送り、御井郡（福岡県三井郡）での激戦の末、磐井は斬られた。子の筑紫君葛子《くずこ》は糟屋《かすや》（福岡県粕屋郡）の地を屯倉《みやけ》として献上することで父の罪に連座することを免れた、とされている。

なお、「風土記」逸文の別伝によれば、磐井は豊前国上膳県《かみつけのあがた》の山中に逃亡し、いらだった官軍の兵士が手当り次第に石人《せきじん》・石馬《せきば》を壊したという。

石人・石馬は八女地方や熊本県などにみられ、埴輪の代わりに墓に置かれたというが、「磐井の乱」後には墳墓に使われることが少なくなっていったそうである。代わりに多くなったのが装飾古墳だ、という説明を文化財センターの講座で聞いたことがある。

岩戸山古墳が六世紀前半に造られた王墓だとして、その東にはどんな山があるだろうか。地形図に定規を当ててみた。

岩戸山古墳の真東にあるのは熊渡山《くまとやま》（960m）で、それは福岡・大分の県境の山でもある。岩戸山古墳が東に背負う山が熊渡山だとしたら、熊渡山からはどんな祭祀ラインが延びているだろうか。

　岩戸山古墳（北緯33度13分47秒）
　熊渡山　（北緯33度13分46秒）

耳納山地には多数の峰が林立しているが、一番高いのは鷹取山《たかとりやま》（802m）である。熊渡山を地形図上で耳納山地の峰々と結んでみる。いずれも耳納山地を越えて、的臣《いくはのおみ》、水沼君《みぬまのきみ》の勢力圏に達する（以下、頂上はあるが地形図に名前の記されてない山は、「?山」とした）。

熊渡山→鷹取山→寺徳《じとく》古墳（装飾）

熊渡山→？山（797m）→？山（406m）→屋形《やかた》古墳群（装飾）
熊渡山→？山（365m）→楠名《くすみょう》・重定《しげさだ》古墳（装飾）
熊渡山→？山（250m）→塚花塚《つかはなづか》古墳（装飾）

地形図に名前の載った古墳には、ラインが届くようである。八女丘陵の他の有名古墳についてはどうだろうか。

石人山古墳の東に鈴ノ耳納

東西に延びる八女丘陵に点在する古墳群の中で、石人山《せきじんざん》古墳は五世紀半ばの築造と言われている。前出の岩戸山古墳が磐井の墓だとすると、それから一世紀以上時代を遡る筑紫君一族の前方後円墳である。墳丘部百七メートル、（後円部直径53m）、周りを幅一・五メートルの周濠がとりまいている。北側くびれ部に「造り出し」を持ち、竪穴系横口式石室に阿蘇熔結凝灰岩製の妻入横口式《つまいりよこぐちしき》家形石棺が置かれ、短甲を付けた武人がくびれ部に立っている。あたりは「人形原《にんぎょうばる》」と言われ、後の世まで石人・石馬が方々に見られたようである。

この古墳の東側には鈴ノ耳納《すずのみのう》（931m）を筆頭に、いくつかの小高い山が頂を並べている。石人山古墳から順に山の峰を辿ると、次のようになる。

石人山古墳　　　（北緯33度14分14秒）
高峰（567m・北緯33度14分15秒）
大山（599m・北緯33度14分11秒）

?山（689m・北緯33度14分10秒）
?山（716m・北緯33度14分11秒）
?山（705m・北緯33度14分11秒）
鈴ノ耳納　　　（北緯33度14分11秒）

こうして並べてみると、石人山の王が自分の墓の東に選んだ鈴ノ耳納は、いくつもの峰の奥にある特別の山だったように思える。

この鈴ノ耳納から発するラインであるが、別の山を越えて有力者の墓に達するラインが何本も見つかった。

鈴ノ耳納↓明星山（362m）↓浦山《うらやま》古墳（五世紀後半・帆立貝式前方後円墳）
鈴ノ耳納↓?山（887m）↓日ノ岡古墳（六世紀半・前方後円墳・装飾）
釈迦岳（1231m）↓鈴ノ耳納↓寺徳古墳（六世紀後半・円墳・装飾）

浦山も、寺徳も、日ノ岡も、耳納山地を越えた北側にある古墳である。寺徳古墳は、釈迦岳・鈴ノ耳納だけでなく、前述の熊渡山にもつながっていた。

鈴ノ耳納↓?山（716m）↓?山（689m）↓茶臼塚古墳（盗掘・六世紀頃）
鈴ノ耳納↓?山（322m）↓丸山塚古墳（六世紀後半・円墳・装飾）

右記の二つの古墳は八女丘陵にある。

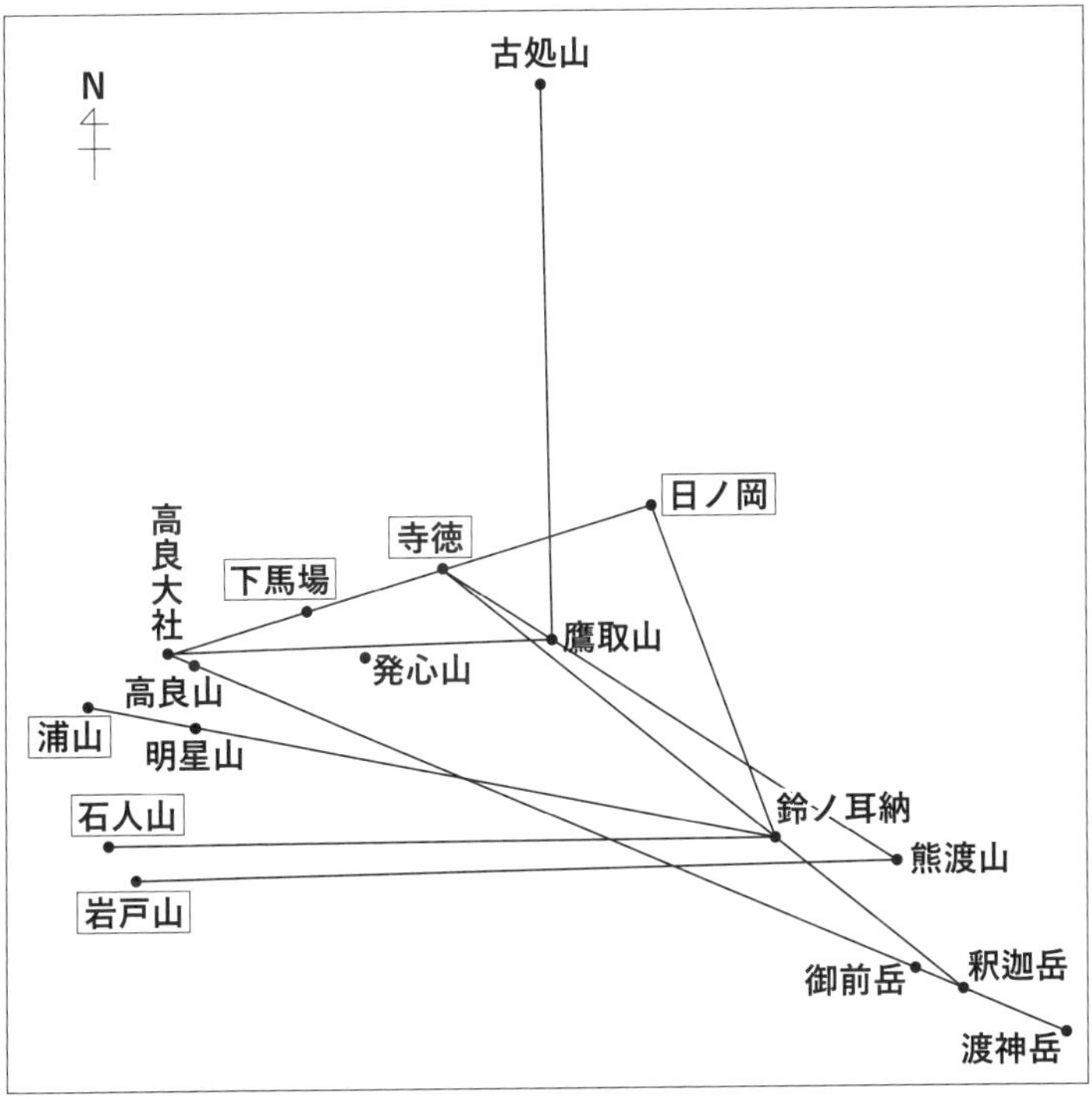

図10　八女丘陵・耳納山地のライン

寺徳古墳は小さな円墳

石人山古墳と岩戸山古墳のそれぞれ真東に位置する鈴ノ耳納(931m)と熊渡山(960m)が、筑後川以南の豪族にとって大事な山であったろうことはうなずける。殊に耳納山地の東端の熊渡山は、あたりの最高峰でもある。石人山古墳の王が鈴ノ耳納を真東に頂いたように、岩戸山古墳の王は熊渡山を真東に頂く位置に自分の墓を定めたと思われる。

　ここで留意すべきことは、それらの王の子孫や周囲の有力者達が、そのことを十分に承知していたということである。中でも寺《じ》徳《しく》古墳の被葬者は、鈴ノ耳納・熊渡山・鷹取山という筑紫君一族の象徴的な山とつながり、かつ日ノ岡古墳と高良大社の間に横たわっている。このことは尋常ではないように思われる。

寺徳古墳（六世紀後半）は複式の横穴式石室を持つ円墳（２０ｍ）で、石室には二色で描かれた同心円の装飾が用いられている。明治二十九年の発掘では金環三点、勾玉・管玉・丸玉、馬具、鉄鏃、須恵器などが出土している。

六世紀後半、八女丘陵と関係が深かったと思われる寺徳古墳の被葬者は、前方後円墳ではなく小さな円墳に横たわっていた。これは、筑紫君一族が磐井の乱のような大きな事件に巻き込まれた結果ではないかと思われる。一族の有力者でありながら小規模な墳墓を築造したことは、勢力が衰退したことを伝えている。

釈迦岳↓鈴ノ耳納山↓寺徳古墳

熊渡山↓鷹取山↓寺徳古墳

高良大社↓下馬場古墳（六世紀後半・装飾）↓寺徳古墳↓日ノ岡古墳（六世紀中・装飾）

寺徳古墳↓発心《ほっしん》山↓丸山塚古墳（六世紀後半・装飾）

周辺古墳の結びつき

周辺の古墳と有名古墳の結びつきについてもラインを引いて調べてみた。

◎八女丘陵内での結びつき

岩戸山古墳（六世紀前半・前方後円墳）↓乗場古墳（六世紀中・前方後円墳・装飾）↓茶臼塚古

墳（盗掘あり・六世紀・円墳）

◎古墳が耳納山地をはさむ

弘化谷古墳（六世紀中・円墳・装飾）→明星山→耳納山→下馬場古墳（六世紀後半・円墳・装飾）

下馬場古墳→高良山→浦山古墳（五世紀後半・帆立貝式前方後円墳・家形石棺）

丸山塚古墳（六世紀後半・円墳・装飾）→発心山→寺徳古墳（六世紀後半・円墳・装飾）

石人山古墳（五世紀後半・前方後円墳・家形石棺）→鷹取山→塚花塚古墳（六世紀・円墳・装飾）

これに対して、高良大社→下馬場古墳→寺徳古墳→日ノ岡古墳のように耳納山地の北側地域だけの結びつきもあるが、六世紀後半には南側との関係が切れ始めたということだろうか。

筑紫君一族の祭祀ライン

八女丘陵の古墳と地域の山のラインから、五世紀と六世紀の筑紫君一族の盛衰が見えるだろうか。

八女丘陵だけでも三百近くの古墳があり、耳納山地を越えた筑後川流域には更に幾多の古墳や古墳群がある。寺徳古墳のある田主丸地区には、六世紀後半からの古墳が百五十基ほどあるそうだ。中には百メートルを超える前方後円墳が最近見つかり、古墳と山の関係が十分見えているわけではない。だから、犬も歩けば棒に当たる式の古墳の結びつきは充分に考えられる。そのことは頭に入れておいて、筑紫君が祭祀したと思われる山と古墳について分かることを並べてみたい。

岩戸山古墳が結びつく範囲は、かなり広い。糸島の一貴山銚子塚古墳と岩戸山古墳を直線で結ぶと、間に井原山頂が入る。岩戸山古墳から脊振山頂につなぐと、直線は糸島の高祖山まで届く。岩戸山古墳と熊本の熊ノ岳を結ぶと、菊池川流域の江田船山《えたふなやま》古墳の墳丘部を直線が通過する。江田船山古墳は、銀象嵌の銘文入り大刀で知られる古墳である。

岩戸山古墳は特別な位置にあるようだ。一貫山銚子塚は四世紀、江田船山は五世紀代の築造といわれる。筑紫君一族は磐井の時代（五世紀後半～六世紀前半）の前に、既に糸島地方や北部肥後と結びついていたことになる。日本書紀にも、磐井の親族が火君《ひのきみ》と姻戚関係にあったことが書かれている。

乗場古墳は、岩戸山古墳の東四百メートルほどに位置していて、岩戸山・茶臼塚ライン上にある。後円部には全長十メートルの複式構造の横穴式石室があり、石人などが出土している。装飾は、寿命《じゅめい》王塚古墳、熊本県山鹿市のオプサン古墳・チプサン古墳とよく似ているそうである。被葬者の間に深い結びつきがあったからだろう。乗場古墳の築造の頃、筑紫君一族は、遠賀川流域の最大の勢力や北部肥後の勢力と結びついていたともいえる。茶臼塚古墳からは円筒埴輪も出土しているが、詳しくは分からない。

弘化谷古墳は、六世紀中頃とされる大形円墳（直径三十九メートル）の装飾古墳である。石室内の石屋形奥壁には、靫、同心円文、三角文などの文様のほかに、謎と言われる双脚輪状文《そうきゃくりんじょうもん》が描かれている。この文様をもつのは、寿命王塚古墳、釜尾古墳（熊本）、五郎山古墳と、超有名古墳ばかりである。双脚輪状文は蕨手文《わらびてもん》の複雑な形とも、高貴な人にさしかける「さしば」とも、さまざまな説があるが、まだ解明されていない。が、この被葬者は他の地域の首長との交流をまだ保っていた、と言えるのではないか。

弘化谷古墳からのラインは、明星山と耳納山を越えて筑後川流域の下馬場古墳に届いているが、この弘化谷古墳が円墳であることは、筑紫君一族の衰退を伝えているのだろうか。

寺徳古墳は発心山を挟んで丸山塚古墳と結びついている。これは上記の弘化谷古墳・下馬場古墳と同じ方法を使ったと思われる。耳納山地を越えて南北で結びつこうとしたのである。

丸山塚古墳の横穴式石室には蕨手文の装飾がある。この文様を持つ装飾古墳は、寿命王塚、珍敷《めずらし》塚《づか》、塚花塚、日ノ岡、五郎山、釜尾（熊本）を含めて七基だという。葬送文化が共通していることから、耳納山地の北側と肥後中部にまで筑紫君一族との交流が残っていたといえるのではないだろうか。

日ノ岡古墳は、若宮古墳群（日ノ岡、月ノ岡、塚堂《つかんどう》）の中では最後の前方後円墳（七十八メートル・六世紀後半）で、横穴式石室に蕨手文の文様が描かれている。すぐ近くに月ノ岡古墳がある。そこは若宮古墳群中の最初の前方後円墳（八十メートル・竪穴式石室・五世紀半ば）で、三重濠を持つ。

日ノ岡古墳の被葬者は、近くの月ノ岡古墳とではなく高良大社とのつながりを選んだ。もしくは、日ノ岡古墳と高良大社の間に、下馬場と寺徳の被葬者が墓を造ったともいえる。正確な古墳造営の順がわからないので断定はできないが、いずれかの被葬者が強い意志を持って先祖の威光にあやかろうとしたと思われる。

高良大社→下馬場古墳→寺徳古墳→日ノ岡古墳のラインは、耳納山地の北側地域だけの結びつきである。下馬場、寺徳、日ノ岡の古墳の被葬者が高良大社とつながりを持とうとしたのは、氏族の守り神とか、一族の先祖とか、理由があったはずである。彼らも須玖岡本や吉武高木や糸島の弥生の王と同じように、地元の山を選び、自分の墓の位置を決め、一族や子孫の繁栄を願ったのだろうか。それとも、高良大社の神社祭祀の以前、そこに古代の祭祀場があって、筑紫君一族が祭祀を執り行っていたのだろうか。

このようにラインを見ていくと、八女丘陵の古墳の被葬者達が北部九州の首長や肥後の首長と結びついていたことがわかる。彼らは粘土焼成物だけではなく、阿蘇凝灰岩製の石人石馬も用いて墳丘を飾っていた。そこに他の地域との政治的・文化的違いが見えるのではないか。そして、磐井の乱後には石人石馬を持つ墳丘墓の数が減る。

北部九州の装飾古墳が筑紫君一族と強いつながりがあるとすれば、その広がりから六世紀前半の磐井の乱後も筑紫君一族は残ったことになる。しかし、石人山古墳・浦山古墳・江田船山古墳のように、阿蘇熔結凝灰岩製の横口式家形石棺が筑紫君一族の有力者の間で共通する石棺であるとすれば、その伝統は装飾古墳によって断たれたことにならないか。はたして、未発掘の岩戸山古墳はどんな葬送文化を残しているのだろうか。

それにしても筑紫君一族は、墓制においても肥後との結びつきが深い。私には四世紀あたりに肥後の勢力が筑後に入り、その後、北部九州に浸透していったように思われる。その場合、この肥後の勢力は、何と呼ばれたのだろうか。

8　釈迦岳の祭祀ライン～水沼君と高良大社

三連山のライン上に高良大社

古代の王や有力者は、領地から見える標高の高い山を祖先の魂が天に昇る霊地として崇敬した。そして、一族の墓や祭祀場を造営する時には、その位置を求めるにあたって居住地の近くの山を霊地とつなぐ手掛かりとしていたことが、少しずつだがはっきりしてきたような気がする。

福岡県の最高峰は県南部の釈迦岳（１２３０ｍ）である。すぐ近くには御前岳《ごぜんだけ》（権現岳・１２０９ｍ）と渡神岳《とがみだけ》（１１５０ｍ）が並んでいる。

釈迦岳に登ると、御前岳と渡神岳の山頂がちょうど左右に来る。つまり、三山の山頂はほぼ一列に並ぶのである。この釈迦岳ラインを北西方向に伸ばすと、耳納山地の高良山（３１２ｍ）を通過して西の端の高良大社に当たる。

高良大社に当たるということは当然、高良大社がこのラインを意識して造営されたということになる。では、その時期はいつかということになるが、山上に鎮座していた高木神《たかぎのかみ》が高良玉垂神に一夜の宿として山上を譲ったという伝承が事実にもとづくものだとしたら、高良大社以前に高木神を守護神としていた豪族の時から釈迦岳・御前岳・渡神岳の三山が神の山として崇められていたという見方もできるのである。

高木の神と入れ替わった高良の神

日ノ岡古墳→寺徳古墳→下馬場古墳と続くライン上の高良大社は、筑後国の一ノ宮である。高良玉垂命神社または高良玉垂宮ともいわれ、仁徳天皇の五十五年（３６７）または七十八年（３９０）に鎮座、創建は履中《りちゅう》天皇元年（４００）と伝えられている。

もともと高木神（高御産巣日神《たかみむすび》・高牟礼神《たかむれ》）が山上に鎮座していたが、あるとき高良神が一夜の宿を借りたいと申し出た。高木神が譲ったところ、高良神に結界を張られて山上に戻れず、山の名も高牟礼から高良となった。以来、高木の神は二ノ鳥居の手前の高樹《たかぎ》神社に鎮座するようになったという伝承があるが、これではまるで高木神が詐欺に遭われたみたいではないか。

高良大社の御祭神の高良玉垂命は、武内宿禰とも藤《とう》大臣とも月神とも言われて諸説ある。高良玉垂命の墓と伝わる二十メートルの円墳が、高良御廟塚《ごびょうつか》（久留米市三潴《みづま》町高三潴）である。水沼君の崇める神と聞く。すると、高木神を降ろしたのは、水沼君一族になるのだろうか。しかし、古事記にも日本書紀にも登場しない氏神（高良玉垂命）が、高木神を高牟礼山から降ろした理由が分からない。高木神を祭っていた氏族が衰退したということだろうか。

水沼君は日本書紀に登場する。筑後川河口の平野に栄えたらしい。水沼君一族の墓と伝わる御塚《おんつか》古墳（鬼塚ともいう・久留米市大善寺町宮本）は、全長七十メートルのる帆立貝式前方後円墳（未発掘）で、五世紀後半造営、武人埴輪も出土したという。周辺には権現塚やイロハ塚など四十基以上の古墳が点在している。

近くには、「鬼夜《おによ》」と呼ばれる火祭りで有名な大善寺玉垂宮がある。創建千九百年、同じ神名の高良玉垂宮（高良大社）とは深い相克関係を抱える神社だそうである。

高良大社が水沼君の氏神を祀る神社で、その祭神が高木神と入れ替わったという伝承を持ち、耳納山地の北側の六世紀後半の古墳と結びつくとすれば、その鎮座時期は六世紀の半ば前後になるだろうか。鎮座された目的も「水沼君の守護」となるだろうか。

延喜式が奏上された時に式内名神大社となったのは、水沼君と畿内王権との結びつきが強かったことからか。その後、目的も「国家守護」に変わったのか。「高良の高良たる由縁」と皇室の尊崇篤かったとされるのは、高良神への期待を顕したものだろう。

渡神岳・釈迦岳・御前岳ラインは古代の祭祀ラインと思われるが、高良大社にはその祭祀の伝承がない。高良大社の真東には鷹取山（８０２ｍ）もあるが、それらの祭祀の記憶は時間を経て消えたのだろうか。だが、高良大社と水沼君のかかわりから見ると、そこには祭神と祭祀する氏族に変遷がうかがえる。つまり、支配者の交替があるということだ。祭祀ラインと伝承からそう思えるのである。

高良山には、「神籠石」と呼ばれている数キロに及ぶ列石がある（正式には「八葉の石畳」）。この列石は誰が何時、何の目的で造ったかわからないが、高良大社を取り囲んでいる。「結界」とは、このことと関係があるのだろうか。しかし、高良大社にも列石築造に関する伝承はない。

9　神上がりの山、脊振

羽白熊鷲の墓の東西南北

「あまぎ水の文化村」というテーマパークのような名称の施設が朝倉市矢野竹《やのたけ》の寺内ダムサイトにある。ダム建設にともなって造られた近隣の人々向けの施設で、入場料もいらない。ゲートをくぐり階段を上って広場に着くと、小さな円墳がある。羽白熊鷲《はじろくまわし》の墓である。円墳は新しく造られたもののようだ。

元の墓は円墳ではなく丸石が置かれた状態で、現在の水の文化村の中央部分にあったという。「せせらぎ館」という展示施設の建設にともない移動したが、地元から「本来の墓のあったところに」と強い要望が出されて、せせらぎ館の正面に再移動したそうだ。

羽白熊鷲は、日本書紀の巻第九、神功皇后紀の熊襲征伐に登場する。

〈荷持田村《のとりたのふれ》に羽白熊鷲という者があり、その人となりは強健で、翼があり高く飛ぶことができる。皇命に従わず人民を掠めている。十七日に皇后は熊襲を討とうとして、香椎宮から松峡《まつお》宮に移られた。その時つむじ風がにわかに吹いて御笠が吹き飛ばされた。時の人はそこを名づけて御笠《みかさ》といった。二十日、層増岐野《そぞきの》にいき、兵をあげて羽白熊鷲を殺した。そばの人に「熊鷲を取って心安らかになった」

せせらぎ館前に移動した羽白熊鷲の墓

といわれた。そこを名づけて安《やす》という。」（現代語訳・宇治谷孟）

荷持（朝倉市秋月野鳥《あきづきのとり》）、香椎、御笠山（宝満山）、安（旧夜須町）などの地名譚とともに、熊鷲という固有名詞が出ている。気になるのは、「層増岐野」である。雷山のことを「そぞさやま」とも呼ぶからである。このことは後で再度言及したい。

熊鷲は古処山《こしょさん》（白山・白髪山）を本拠としていた豪族のようだ。地形図で見ると、「水の文化村」の墓の位置は古処山の真南になりそうだ。墓所移動の事情により、場所がはっきりとは特定できないが。

古処山は秋月の背後の山である。熊鷲が古処山に拠っていた豪族なら、より秋月側に墓があってもよさそうに思うが、ダムが建設されるような人家も少ない土地に葬られていたのである。

長い定規を使って古処山から南に線をのばすと、耳納山地の鷹取山《たかとり》（８０２ｍ）の山頂付近に達する。鷹取山は、筑紫平野の中央から南を見たときに耳納山地で一番高く見える山で、戦国時代には山城が築かれていた。更に、鷹取山はかの高良大社の真東に位置している。熊鷲は、この古処山・鷹取山の南北ライン上に眠っていることになる。

古処山　（東経１３０度４３分３２秒）

羽白熊鷲の墓（東経１３０度４３分３１秒）＊水の文化村せせらぎ館前

鷹取山　　（東経130度43分23秒）

古処山と鷹取山は直線距離で二十キロほど離れている。南北のラインは若干傾いているようだ。

では、羽白熊鷲の墓の東西ラインはどうだろうか。真西にラインを伸ばすと、脊《せ》振《ふり》山地の脊振山頂（1055m）に当たった。脊振山とは、驚いた。しかし、羽白熊鷲が熊襲の長だったとすれば、当然のことであろう。

脊振は福岡平野からはよく目立つが、筑紫平野からもよく見えるのだろうか。手前の九《く》千部《せんぶ》山（847m）に遮られて、少し高度が上がらないと見えないかも知れない。

脊振山頂　（北緯33度26分8秒）
契《ちぎり》山　（北緯33度26分9秒）
　＊九千部山に連なる峰・408m
羽白熊鷲の墓（北緯33度26分6秒）
　＊水の文化村せせらぎ館前

なるほど、かなりいい線である。背振山を墓の西に

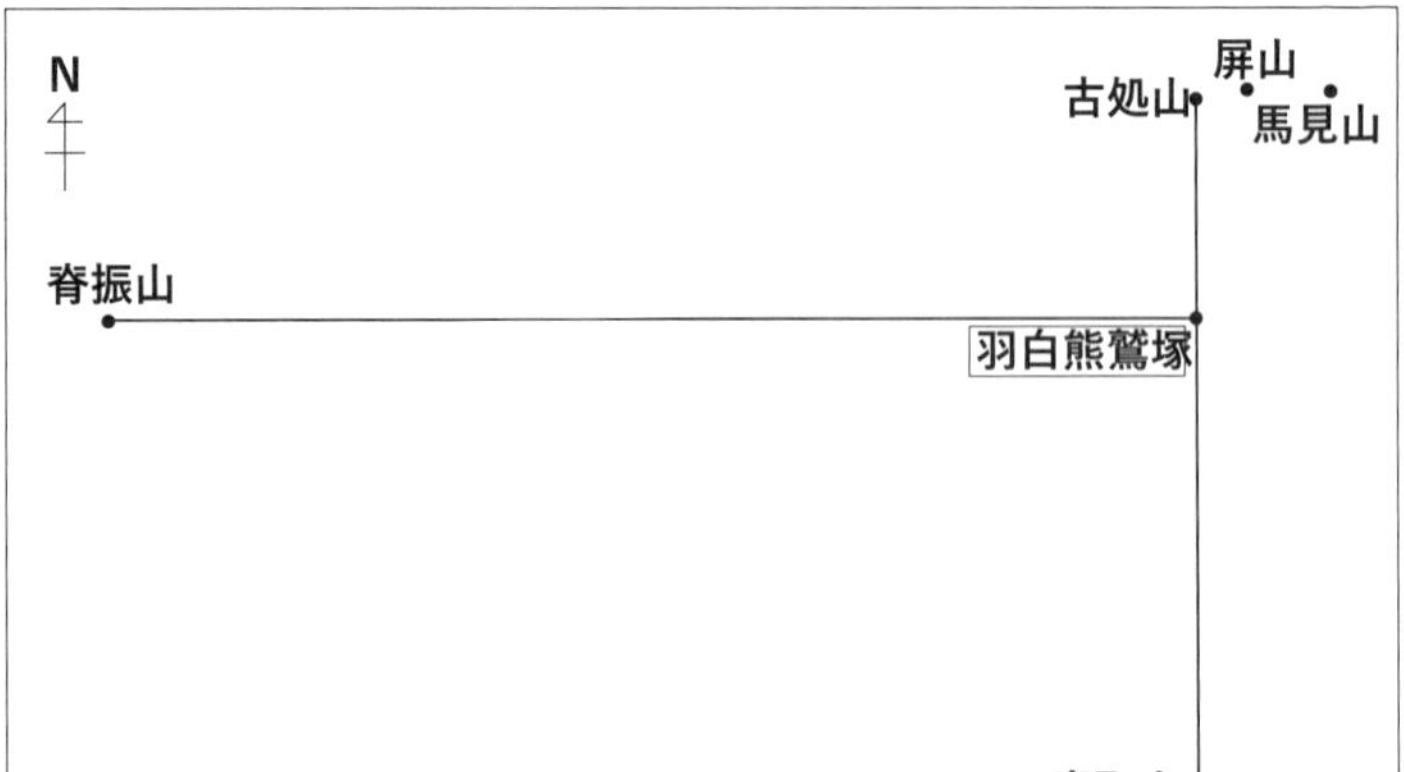

図11　羽白熊鷲の墓の真西に脊振山

頂いたという熊鷲はやはり、かなりの有力者（王侯クラス）だったということになる。

書紀には、熊鷲は熊襲退治に筑紫に来た神功皇后に誅殺されたと書かれている。熊鷲は熊襲ではないとする見方があるが、熊鷲も熊襲も、侵略者である神功皇后から見たら先住民である。熊襲の領域を南九州と限定することはどうなのだろうか。

ところで、官軍（神功皇后側）に誅殺されたとされる熊鷲の墓が、北に古処山、西に脊振山が来るような選ばれた場所に造られたのはなぜだろうか。答えは、そういう思想が既にあったということではないか。「脊振山は王の魂が天に昇る聖地である」という思想、あるいは、「祟りがないように、王の魂が天に昇る場所を選んで葬らねばならない」という思想。そういう思想が、熊鷲の時代にはあったのだろう。

羽白熊鷲の墓は、歴史の闇に封じ込められた多くの先住民の首長達の無念を告げているのかも知れない。

脊振山と日拝塚古墳・王塚古墳

ここで、脊振山頂を通る他のラインについても簡単に触れておきたい。

脊振山と須玖岡本の王墓を結ぶと、間にある日拝塚《ひはいづか》古墳[注7]をラインが通過する。日拝塚は全長五十六メートルの前方後円墳で、ここから春秋の彼岸に十六キロ離れた大根地《おおねち》山から昇る太陽を拝むことができることから、その名がある。

日拝塚の被葬者は、須玖岡本の弥生の王の威光を自分に引き寄せたかったのだろう。そして、彼の死後の魂は脊振山から天に昇った。なお、地図の上でのことであるが、この脊振山・日拝塚・須玖岡本のラインをそのまま伸ばすと、乙犬山（185m）を通って宮若市の竹原古墳に届く。脊振山・須玖岡本王墓のラインは、日拝塚や竹原古墳の被葬者にとって聖なるラインだったのだろう。

更に脊振からのラインは、桂川《けいせん》町にある寿命王塚《じゅめいおうづか》古墳[注8]にもつながる。この古墳は、六世紀中ごろに造られた、全長八十六メートルの前方後円墳である。

王塚古墳から宝満山に向かって直線を伸ばすと、そのまま脊振山頂までラインが届く。寿命王塚の被葬者は、宝満山と脊振山という福岡平野の代表的な山とつながっているのだ（また、このラインは太宰府の観世音寺の講堂の真上を通過している）。

宝満山と脊振山は、はじめ福岡平野の弥生の王達とつながり、彼らの神上がりの聖なる山だったと言っていいだろう。時代が下るにつれて伊都国や遠賀川流域の有力者ともつながっていった。

他にも、脊振山→三雲南小路王墓→火山（前述）があった。同じく、糸島の釜塚古墳→宮地岳（110m）→?山（700m）→脊振山。それから、一貴山銚子塚古墳→?山（448m）→脊振山。さらには、脊振山→久留米の日輪寺古墳→浦山古墳、また、脊振山→大峠（406m）→五郎山古墳の例もある。

脊振は、弥生時代から古墳時代、その後の時代にかけても「神上がりの山」として在り続けたようだ。脊振山の南麓、佐賀県側にも遺跡や古墳が広がっているが、たぶん同じことが立証されるのではないだろうか。

注7　日拝塚古墳……春日市にあるこの古墳は六世紀前半の前方後円墳で、全長五十六メートル。昭和四年に盗掘を受けたが、その後の発掘で多くの副葬品が出土した。金製垂飾付耳飾、大刀や槍などの武器、馬具、装飾品、鍍《と》金環頭《きんかんとう》大刀《たち》柄《え》頭《がしら》などから、有力者の墓であることが判った。

注8　寿命大塚古墳……昭和九年、採土工事中に偶然発見され、馬具、銅鏡、装飾品、土器類が出土した。全長八十六メートルの前方後円墳（装飾）である。遠賀川流域では最大規模の墳丘と横穴式石室を持つ古墳で、遺体を収めた玄室には工夫を凝らした「石屋形」と「石棚」が造られ、前室との間には「小窓」がある。この三点を併せ持つ例は非常に珍しく、王塚古墳の特色とされている。他にも、赤、黄、白、緑、黒の五色で描かれた壁面の装飾も特徴的である。靫、盾、騎馬、星、双脚輪状文、わらび手文、三角文などが、壁面や天井に表現されている。

三連山の聖なる山

ところで、脊振山は何故、北部九州で「神上がりの山」となれたかということであるが、それは、三連山の山だからであろう。脊振山、井原山、雷山の山頂は、見事に直線で結ばれる。他の山とでは難しいのである。

古代において、三という数は特別の数だったのではないだろうか。英彦山も、鷹ノ巣山も、三つの峰を持つ山である。古処山も、馬見山、屏山と峰が並ぶ。宝満山も、三郡山、頭巾山と峰が並ぶ。田川の香春岳も、一の岳、二の岳、三の岳、宗像三女神、住吉三神、いずれも三である。

福岡県の主要な山岳を並べてみた（所在地と標高を示し、山岳は高い順に並べた。三つの山頂がつながる山をアルファベットで示した）。

釈迦岳（矢部村・１２３０ｍ）Ａ
御前岳（矢部村・１２０９ｍ）Ａ
渡神岳（大分県の山・１１５０ｍ）Ａ
英彦山南岳（添田町・１２００ｍ）Ｂ
英彦山北岳（添田町・１１９２ｍ）Ｂ
英彦山中岳（添田町・１１８０ｍ）Ｂ　＊鷹ノ巣山ともラインがつながる
犬が岳（豊前市・１１３１ｍ）＊１０１９ｍ、１０３９ｍの峰が並ぶ
脊振山（福岡市早良区・１０５５ｍ）Ｃ
岳滅鬼山（添田町・１０３７ｍ）
三国山（矢部村・９９４ｍ）
経読岳（豊前市・９９２ｍ）
井原山（糸島市・９８３ｍ）Ｃ
鷹ノ巣山（添田町・９７９ｍ）Ｂ　＊三峰が並ぶ
馬見山（甘木市・９７８ｍ）Ｄ
大塚山（矢部村・９７８ｍ）
猿駈山（矢部村・９６８ｍ）
金　山（福岡市早良区・９６７ｍ）
熊渡山（黒木町・９６０ｍ）

雷　山（糸島市・955m）C
障子ガ岳（添田町・948m）
石割岳（星野村・942m）
三郡山（宇美町・936m）E
鈴ノ耳納（星野村・931m）
屏　山（甘木市・927m）D
門前山（矢部村・922m）
竹　山（星野村・905m）
福知山（田川市・901m）
頭巾山（宇美町・901m）E
羽金山（糸島市・900m）
黒　岩（添田町・878m）
休　鹿（矢部村・866m）
古処山（朝倉市・860m）D
九千部山（那珂川町・848m）
釈迦ヶ岳（添田町・844m）
広川原（黒木町・843m）
獅子舞岳（糸島市・841m）

平野岳（星野村・８４０ｍ）
大日ヶ岳（添田町・８３０ｍ）
宝満山（筑紫野市・８２９ｍ）Ｅ
砥石山（宇美町・８２８ｍ）
浮　岳（二丈町・８０５ｍ）
鷹取山（星野村・８０１ｍ）

「神上がりの山」となるには高さが重要視されるのは当然で、中でも高い山が連なることは大切な条件だったのではなかろうか。

山を「さん」と発音するのも、数字の三につながることからだろうか。三は聖数とされ、めでたいという意味も重なってくる。「三国一の花婿」の「三国一」とは「世界で一番」の意味である。

それにしても、山を高さや山容にかかわりなく、山（さん）と表現したり、岳[注9]と表現したりするのはなぜだろうか。このことは、専門家の方に解決していただくことにしよう。

羽白熊鷲は、脊振山が筑紫の有力者たちの魂が天に昇る山であることを示してくれた。このことは翻って、熊鷲が「つねに人民を略盗《かす》む」逆賊などではなかったことを、改めて確認させるものである。

注9　岳について……手元の漢和辞典には、「岳」は①高く大きい山、②かど立つさま、と書かれている。白川静著『初期万葉論』には「崧高《すうこう》なるはこれ岳　駿《たか》くして天に極《いた》る　これ岳　神を降ろし　甫（国名）と申とを生む」（崧高とは山が高く大きいこと）と、『詩経』の詩篇の一部が紹介されている。「岳」が神

降ろしの山という意味合いを持つとすれば、その文化が伝わった時期（漢字が詩経を通して紹介されたころ）には、山と岳は区別して使われていたのだろう。

宮地岳、宮地嶽、釈迦岳、北岳、香春岳、浮嶽、普賢岳、高岳、根子岳、いずれも「神が降りる山」「神降ろしの山」であろうか。

10　羽白熊鷲の死が語るもの

二つの美奈宜神社

朝倉市荷原《いないばる》にある美奈宜《みなぎ》神社（寺内）には、神功皇后が清らかな川の水を見て「水清《みなきよ》し」と宣り給うたという伝承がある。山中で羽白熊鷲を討ち取った皇后が、戦を終えて山を下り、河原の清浄な地に神籬を立てて神に戦勝を奉告した時に口にした言葉だという。美奈宜神社（寺内）は延喜式に名のある式内社である。

朝倉市にはもう一つ、同名、同字の式内社がある。林田の美奈宜神社である。昔からどちらが本来の式内社か地域を二分して論争が繰り広げられたが、結局、決着がつかないまま現在に至っているそうだ。

地形図を見て不思議なことに気がついた。古処山系の最高峰の馬見《うまみ》山（９７７ｍ）の山頂と寺内の美奈宜神社を結ぶと、

馬見山→羽白熊鷲の墓（水の文化村）→寺内の美奈宜神社→林田の美奈宜神社

と、地形図の上でラインがつながるのである。偶然にしては出来過ぎに思える。

寺内の美奈宜神社が現在地に鎮座するまでに数回遷ったことは由緒書にきちんと載せてある（つまり、

元宮のままならライン上には乗らないのだろうか）。しかし、遷った先があまりにも的確（？）なのには驚いてしまう。二つの美奈宜神社ではお互いに、「名前は同じだが、神社としては何の関係もない」と言われるのだが。

おんがさま

美奈宜神社へのラインの起点が、なぜ馬見山なのだろうか。山名については、東征の途中ここ

林田の美奈宜神社（上）と寺内の美奈宜神社（下）

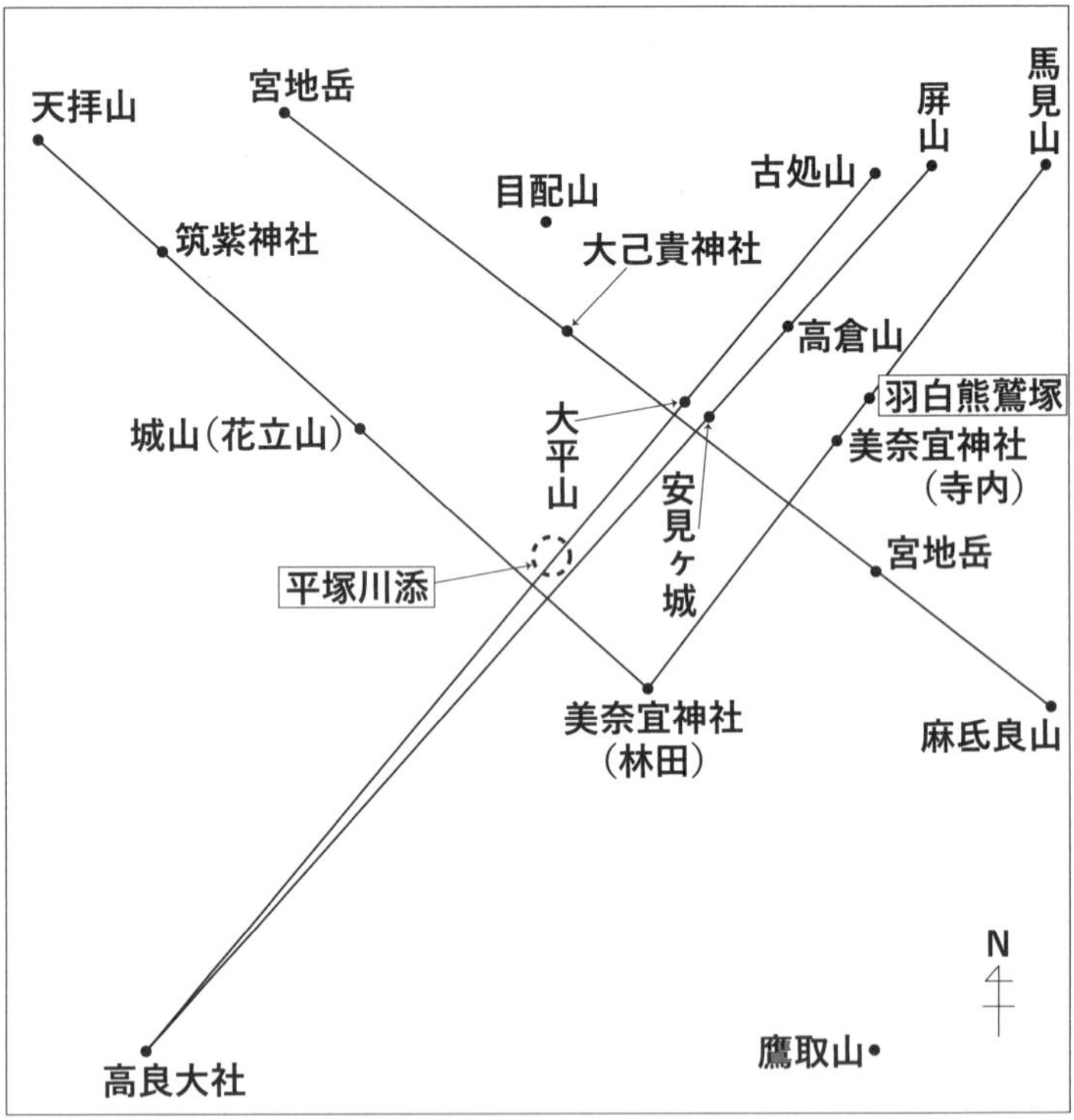

図12　朝倉・甘木のライン

に来た神武天皇が暴れて逃げた馬を見送ったことから「馬見」となったという由来を聞いたことがある。あまり気にもならず聞き流したが、筥崎八幡宮↓三郡山↓馬見山のラインが到達した馬見山であることを考えると、やはり見過ごせない。それにしても、熊鷲は古処山を本拠地としていたのに、その墓が馬見山と結びつくなんて不思議だ。

馬見山と古処山は、間に屏山《へいざん》をはさんで地図上は東西の関係になりそうである。

馬見山（北緯３３度２９分１０秒）

屏山（北緯３３度２９分１６秒）

古処山（北緯３３度２９分２秒）

馬見山は古処山の真東とは言い難いが、東にはあるようである。また、馬見は分水嶺の山であり、嘉穂三山（馬見山・屏山・古処山）の中でも遠賀川の源流として知られている。遠賀川は筑豊の大地を潤し、明治以降は石炭を運ぶ川舟が内陸深くまで入り近代工業の発展を支えた大河である。

神上がりの山が西の脊振だとすると、羽白熊鷲にとって東の馬見は如何なる神の山だったのか。朝倉あたりでは、大神様のことを「おんがさま」と呼ぶ。馬見山も「大神様《おんがさま》」と呼ばれて信仰の対象だったのではなかったか。だから、馬見山から始まる川の流れも遠賀《おんが》川だったのではと、一人で納得してしまった。

大神様は豊穣をもたらす生産の神ということだろうか。熊鷲が古処山を本拠地にしていたのは、そこから東の馬見山を遥拝していたからなのかもしれない。熊鷲の神は馬見山に鎮座しておられたのではないだろうか。

平行する三本のライン

羽白熊鷲の神が馬見山だったとして、それでは古処山は地図上でどこと結びついているのだろう。そう思って、古処山と甘木の背後の大平山《おおひらやま》（３１５ｍ）の山頂を結んでみた。

古処山・大平山ラインは、甘木市街の中心を貫いた。ラインはそのまま南西に伸びると、平塚川添《ひらつかかわぞえ》遺跡を通過するようである。的が大きいのではっきりとは分からないが、遺跡内の祭祀地点を通るのかどうか。ここは筑紫平野では最大とも言われる弥生時代の低地性多重環濠集落遺跡である。

大平山の東西には佐田川と小石原川が流れている。川に囲まれた土地は三角形にすぼまり、両河川は筑後川に合流する。平塚川添遺跡を過ぎたラインは、この細長い三角の土地の中心を通る。ところで、よく見ると、古処山・大平山ラインは、先の馬見山ラインとほぼ平行で、二つのラインは並んでいるように見える。

馬見山と古処山のあいだにある屏山は、馬見・古処の東西ラインからは若干北側にずれる山である。屏山（９２６ｍ）→上秋月の高倉山（２８５ｍ）→安見ヶ城山（３００ｍ）の山頂を結ぶラインも、平塚川添の大きな環濠遺跡を横切る。他の二つのラインとほぼ平行である。

馬見山・屏山・古処山からそれぞれに延びる三本のラインの終点であるが、馬見山ラインは式内社の林田の美奈宜神社に到着した。

それでは残りの二本はというと、屏山ラインと古処山ラインをそのまま伸ばすと、ラインは筑後川を越えて次第に近づき、そろって高良大社に到着する。ここにも延喜式内社の登場である。高良大社とはただごとではないが、古代には馬見山が信仰の対象であったことは納得できるのではないか。式内社との関係については、あとで述べたい。

直角に交叉するライン

馬見山・屛山・古処山からそれぞれに三本のラインが同じような角度で伸び、甘木の市街地を横切っていた。この三本のラインとほぼ直角に交叉するラインがある。

まず、筑紫平野の東側に位置する麻氐良山《までら》（295m）から筑紫野の宮地岳（339m・古代山城）の山頂を結ぶと、ラインは朝倉の宮地岳を経て、筑前町弥永《いやなが》にある延喜式内社の大己貴神社を横切る。この麻氐良山・宮地岳ラインは、古処山ライン・屛山ライン・馬見山ラインとほぼ垂直に交わるのである。

また、林田の美奈宜神社から天拝山頂にラインを引くと、城山（花立山・130m）と延喜式内社の筑紫神社（社殿裏）を通過し、上記の三本のラインとほぼ垂直に交わるように見える。

このように、古処山と羽白熊鷲の伝承に馬見山と屛山が結びつき、更には平塚川添も結びつく。とはいえ、平塚川添は的が大きすぎる。当たるのは、当然と言える。この弥生遺跡は他にも様々な遺構や山などと結びつく可能性がある。

平塚川添の北には、何があるか気になった。定規を当ててみると、目配山《めくばり》（405m）が来た。土地の伝承では「武内宿禰と神功皇后が、荷持田村の羽白熊鷲を退治するための討伐軍をすすめ、敵の形勢を見渡したところ」なのだそうだ。熊鷲を滅ぼした後、皇后が「わが心安し」と言ったことから夜須（安）の地名がうまれたとか。前述の書紀とは微妙に違うが、ほとんど重なる話である。熊鷲の支配地は、このあたりにまで及んでいたということか。

朝倉には神功皇后伝説が至る所にあって、少々食傷気味になる。昔の人は、皇后伝説の中に自分たちの先祖の地を組み込んで拠り所としたかったのだろうか。

そうだとしても理解できないことがある。畿内の王族が九州まで来て熊襲を討つ目的は何だろう。帰順しない熊襲を徹底して掃討してまわり、すんだらさっさと畿内へ帰っていく。現地で兵を集めたり解散したりしているが、ありえない話である。日本では、明治になるまで兵隊は在地の領主（藩主）の命令でしか戦っていないのである。

再度押さえておきたいことは、誅殺された羽白熊鷲は単なる熊襲の首長の一人だったのではなく、「大神」を祭祀し、死しては脊振山から神上がりした古代北部九州の王だったことである。彼は皇后に帰順せず、最後まで戦って死を迎えた男だった。

熊鷲の死は、何を語っているのだろうか。また、それは実際にはいつの時代の出来事だったのだろうか。神功皇后伝説は甕棺文化圏に重なっている。三世紀後半以降の北部九州、そこは倭国と呼ばれていたと思われるが、地図と伝承によって倭国に辿りつくことができるだろうか。

コラム　邪馬台国は狗奴国に敗れた

1　甕棺文化圏に出土する青銅器

倭国《わこく》とは、白村江敗戦まであった国である。「百済本紀」「新羅本紀」には、「倭人・倭・倭国」と記述されていて、半島と深いつながりのあった国である。倭国の領域はどのあたりだったのだろうか。魏志は、三世紀に帯方郡《たいほうぐん》と交流があったのは狗邪韓国《くやかんこく》を含めて三十国としている。伊都国や奴国や末盧国の大きさからすると、三十の国が集まってもさほど大きな範囲とはならないだろう。

倭国では「大乱」のあと、女王卑弥呼が共立される。しかし、邪馬台国は南の狗奴国《くぬ》と争って苦戦を強いられ後、「卑弥呼《ひみこ》以死《もってしす》」という経過をたどっている。当然、この時代のこのエリアの墓制である甕棺墓に戦いの痕跡が残っているはずである。

稲作の導入により、弥生の人々の争いが激化したと言われる。甕棺墓に残る折れた石剣や、刃こぼれのある銅剣、更には武器の一部が残ったままの骨の様相から、そのことが解き明かされている。

倭人の国の中で、いち早く半島の文化を取り入れたのは末盧国（唐津）のあたりの人々であった。稲作の導入状況と、早期の細形銅剣や多鈕細文鏡の出土状況からそう言える。これらの舶載品は福岡・春日・佐賀方面の大形甕棺から出土している。この甕棺文化圏の広がりを、弥生後期の倭人の国々の範囲といってよいのではないか。首長墓には大形甕棺の他に割竹形木棺もあるが、青銅器が副葬されるという共通性がある。

これら大陸と交流していた地域にあったのが倭人の国々で、魏志にしたがえば、そこで共立されたのが卑弥呼であった。邪馬台国＝女王国は北部九州以外にはありえないのである。

その邪馬台国は狗奴国に敗れた。その痕跡が北部九州に残っている。

2　青銅製武器の副葬と埋納

甕棺文化圏で行われた青銅製武器の「副葬」と、その後に行われた青銅製武器の「埋納」から、何が見えるだろうか。

青銅製武器の副葬には地域的な偏りが見られる。北部九州が中心である。青銅製武器を副葬する文化を持っていた北部九州が、大陸への通行を独占する制海権を持っていたと云える。このことはとりもなおさず、そのあたりが倭人の国国だったことを示しているだろう。青銅製武器は、細形から中細形、中広形、広形へと形状が変化するが、初期の青銅製武器を副葬するのはほとんどが福岡・佐賀の首長である。

◎青銅製武器（銅剣・銅矛・銅戈）の副葬　＊長崎は対馬以外の地域
細形銅剣　　福岡（42）佐賀（31）対馬（5）長崎（2）熊本（1）大分（2）山口（2）
中細形銅剣　福岡（5）佐賀（5）島根（4）
細形銅矛　　福岡（14）佐賀（8）

中細形銅矛　福岡（6）佐賀（3）対馬（1）長崎（2）大分（1）山口（1）

細形銅戈　福岡（9）佐賀（6）対馬（1）熊本（1）大分（1）

中細形銅矛　福岡（10）佐賀（1）大分（1）

銅剣・銅矛・銅戈の三種類の青銅製武器が福岡・佐賀を中心に出土している。これらの青銅製武器は明らかに周囲とは区別された墳丘の大形甕棺・割竹形木棺に副葬されている。このことから、これらが有力者の持ち物であり、青銅製武器が威信財として扱われていたことがわかる。

ところで、甕棺文化圏の中心地では、中細形銅剣の副葬をもって銅剣の副葬は終焉する。この先、甕棺文化圏の中心地では、なぜか銅剣だけは副葬も埋納もされないのである。

銅戈を繰り返し埋納

祭祀解明する手掛かりに

寺福童遺跡で出土した9本の銅戈。埋めては掘り返されていたとみられる＝2004年7月

小郡市の寺福童遺跡

二〇〇四年に弥生時代の銅戈《どうか》九本が見つかった福岡県小郡市の寺福童《てらふくどう》遺跡で、当時の人々が銅戈を繰り返し埋め直す祭祀《さいし》を行っていたとみられることが二十一日、同市教委の調査で分かった。同様に青銅器を何度も埋納していたとされるのは、北九州市小倉南区の重留《しげとめ》遺跡に次いで全国で二例目。調査結果は、当時の祭祀の解明につながる可能性があるという。

寺福童遺跡で〇四年七月に見つかった銅戈は、いずれも全長約四十㌢。弥生時代に掘られた直径約二㍍の穴の中に整然と並べて埋められていた。同じ穴で別の青銅器の複数の破片（最大で直径五㍉）も出土。同遺跡で銅戈以外の青銅器は見つかっていないことから、破片は穴に出し入れする際に破損した銅戈の一部と考えられるという。市教委は、穴が複数回にわたって掘っては埋め戻されたと判断した。

青銅器に詳しい福岡大人文学部の武末純一教授（考古学）は「寺福童遺跡は、集落から離れた場所で掘り返しが繰り返されていた点で、神にささげる埋納儀式を探る手掛かりとして貴重だ。当時は稲作が普及しており、銅戈は五穀豊穣《ほうじょう》を祈る農耕の儀式に何度も使われていた可能性が大きい」と話している。

青銅製武器が祭祀として地中に埋納されたと報道する新聞記事

気になるのは銅剣以外の青銅製武器についてであるが、そもそも青銅製武器の墓への副葬と土中への埋納とでは、基本的に目的が違っているのではないかと思われる。

青銅製武器の発掘状況を伝える報道では、甕棺等に副葬されたものは首長の個人蔵、土中に埋納されたものは集落や集団の祭祀用で「地中に鎮められた」とされるが、本当にそうだろうか。

武器ではないが同じ青銅器である銅鐸《どうたく》についても、「人々が埋めては毎年掘り出して祭祀を行っていた祭具だったが、銅鐸文化圏が滅んだことで神祭りの祭具も掘り戻されず忘れられ、伝承にも文献にも残らなかった」というような説明がされるが、何の根拠があるのだろうか。

発掘された青銅器から分かるのはその埋納地域・場所についてであって、時期は特定できないのではないだろうか。墓への副葬とは違って、長く使用されてきたものが埋納された可能性も考えられるからである。

◎銅剣の埋納

細形銅剣　大分（1）山口（2）愛媛（7）徳島（1）

中細形銅剣　大分（4）島根（364）香川（5）広島（1）

甕棺文化圏の中心地である福岡・佐賀・対馬・長崎・熊本では、銅剣の埋納が見られない。愛媛・山口・徳島などでは、細形銅剣の埋納が見られる。このことから、これらの地域は青銅製武器の埋納祭祀の先進地域で、北部九州には遅れて埋納祭祀が入ったとする説がある。だとすると、愛媛・山口・徳島などでは、手に入れた青銅製武器をそのまま埋納したことになる。しかし、当時としては貴重な物を初めて手に入れて、すぐに土中に埋めるなどということがありうるだろうか。島根の「一括大量埋納」と共に、不思議な現象である。

◎銅矛の埋納
中細形銅矛　島根（2）香川（1）山口（1）
中広形銅矛　福岡（3）佐賀（1）対馬（14）熊本（4）大分（7）島根（14）高知（2）
広形銅矛　福岡（23）佐賀（12）対馬（18）高知（4）

甕棺文化圏の中心地で広形銅矛の埋納が増えていることがわかる。銅剣の埋納が見られないところで、銅矛の埋納が見られるのはなぜだろうか。

◎銅戈の埋納
中細型銅戈　福岡（32）広島（1）
中広形銅戈　福岡（11）佐賀（1）
広形銅戈　福岡（1）

出典：石橋茂登「銅鐸・武器形銅器の埋納状態に関する一考察」（千葉大学大学院「人文社会科学研究」第22号）

中広形・広形銅矛の埋納で見られたのと同じことが、銅戈でも甕棺文化圏の中心地で起こっている。島根は、甕棺文化圏に連動している。筑紫と出雲の結びつきが深いということだろうか。書紀の

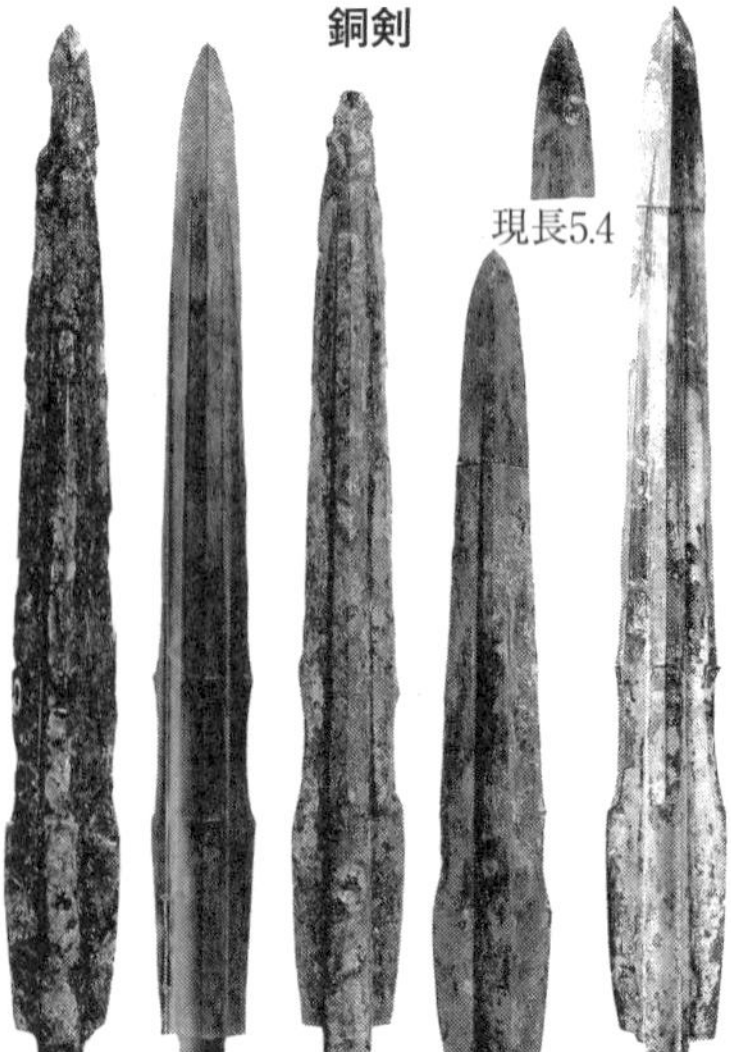

◎銅矛・銅戈・銅剣
宇木汲田遺跡出土
弥生時代前期・中期
(「"弥生の秘宝"里帰り展」パンフレット、唐津市末盧館より転載)

青銅器の副葬は佐賀県唐津地域から糸島・福岡平野へと広がっていく

崇神紀に「出雲の振根が筑紫に出かけて不在の時、弟が神宝を差し出した」ことが書かれているし、筑紫社《つくしのやしろ》（多紀理毘賣）が出雲大社の本殿瑞垣内にあることからも、出雲と筑紫の結びつきは想像に難くない。

銅矛・銅戈の埋納は、圧倒的に福岡が多い。それでは、福岡での銅矛・銅戈の埋納は「集落の神祀り」のためだったのだろうか。

確かに大型化した青銅製武器は実戦用ではなく、祭祀に用いられたものであろう。しかし、埋納が祭祀行為だったとはとても思えない。なぜなら、「埋納祭祀」が導入されると、甕棺文化圏の中心地域で一斉に銅矛と銅戈が埋納されたということになるからである。それは「甕棺文化圏の強大な統率力」を示すものだろうか。

青銅製武器の副葬と埋納の状況から分かるのは、そこが弥生時代中期から後期に半島や大陸と活発な交流のあった地域に重なっているということではないか。それは北部九州を中心とした甕棺文化圏である。注目すべきは、その文化の終末期とほぼ同時期に青銅製武器の「埋納」が起きていることである。

3「出土数の多さ＝製作地」ではない

一九八四年、島根県・神庭荒神谷《かんばこうじんだに》遺跡で大量の中細形銅剣（358本）が出土した時には誰もが驚いた。いずれも全長五十センチ前後の中細形Cに分類される銅剣で、弥生時代中期から後期初葉（紀元一、二世紀）の製作とされたものである。島根以外での出土はわずかに点在している程度で、「出雲で製作された可能性が高い」とされた。しかし、出雲ではその後三十年たっても製作地の痕跡も鋳型も出ていない。

〈358本のすべてが中細銅剣C類に分類される斉一性をもっているから、同一の工房あるいは鋳型の形態を共通させる同じ地域の工房で鋳造されたことは疑いない。〉

〈出土数の多さは必ずしも製作地を意味しない。大量の中広形・広形銅矛の埋納が認められる長崎県対馬島の場合、出土青銅器数も多いが出土遺跡数が多い。これは矛形祭器を使用する祭祀が対馬に定着していたことを物語っている。しかし矛形祭器の製作地は対馬ではなく、福岡平野である。出土数の多さが製作地を意味しない明確な事例である。その福岡平野の春日市須玖岡本遺跡群一帯には、佐賀吉野ヶ里遺跡の環濠集落を面積的に凌駕する、広域の工房地帯が存在する。〉（高倉洋彰「出雲で青銅器は本当に鋳造されたのか？」アジア鋳造技術史学会日本支部・二〇一〇年度掲載のエッセイより）

一九八五年、同じ荒神谷遺跡の中細形銅剣埋納地からわずか七メートルほど離れた場所から、今度は銅鐸（6個）と銅矛（16本）が出土した。それまで銅鐸と銅矛は同じ青銅器でも文化圏を異にするものとされてきたが、同じ場所から同時に出土したのである。銅鐸は最古式のⅠ式とⅡ式に属し、突帯《とったい》の摩耗状態から長期にわたり使い込まれていたものらしい。

十六本の銅矛は中細形（2本）と中広形（14本）で、綾杉文《あやすぎもん》に研ぎ分けたものがあり、北部九州産と考えられている。埋納時期については、358本の銅剣と同じ頃ということである。つまり、古い形式のものだから埋納時期が古いとは限らないということのようだ。

少なくとも荒神谷の銅剣の埋納時期は、弥生後期初葉（紀元一世紀）より後になる。北部九州で製作されたと思われる大量の銅剣と銅矛、それに銅鐸が、弥生後期に一斉に埋納されていたのである。このことはどう考えたらよいのだろうか。

青銅器の埋納はいつか

青銅器の埋納については、①鉄器の流入で不要になって廃棄された、②他地域との境を守る祭具として埋納された、③農業の神への奉納品として埋納された、など様々に理由づけがなされてきた。しかし、素人が考えるに、たとえば銅鐸は「音」を出す祭器であるのに、土中に埋めたのでは祭祀の放棄ではないか。祭祀のための青銅器がその本来の用途から外れて埋納されたことには、何か特別の理由があるはずである。

弥生後期にあちこちで同じようなこと（青銅器の埋納）が行われているのは、何かが起こったからとは考えられないだろうか。同時期に広範囲に影響を及ぼすような出来事が起こり、それが祭器の埋納という状況を引き起こしたと。

銅矛の埋納状況について見ると、須玖岡本の大環濠集落では弥生後期の広形銅矛・広形銅戈の頃、過去の中広形銅矛と銅戈も同じ処遇を受けている。弥生後期の甕棺文化圏の急速な衰退と甕棺の消滅は、青銅器の埋納と切り離せない現象と思われる。このことは、弥生後期に何か大きな出来事が起り、それが弥生の社会を変えた、ということではないだろうか。

考えられるのは、二世紀後半の倭国大乱（桓霊の間・１４６～１８９）と、三世紀半ばの邪馬台国と狗奴国の戦争だろう。

では、青銅器の埋納が「倭国大乱」に終止符を打つための決断だったかというと、倭人伝の「矛で守られた宮殿」の記述[注10]と齟齬が生じてくる。となると、卑弥呼の時代にあった大きな出来事として一番に考えられるのは、邪馬台国と狗奴国との戦争であろう。

仮に、邪馬台国が狗奴国との戦争に敗れたとしてみよう。この場合、敗戦国側の武器・祭具であった青銅器の埋納（強制）が行われたろうことは理解しやすい。戦勝国の狗奴国側には青銅器を上回るモノがあったのである。すなわち、鉄であり、鉄器を使いこなす人々であろう。それが以後の弥生時代を動かしたと考えられないだろうか。

邪馬台国との戦争に勝った狗奴国が、北部九州に侵攻して最初におこなったこと、それが「相手方の神宝を埋納させること」だったのではないだろうか。

ところで、青銅器に含まれる鉛の成分分析によれば、中広形・広形銅矛が熔かされて終末期の銅鐸に転用された可能性があるという。もしそれが事実であると確認できれば、福岡を中心とした甕棺文化圏の人々がいわゆる銅鐸文化圏に移動して、その鋳造技術を生かして銅鐸の様式に新たな画期をもたらしたと仮定してみることができる。しかし、やがてそこでも戦いに負けて銅鐸の埋納（強制）になっていく……という展開である。

注10　倭人伝「矛で守られた宮殿」……魏志の倭人伝の中に、倭女王・卑弥呼の宮殿についての記述がある。「兵には矛・楯・木弓を用う……居処・宮室・楼観・城柵、厳かに設け、常に人ありて兵を持ちて守衛す」。三世紀半ばの卑弥呼の宮殿は矛（銅矛）で守られていたのである。二世紀後半に青銅製武器の

埋納が起こっていたなら、この記述はあり得ないだろう。

鉄を持っていた狗奴国の位置

青銅器の副葬と埋納の状況から見えるのは、銅戈と銅矛を祭祀器としていた人々の衰退である。古事記や日本書紀の神話を見ると、矛から剣へ祭祀器が変遷[注11]していることがわかる。このことは剣をシンボルとした人々が最終的に勝利したことを示している。史書が編纂される時代になって、銅剣をシンボルとしていた祖先への追慕が十束剣や草薙剣の物語を残したのだろうが、その発生は矛を祭祀していた地域である。

倭人伝には卑弥呼に魏から五尺刀が下賜されたことが記されているが、弥生後期の箱式石棺や初期古墳には素環頭大刀が残されている。その鋭利な切れ味が当時の人々を驚かせたのだ。

このころ、圧倒的に鉄を持っていたのはどこかと言えば肥後（熊本）なのである。

川越哲志編『弥生時代鉄器総覧』掲載の表「弥生時代・武器類鉄器・出土件数ベスト20」によると、各遺跡の武器類鉄器の出土数は熊本の遺跡（一位・三位・四位・七位・八位・十六位）がダントツであり、福岡の遺跡（五位・九位・十位・十一位・十四位・二十位）がそれに続く。鉄の武器件数八百七件のうち三百四十三件が熊本の遺跡からの出土で、弥生時代の肥後では鉄製武器を多量に生産していたことがわかる。

日立金属ＨＰ「たたらの話」によれば、鉄器の製作を示す弥生の鍛冶工房は、十数カ所発見されているという。

〈発掘例を見ると鉄の加工は弥生時代中期（紀元前後）に始まったとみていい。弥生時代中期から後半（一世紀）にかけては、北部九州では鉄器が普及し、石器が消滅する。鉄器の普及は地域差が大きく、全国的にみれば弥生時代後半・三世紀には鉄器への転換が完了する。〉

鉄の加工とは、鋳造鉄製の道具を作ることである。半島から輸入した鉄素材を熔かして物を作ることは、弥生中期には普及している。福岡の立岩遺跡の甕棺墓に鋳造鉄製の戈が入っていたが、これは日本にしか出土しない大形の戈であった。立岩遺跡では鉄を熔かして戈を作り威信財として副葬していた。他にも、春日市門田遺跡や筑紫野市隈・西小田遺跡や大村市富の原遺跡のいずれも甕棺墓から鉄戈が出土している。北部九州の各地に鍛冶工房があったようである。

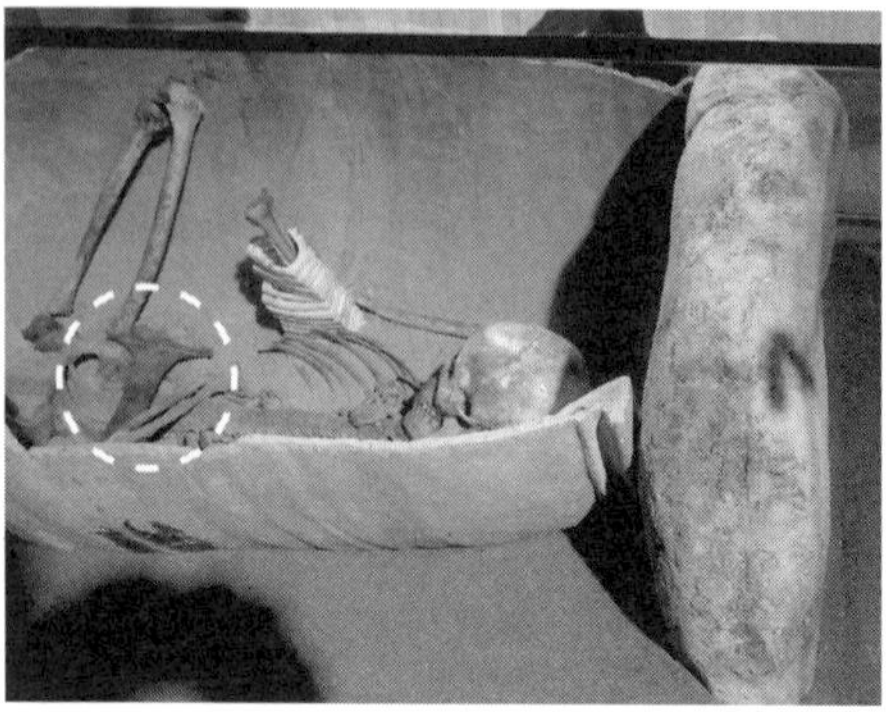

立岩遺跡から出土した甕棺。男性の遺体と副葬された鋳造鉄戈（円内）

弥生時代、肥後は米の一大産地で、有明海に面していた。有明海から沖へ漕ぎ出せば、北上する海流に乗って韓半島に行けた。伊都国の支配地を通らず、半島に渡れたのである。逆に半島・大陸からの渡海も伊都国を経ずにできただろう。

鉄の輸入が行われていたとすれば、技術者の移入もあっただろう。技術とは蹈鞴製鉄の導入である。鋳造鉄から砂鉄を使った蹈鞴製鉄への転換が始まっていた（菊池川流域の蹈鞴製鉄遺跡は「五世紀」とされているが）としたら、女王国との対立もそこにあったのかも知れない……。

倭人伝によると、狗奴国は「奴国の南」にあり、男王「卑弥弓呼」がいて、官を「狗古智卑狗」といった。邪馬台国の女王卑弥呼とは「素より和せず」仲が悪かった。

狗奴国は邪馬台国の勢力圏外だが、「男王」のことも「官」のことも知りえるくらいの国である（倭の女王と狗奴《くぬ》国《こく》の男王は、それぞれ固有名詞で記されている）。狗奴国が菊池川流域あたりとすれば同じ甕棺文化圏である。両者の間に何らかの対立が生まれる原因があったと思われる。

三世紀後半、米の生産力と武力で優位に立った狗奴国が邪馬台国を倒して、肥後の勢力が倭人の連合国に侵入して大きな勢力圏を築き始めたと仮定すると、この勢力がまとめた地域が「倭国」と称されたのだろうか（書紀の記述でたびたび誅殺の対象とされている熊襲とは、肥後から侵入して筑紫に根を下ろした狗奴国の人々のことではないだろうか）。南筑後の古墳の状況から見ると、倭人の連合国と肥後勢力との融合は政治文化を活性化させ、半島との交流も急速に進んだようなのである。

ただ、伊都国は代々「女王国を統属」し、一大率として「諸国を検察」した歴史にこだわり続けたようだ。甕棺の墓制も捨てきれず、甕棺が「特殊に展開した」のだろう。伊都国の首長が固執した倭人の王としての誇りと伝統は、いつまで有効だったのだろうか。

さて、肥後の勢力が作り上げた国の中心はどこに置かれたのだろうか。また、新興勢力である狗奴国の神は、どのように祀られたのだろうか。

注11　神話に見る祭祀器……古事記では天つ神がイザナギ命・イザナミ命に、「この漂へる國を修め理《つく》り

固め成せ」と「天《あめ》の沼《ぬ》矛《ぼこ》」を与えている（天の沼矛の神話は、矛の文化圏で作られたものである）。この後、イザナミ命は迦《か》具《ぐ》土《つち》という火の神を生んだことで神避《かむさ》りし、イザナギ命は十拳劔《とつかのつるぎ》で火の神・迦具土の首を斬るが、ここでは矛に変わって劔が使われている。更に、出雲の事代主神は服従の時に十掬劔《とつかのつるぎ》の上に胡坐していたし、天津日子番能邇邇藝命の天下りになると頭椎大刀が出てくる。このように、神話を見ても、素材は銅から鉄へ、武器は矛→剣→大刀へと変わっている。

古墳時代になると銅の「剣」ではなく鉄の「大刀」が副葬され、素環頭大刀から飾り大刀へ変わっていくのである。

二章　倭国の成立

阿蘇中岳の火口

１　天翔ける神々

渡神岳の南北ライン

一章の８で見つけた渡神《とがみ》岳→釈迦《しゃか》岳→御前《ごぜん》岳→高良《こうら》山→高良大社のラインは、出来過ぎに思える。渡神岳・釈迦岳・御前岳の三岳が高良大社につながることには何か特別な意味がありそうな気がしてきた。気になるのはやはり渡神岳である。「神が渡り来られた岳」なのだ。ここが起点になることに、どんな意味があるのだろうか。

たとえば、釈迦岳→鈴ノ耳納→?山（９３１ｍ）→寺徳古墳のラインを既に示したが、このように釈迦岳からラインが始まれば気分としては納得できる。釈迦岳は県境の最高峰（１２３１ｍ）であり、海抜が高い山が信仰の対象となるのは当然だからである。

渡神岳（１１５０ｍ）は、釈迦岳の東南にそびえる円錐型の山である。山容は堂々として、いかにも神々が目印にして渡り来られそうな山だ。さて、どちらから、どのような神が来られたのだろう。地図を広げて、じっと眺める。

と、筑後川を越え、日田の街を越え、真北にそびえる大きな山があった。英彦山である。明治になるまで修験道の山であった。渡神岳は英彦山に連れて行ってくれるのだろうか。

新旧の神の交代

英彦山は、古代から神体山として崇められてきた歴史と、平安時代以降の修験道の信仰とが入り乱れているようである。

英彦山・渡神岳は南北ラインだから、経度を比べてみよう。

英彦山南岳（東経130度55分33秒）

英彦山中岳・上宮（東経130度55分34秒）

英彦山北岳（東経130度55分59秒）

渡神岳　　（東経130度55分40秒）

こうして数字にしてみると、渡神岳の真北に当たるのは、英彦山の北岳（1192m）と中岳（1188m）の間ということになる。何ともすっきりしない。気になるので、英彦山に登ってみることにした。

四月だったが、数日前に降った雪が登山道に残っていた。高住《たかずみ》神社（豊前坊《ぶぜんぼう》）で参拝を済ませ、北岳への急峻な登山道を辿った。

北岳は頂上付近が樹木に覆われて、山頂部には注連縄が張りめぐらされていた。西側の木の間から南岳（1200m）と中岳の上宮神社が見えた。あたりの峰の名については見当も付かなかったが、山の霊気には癒された。

山頂の案内板に「北岳山頂には神仏習合時代からの禁足地があり、未だ立ち入り禁止となっている」とあった。注連縄で囲まれた山頂を木立の間から少しのぞいただけで、祠や岩など詳しく見ないままに降りたことが後になって悔やまれた。

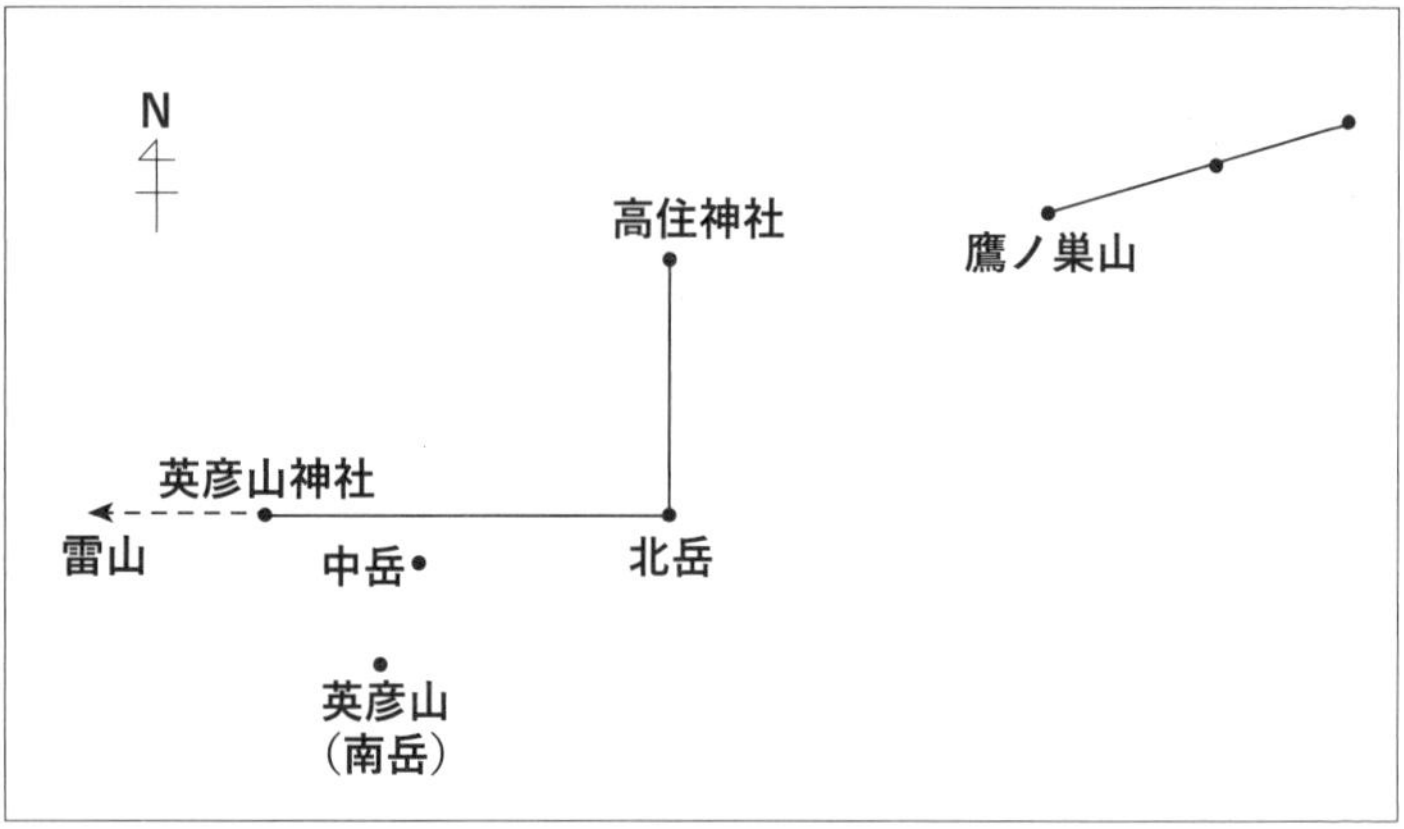

図13　高住神社が北岳の真北にくる

帰りに再び高住神社にまわった。高住神社は継体天皇の御代に創建と伝えられている、ものすごく古い神社だ。聞くところによると、英彦山には九州年号で一番古い「継体」元号があるという。

御祭神を訊ねると、豊日《とよひ》別《わけ》大神・天照大神・天火明《あめのほあかりの》命《みこと》等と教えられた。豊日別大神は豊前・豊後の守護神で、明治まで豊前坊天狗神として崇められた鷹ノ巣山の神だったという。心正しい者は、八天狗をはじめ総ての天狗を集めて、願いを叶えられ身を守られると伝わる。

鷹ノ巣山は、英彦山の隣に並ぶ、いかにも神々が住まいされそうな円柱形の岩山である。それも、英彦山の北岳・中岳・南岳と同じく三峰。この共通点には何か意味があるのだろうか。

北岳に降臨したのは天忍骨尊《あめのおしほね》（天忍穂耳命《あめのおしほみみのみこと》）だが、もともと北岳には地主神の「北山三御前」と呼ばれた神が祀られていたそうだ。聞きなれない神名だが、大国主命が祀っていたとされる宗像三女神だろうか。ここでも、元の地主神が天忍骨命やイザナギ・イザナミ尊に聖地を譲っている。政治的な事件があったということか。

この英彦山三所権現のことを考えていたら、帰り道に別な思いが湧いて来た。それは、豊日別大神はもともと北岳の御祭神だったのではないのかということだ。現地を訪ねてみると、北岳は豊前の人々の信仰の山と考えるのが自然に思えたのである。

豊日別大神を祀る高住神社は、北岳への登山口に建てられている。そこは北岳の真北（東経130度55分59秒）にあたる。距離的にも、北岳への方が鷹ノ巣山より近い。高住神社の位置や地形からして、鷹ノ巣山を祀るのは不自然である。

中岳の英彦山神社の場合、地形の関係を考慮に入れても下宮（奉幣殿）・中宮は、中岳山頂の上宮に向かって並んでいる。同じように、北岳を祀っていたのは高住神社だったのでは、と思えたのである。

火の国の神々の侵入

英彦山からの神々が高良大社に渡って来られる道しるべの山が渡神岳だったと仮定しよう。では、それがいつの時代の出来事だったかというと、南筑後が豊前の勢力と結びついてからのことだろう。渡神岳はその時代に北から渡って来られた神々を迎え入れた山と考えられるが、それよりも早い段階の神々の渡来を、ラインで読めないだろうか。

実は、雲仙普賢岳《ふげん》→国見山《くにみ》（1018m）→渡神岳がラインで結ばれるのである。雲仙普賢岳は阿蘇中岳と並ぶ活火山であり、双方ともに有明海を見ている。雲仙は古来より急峻な岩肌を火砕流が滑り落ち、「島原大変、肥後迷惑」と伝わるような破壊力が大きな災害を引き起こしてきた。阿蘇と雲仙はその火山活動ゆえに、ともに火の国の信仰の山である。

また、東の阿蘇の山並と東西に向き合う熊ノ岳《くまのたけ》（685m）が、八方ヶ岳《やほがたけ》（1051m）を通して渡神岳とラインで結ばれる。ということは、肥後勢力の信仰の山と筑後の信仰の山とが渡神岳によりつながれたことになる。

つまり、雲仙普賢岳↓国見山↓渡神岳と、熊ノ岳↓八方ヶ岳↓渡神岳という二つのラインは、菊池川流域からの肥後の神々の侵入の痕跡を示している。

渡神岳は、雲仙普賢岳や熊ノ岳の神が渡り来られた山である。渡神岳に渡った神々が高良大社の霊地を目指した、その時期は三世紀後半より後であろうか。

この肥後から侵入した神であるが、弥生の製鉄[注12]の神だったのではなかろうか。肥後を「火の国」と呼ぶのは阿蘇火山と結びつけられたからだけではなく、阿蘇以外の山々にも不思議な火の流れが見えたことによる。この火が熔けた鉄の流れだとすると、火山の神とともに製鉄の神の神祀りもおこなわれていたと考えることができる。

神名は定かではないが、渡神岳は「他の地域からの神の渡り（移動）」を山名に留めている。それが肥後からの神々であった可能性をラインは示しているのだ。

注12　弥生の製鉄と鉄製品……たたら製鉄は五世紀に始まるとされているが、肥後では弥生中期には鉄を熔かして鉄製品を生産していた。菊池郡の西弥護免遺跡は四重の環濠を持つ大環濠集落であるが、そこからは鉄器工房跡が出土している。先に紹介した「弥生時代・武器類鉄器・出土件数ベスト20」か

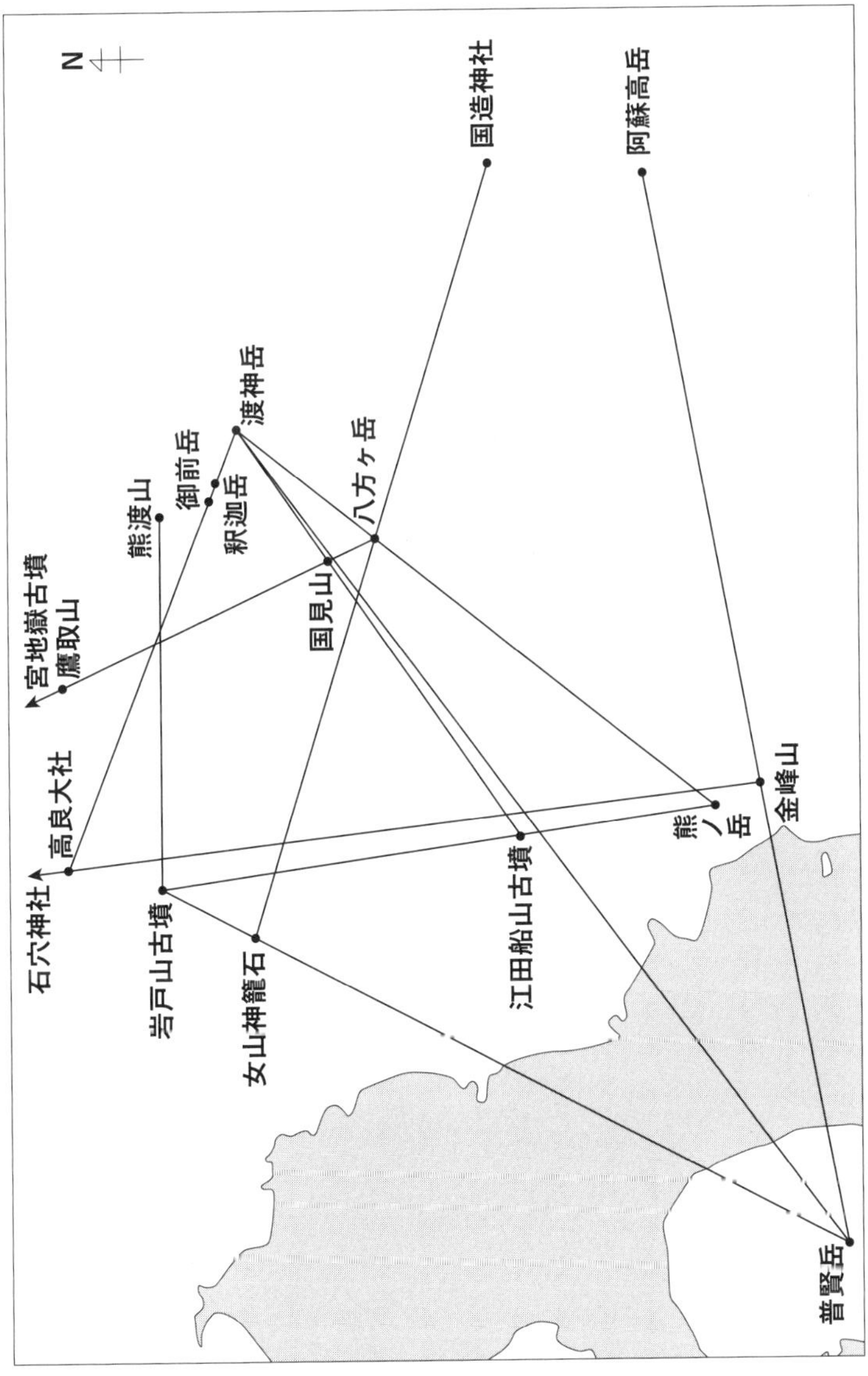

図14　肥後と南筑後の結びつき

らも分かるように、弥生時代の肥後では武器を多量に生産していたし、鉄の道具の普及にも力を入れていた。鉄の道具を持つことは農業の生産力を拡大することだったのである。菊池川流域の山鹿市方保田遺跡（弥生中期）からは全国で唯一「石包丁形鉄器」が出土しているが、これは石包丁が鉄の鎌に代わる隙間に出現した道具であろう。

太陽信仰の山・日子山

肥後の神々が渡神岳から南筑後に入られた後の時代になって、英彦山々地の霊峰に降りられた神々が真南の渡神岳に天翔け渡る。渡神岳に降り立たれた神々はそこで方向を西に転じて、釈迦岳・御前岳を経て真っ直ぐ高良山を目指す。そう仮定すると、その時代には英彦（日子）山信仰が筑後地方にも広く知れ渡っていたことにならないだろうか。少なくとも有力者の間では。

英彦山と高良山（高良大社）の結びつきは、高良玉垂命が鎮座してからとは限らないだろう。高木神との交替が実際にあったことだとしたら、現在見られる英彦山→渡神岳→釈迦岳→高良大社ラインは、高木神時代の権力者の信仰の対象だった可能性もあるからだ。高木神を祀る高木神社が豊前に多いことを考慮すれば、豊前の神が英彦山から渡神岳を経て高良大社に降り立ったという構図は充分成り立つ。高木神が高牟礼山に鎮座した時期は、高良玉垂命より早いということである。

ところで、自分の在所から遠い地の神々を受け入れるようになるためには人や文化の交流があることが前提であり、共感するような信仰がなければならない。それは何だったのだろう。

本来の日子山という山名からは、太陽信仰が考えられる。支配領域の拡大が大きな祭祀の場を必要としたのならなおのこと、日子山に相対する山が東西ライン上に見つかるかもしれない。

英彦山々地の西側には、広大な筑紫平野をはさんで脊振山地がある。最高峰は、脊振山（１０５５ｍ）である。英彦山と脊振山を結ぶ東西ラインなら、当然信仰の対象たりえる。そう考えて真西の方角に定規をあててみたが脊振山頂には当たらず、当たったのは雷山々頂（９５５ｍ）だった。

雷山？　一章の６で取り上げた雷山・志登神社の南北ラインを持つ霊峰である。その雷山に英彦山からのラインが到達して、東西ラインが成立するのだろうか。

2　天翔ける道

英彦山・雷山ライン

雷山〜井原山の尾根続きに歩く縦走コースは、多くの登山者に親しまれている。私も何度か歩いたことがあるが、雷山々頂には大きな岩があって見晴らしがよかったことが印象に残っている。山頂直下には雷山神社の上宮が置かれていた。このことから、かつては山頂は禁足地とされていたのではないかと思った。

雷山は本来イカズチ山（雷山）である。古くは曽増岐《そぞき》山とも呼ばれ、曽増岐神社の上宮・中宮・下宮が置かれていた。上宮には曽増岐大明神、中宮には雷電神を祀り、下宮は笠折《かさおれ》権現とも呼ばれた。笠折（風折）神社は千如寺《せんにょじ》注13境内の藁束で封印された風穴の位置にあったようだ。この風穴に触れると大風が起こるといい、糸島半島の芥屋大門《けやのおおと》に通じているという。ほかにも雷山の山中には雷神が三種の神器を納めたという香合石《こうごういし》の伝承も残っているそうだ。

雷山も英彦山と同じように古代の神祀りの場に仏教が入って来ているようだ。

雷山〜英彦山間は約六十六キロ、ほぼ東西の関係である。霞んでいなければお互いが見えるはずである。仮に英彦山と雷山を結ぶ祭祀ラインがあったとすれば、それは神々が渡る（天翔ける）道だったのではないだろうか。

雷山にはまだ何かがあるように思える。

今では雷山は深い森に閉ざされていて、過去の隆盛をしのぶことはできない。曽増岐《そぞき》山と呼ばれ、イカズチ山と呼ばれたが、ライザン・雷山と呼ばれたのは真言密教が入って来てからだろうか。為政者が変わり、宗教が変われば、生活の仕方も土地の名すらも変わる。それが繰り返されておぼろげな記憶となったところに新しい伝承が生まれたりするのだろう。だが、地に残る太陽の影＝祭祀ラインは、誰も消すことはできない。その断片を復元することからはるかな過去が甦ったら、それは素晴らしいことだと思う。

注13　千如寺・雷山千如寺縁起……雷山の社寺については、その創建や古代の歩みを伝える確かな資料が少ない。「雷山千如寺縁起」には、風伯雨師の雷電神が一夜のうちに山を削り岩を砕き、大伽藍を造顕したと「雷音寺」の草創を伝えている。次に、神功皇后が三韓遠征にあたり雷山の「水火雷電神」に伏敵祈願したことを伝えている。更に、法持聖清賀という僧が怡土七カ寺の一つ「霊鷲寺」を建立したことが語られているが、これらの上代寺院については、確かな記録も発掘された遺物・遺構もないようだ。聖武天皇の勅願を伝えている神宮寺は、清賀上人が開山建立した寺であるという。

現在、千如寺に安置されている「千手千眼観世音菩薩」は、もともと「雷神《いかづち》社」の横にあった「中の坊」の講堂に置かれていたものである。明治になって神仏習合の時代の終焉と共に講堂が解かれるし、中腹にある現在地に移された。雷山は度重なる興亡の中、「三百の僧坊」を数えたこともあるという。江戸時代に再建された千如寺は、もとは「多数の僧坊」の総称である。

天山と天拝山

地図を広げると、英彦山→雷山ライン上に「天山《あまやま》」という地名があった。筑紫野市の宮地岳（３３９ｍ）の麓の集落になる。この宮地岳は、「宮地岳神籠石」が山頂の西側付近にある山である。集落地名の「天山」は、宮地岳が「あまやま」と呼ばれていた頃のなごりという。天山は佐賀と愛媛と福岡にしかない地名である。

太宰府の「王城《おうぎ》神社縁起」には、この天山のことが書かれている。

〈神功皇后橿日《かしひ》宮に座しける時（中略）武内宿禰と共に此山におゐて天香《あまのかこ》山《やま》の土（今天山《あまやま》ト云四王寺《しおうじ》より辰の方に在《あり》、私云天《あま》の香山《かこやま》に準せしか　又香山ノ所謂有か）を取りて天《あま》の平瓮《ひらか》を造り（後略）〉

確かなことは分からないが、縁起では「四王寺山の東南方向に天山《あまやま》があり、天の香山になぞらえたのか、又は香山のいわれがあったのか」という。宮地岳が天の香山だというのである。「天山」が宮地岳に変わったいきさつはわからないが、小高い独立山に天山とは大げさな名称だとは思う。名前から何か謂れがありそうではある。

近くには、岡田・二《ふた》・山家《やまえ》などに交じって朝日という地名や天拝《てんぱい》山（２５７ｍ）という山もある。雷山・英彦山ラインはこの天拝山の近くを通るが、山頂ではなく、やや南を通る。ただ、雷山と英彦山の中間点に天拝山はあ

るようで、気になる地点ではある。

「天拝山」という山名は、大宰府に左遷された菅原道真が醍醐天皇に許されることを願い、「天判山《てんぱん》」の山上から天に祈ったことからというが、道真は配所の南館でひたすら蟄居・謹慎していたのだから登山などしたはずはない。

天拝山はむしろ、この太陽信仰の東西ラインの祭祀場と考えた方が自然である。そこから祭祀した春分・秋分の日の出と日の入りが、東の英彦山と西の雷山となるからである。

天拝山頂近くを通る雷山からのラインには、他に雷山↓天拝山↓古処山↓馬見山がある。このラインも同じく「天山」地区を通過していて、ほぼ雷山・英彦山ラインに重なっていることは見逃せない。

北岳（北緯３３度２８分４６秒）
天山（北緯３３度２８分３７秒）
雷山（北緯３３度２８分４２秒）

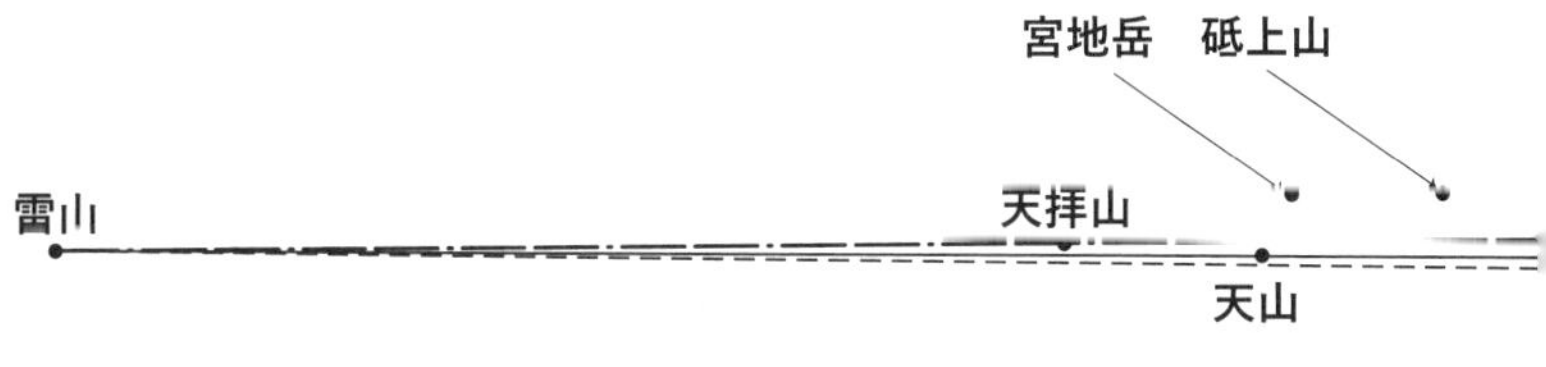

図15　英彦山・雷山ライン

3　神功皇后伝承が作る長方形〜香椎宮・鉾立山・御勢大霊石神社・九千部山

脊振を隠す九千部山

さて、前項でも取り上げた高良大社に参拝した時のことである。本殿に登る階段前の茶店の御主人に、北西に連なる山地について尋ねてみた。

「あの山の連なりは脊振ですか？」

「いえ、九千部《くせんぶ》です。脊振は、ここからは見えません」

まさか、と思った。うねうねと続く山地は脊振山地ではなかったのか。レーダーらしきものもあるではないか。毎度、地形図を広げていたが、耳納山地西端の高良大社から脊振山は見えているつもりになっていた。大きな山の連なりが九千部と聞いて驚いたのである。

なるほど、脊振山（１０５５ｍ）の手前には九千部山（８４７ｍ）の山塊が立ちはだかっている。脊振は山頂がわずかに見える程度だ。

天暦九年（９５１）、脊振三千坊の沙門隆信が山麓の村々を行脚の途中、麓村の近くを通りかかった。そこで隆信は風水害で田畠や家を失って苦しむ村人たちの姿を見た。隆信は民の苦しみを救うために法華経一万部読誦の大願を起こし、幽谷の奥に草庵を結んで四十九日間の読経に入った。四十二日目に九千部を読破した夜、白蛇の化身である美女が現れ、隆信は誘惑に負けた。一万部読誦の大願成就の日、無残な屍の姿で見つかった隆信を村人が哀れんで、石祠を建てて祀ったという伝説のある九千部山。ここも後の世の信仰により山名が変わっている。

須玖岡本遺跡で交わる南北ラインと東西ライン

背振山を隠すほどの大きな山は、どんな働きをしているのだろう。そう思って地形図に定規を当てて一瞬固まった。九千部山からの直線は北上し、須玖岡本《すくおかもと》遺跡を通り、まっすぐ香椎宮に達していたのである。

九千部山と香椎宮は距離的にかなり離れている。定規で測ると五十三センチくらいあるから、直線で二十六キロほどだろうか。香椎宮は仲哀天皇崩御の地であり、のちに神功皇后と合わせて祀った香椎廟の地である。

何で？　ともかく経度を出してみよう。

九千部山頂　（東経１３０度２６分４６秒）
須玖岡本遺跡　（東経１３０度２６分５５秒）
香椎宮本殿　（東経１３０度２７分８秒）

若干、直線は傾いているようであるが、見た目には分からない。

ふと気づいたことがある。九千部山頂から須玖岡本遺跡までの距離と、須玖岡本遺跡から香椎宮までの距離が近いようである。また、須玖岡本遺跡から飯盛山までの距離ともかなり近い。弥生時代の

須玖岡本遺跡は住宅街の中に埋没している。宝満山がかろうじて見える

地形がどうだったのかは分からないが、須玖岡本遺跡は福岡平野の中心点として造営された王墓だったのだろうか。

もし、宝満山までの距離も等しければ、そこには何らかの意図が働いたことにならないか。そう思って定規を当ててみたら、宝満山頂を越えて東側の斜面に届いた。このことを差し引いて考えても、須玖岡本が大事な地点であることに変わりはない。

東に宝満山、西に飯盛山。北に香椎宮、南に九千部山。長い南北ラインと東西ラインの交点が見つかったが、それは何のためのラインなのだろうか。

御勢大霊石神社

九千部山の東にあるのは何？　定規に当たったのは、宝満川である。その四百メートルほど西寄りに御勢大霊石《みせのおおみたまいし》神社がある。みせたいれいせき神社とも言う。延喜式内社である。御祭神は足仲彦天皇（仲哀天皇）。社伝によると、「仲哀天皇が香椎宮で崩御された後、神功皇后は男装して石を御形代として三韓を征された。凱旋後、大保《おおほ》（大法）の地に宮柱を建ててこの石を祀られた」という。

『福岡県神社誌』の別伝によれば、「仲哀天皇は熊襲攻撃に当たり、橿日《かしひ》の本陣から軍勢を進めた。宝満川と垢離川の合流地である大保の地が白洲で清浄な所であったので、そこに天神地祇を祀り仮陣所とした」とある。そして、「前戦からの帰途、敵の毒矢に当たりこの地で崩御された。激戦中であったので崩御は深く秘され、仮に御殯葬された。戦闘が一段落した後、崩御が布告され、霊柩は櫺日に移された。皇后は三韓からの凱旋後、天皇の御形代の霊石を魂代とし、甲冑と御衣を納めて三韓鎮撫神として祀られた」。

今、御勢大霊石神社は西鉄大牟田線と宝満川のあいだ、やや大牟田線よりにあるが、元宮は神社誌の別伝がいうように白洲の河原にあったのではないだろうか。神功皇后が天神地祇を斎祀《いつきまつ》った場所は河原が多い。寺内の美奈宜神社には熊襲討伐後に美奈宜川上「池辺」の地で戦勝奉告をしたとの言い伝えがあるし、猪野の皇大神宮にも神功皇后が河原で天照大神を斎祀ったと伝わる。御勢大霊石神社も、はじめは河原にあったのかも知れない。洪水で移動した猪野の皇大神宮のように、ここも洪水対策で現在地に移動したものだろうか。

御勢大霊石神社は延喜式に名がみられるが、正史には出て来ない神社である。「神宮皇后二年の創立」（福岡県神社誌）とされている。

緯度を出しておこう。東西に並んでいるようだ。

九千部山　（北緯３３度２５分１０秒）
御勢大霊石神社　（北緯３３度２４分４４秒）＊現在地
宝満川河原　（北緯３３度２４分４４秒）＊運動公園

次に、この運動公園から北に定規を当ててみると、宝満山の南の山・宮地岳に当たった。偶然だろうか。この神社の元社は、地図の上では筑紫野市の宮地岳の真南に位置するようだ。

経度を出してみよう。

筑紫野の宮地岳山頂（東経130度34分7秒）

御勢大霊石神社本殿（東経130度33分50秒）＊現在の宮地

宝満川河原（東経130度34分8秒）＊運動公園

宮地岳山頂と神社本殿はややずれている。しかし、宝満川河原の運動公園よりに元宮があったとすれば、元宮と宮地岳山頂はほぼ同じ経度で南北線上に並ぶことになる。

南北ラインの起点・鉾立山

御勢大霊石神社（河原にあったと仮定した元宮）から北に直線を伸ばすと、宮地岳・宝満山・砥石《といし》山（828m）・鉾立《ほこたて》山（663m）と山頂が直線上に並ぶ。鉾立山が、北の起点であるようだ。式内社が現在の位置にあることは十世紀の政治と絡むのでここでは取り上げないが、鉾立山からの南北ラインは福岡平野の最も重要なラインの一つである。

ところで、南北ラインの北の起点にある鉾立山には、どのような意味があるのだろう。この山のことは『篠栗《ささぐり》町史』に書かれている。気になる山名ではあったし、伝説も面白かったので印象に残っていた山である。

〈玉依姫は、彦波剣武鵜茅葺不合尊（神武天皇の尊父）に嫁されて鎮座される山をもとめ、筑紫の山野を巡幸しておられました時に、一行は鞍手と糟屋両郡に聳える一峰に辿り着かれました。この山は周囲よりぬきんでて眺望は絶景で、東に遠く豊の国、西に筑紫の山野を見渡し、北に大海原が開けて、韓《から》の国さえ望まれる誠に神の鎮まりますにふさわしい山と思われました。姫は吹き上げてくる山風に髪をなびかせながら「あな清《す》が清《す》がし」とおをせになりました。それでこの山をすが岳と呼ぶようになりました。

神の鎮る山はこの山に決まるかと思われましたが、遠く坤の方（未申《ひつじさる》の方＝南西）に山容の美しい山が見えました。そこで神集をしていられました神達に「いずれがよき」と、おはかりになりますと、「いずれか高きを選ばん」ということになりました。そこで菅岳の前にある山の頂上に、手に持っておられた鉾をお立てになって、彼の山と、どちらが高いかお測りになることになりました。ところが、あら不思議やな、今まで高かった菅岳が、裾の方から少しずつ減りはじめて、彼の嶺より低くなってしまいました。それは菅岳が砂で出来ていたからと言われます。そのためこの山をへり山（縁山）と言われ、鉾をお立てになった山を「鉾立山」と呼ぶようになりました。〉

なかなか面白い。山の高さを測り比べるのに鉾を用いたという。棒のようなものを立てて、工夫して測量したものかと思われる。この時、鉾立山を使って測量した玉依姫が降りたという「山容の美しい山」こそが宝満山なのである。

鉾立山を起点とした南北ラインは、もともと鉾の文化を持った人々によって創造されていて、そこに玉依姫の伝承[注14]が重なったということだ。この場合、玉依姫は侵入者である。それより先に鉾立山からの南北ラインを使っていたのは、福岡平野の先住者である甕棺文化圏の人々であった。

注14　玉依姫の伝承……筑紫には宝満大神を祀る神社が多い。玉依姫＝宝満大神である。宝満山麓の竈門神社は玉依姫を祀るが、ここから勧請した神社は多いという。天満宮（菅原道真）、八幡宮（誉田別《ほんだわけ》・神功皇后）の神々と同じく、宝満大神＝玉依姫は古代信仰というより新しい時代の神である。鉾立山の伝承を見ても、他地域からの侵入者であることが分かる。海神の娘とされる豊玉姫の妹の玉依姫が山に降臨したことは、選ばれたそこが信仰の対象であった、その場が祭祀場であった、元は別の神が祀られていた、などなどを暗示している。

弥生の日知り王

この南北ライン上の鉾立・砥石・宝満・宮地の山頂こそ、福岡平野の弥生の重要遺跡（須玖岡本・吉武高木）からすれば夏至・冬至・春分・秋分の日の出を知る暦となっていた。須玖岡本遺跡から見れば、夏至の太陽は砥石山から、冬至の太陽は宮地岳から、春分・秋分の太陽は宝満山から昇る。吉武高木（飯盛山）から見れば、夏至の太陽は鉾立山から、春分・秋分の太陽は宝満山から昇る（冬至の太陽は早良区の荒平山から昇る）。すなわち、南北ライン上に並んでいるのは弥生の「日知《ひじ》り王」が祭祀した重要な山頂なのである。

日知り王とは、私が便宜的に使っている造語である。

玉だすき畝傍の山の橿原の日知の御代ゆあれましし神のことごと樛木《つがのき》のいや継嗣《つぎつぎ》に天下

と、柿本人麻呂の長歌にある「日知」で、「暦を知っていたであろう大王」の意味で使っている。太陽祭祀をし、日を知っていたからこそ尊敬されていたと考えている。聖（ひじり）は日知りから生まれた言葉だそうである。

福岡平野の東の山地に連なる鉾立山・砥石山・宝満山・宮地岳（天山）の山頂はほぼ同じ経度で、山頂を結ぶと南北の直線になる。これら三郡山地の各山頂は、須玖岡本遺跡から見た弥生の暦だったのである。

甕棺文化圏が消滅した後、この暦代わりの南北ラインがどうなったか気になるところである。何らかの伝承として残ったか、それとも捨て去られたか。

ところで、この南北ラインはそのまま筑後川を渡って高良大社まで届いている。高良大社から見れば、筑紫の大平野の奥に宝満山が控え、その上空には北極星が光るということになる。後の世となっても、ここに神祀りをしないわけはないだろうと思われる。

新南北ライン

地形図を見ると、鉾立山からの南北ラインとは別に、香椎宮から九千部山頂への南北ラインが並行しているように見える。区別するために、香椎宮からのラインを「新南北ライン」としておこう。更に、香椎宮と鉾立山も東西に並んでいるように見える。

鉾立山に定規を当ててみると、山頂と香椎宮本殿がややずれるのである。緯度をパソコンで出してみた。

鉾立山　　（北緯３３度３９分３秒）
香椎宮本殿（北緯３３度３９分１３秒）

数字にしてみると、地形図で見るほどはずれていない。距離的に近いのでずれを大きく感じるのだろう。

南の九千部山に対する北の香椎宮、南の御勢大霊石神社に対する北の鉾立山。この四点を頂点とする、長方形に近い細長い四角形が出来てしまった。地形図の上では、ほとんどゆがみは感じられない。四角形を眺めていると、御勢大霊石神社と香椎宮は対角線の頂点に位置しているということがわかる。九千部山との対角線の頂点に来るのは鉾立山である。香椎宮と御勢大霊石神社は、どちらも神功皇后の伝承と深くかかわっている。これは意図的な四角形なのだろうか。

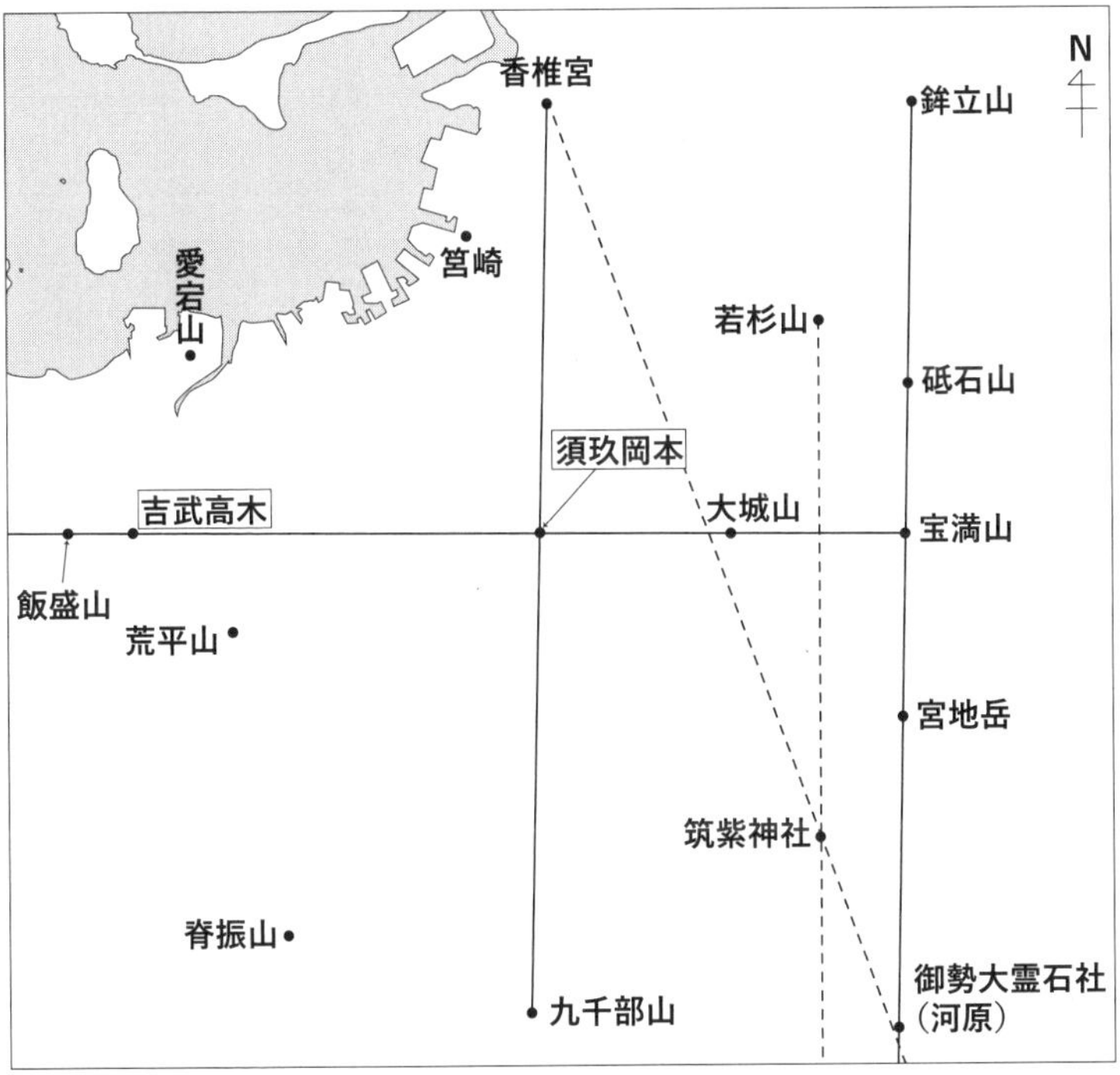

図16　鉾立山からの南北ライン

4　降ろされた神々〜過去を断ち切った式内社の配置

飯盛山のイザナミ尊と若杉山のイザナギ尊

福岡平野の西、「ご飯を盛ったような」と形容される飯盛山《いいもりやま》（382m）の麓に鎮座する飯盛神社[注15]は、旧早良《さわら》郡平群《へぐり》郷の郷社である。イザナミ尊を主祭神に、相殿に宝満大神（玉依姫）と八幡大神（品陀《ほんだ》和気《わけ》尊）、中宮に五十猛《いたける》尊を祀る。

飯盛神社の「由来」は次のように紹介されている。

〈そもそも当社は畏《かしこ》くも国土万物を生成し万のことを始め給いし伊邪那美《いざなみ》命を斎《いつ》き奉る。太古よりの鎮座なり。社説によると、天孫降臨のみぎり、天之《あめの》太玉《ふとたま》命この日向《ひなた》峠、飯盛山を斎き定めて伊邪那美命ほか二柱を祀り国土開発「むすび」を祈らせ給う。尚、福岡県糟屋郡篠栗町勢門、若杉山鎮座の太《たい》祖《そ》神社の縁起に曰く、「神功皇后三韓を平伏し当社に奉賽《ほうさい》の御祭祀を営ませ且つ神殿を西に向けて造営あらせられたり、その所を尋ぬるに早良郡飯盛山に鎮座せらるる伊邪那美命の社殿東に向かいて相対せられしは深き由縁あり。」と…太祖神社の御祭神は、伊邪那岐《いざなぎ》命であることは夫婦相対し向いあえる縁《えにし》なり。〉

太祖神社にはイザナギ尊が祀られているが、縁起に「その神殿は飯盛山に鎮座するイザナミ尊の社殿に相対して造営された」と書かれているというのである。

飯盛神社に「由来」の神功皇后伝承のことを尋ねると、「当神社には書かれたものとしては残っていませんが、太祖神社の方には残っています。三韓遠征に出る前に若杉山から飯盛山に向かって神功皇后が祈られたと伝わり、帰られてから社殿を造営されたと聞いています」と、答えが返ってきた。

「では、太祖宮のイザナギ尊より飯盛神社のイザナミ尊の方が早くからご鎮座されていたのですか」と重ねて尋ねると、「そういうことになります」という答えだった。

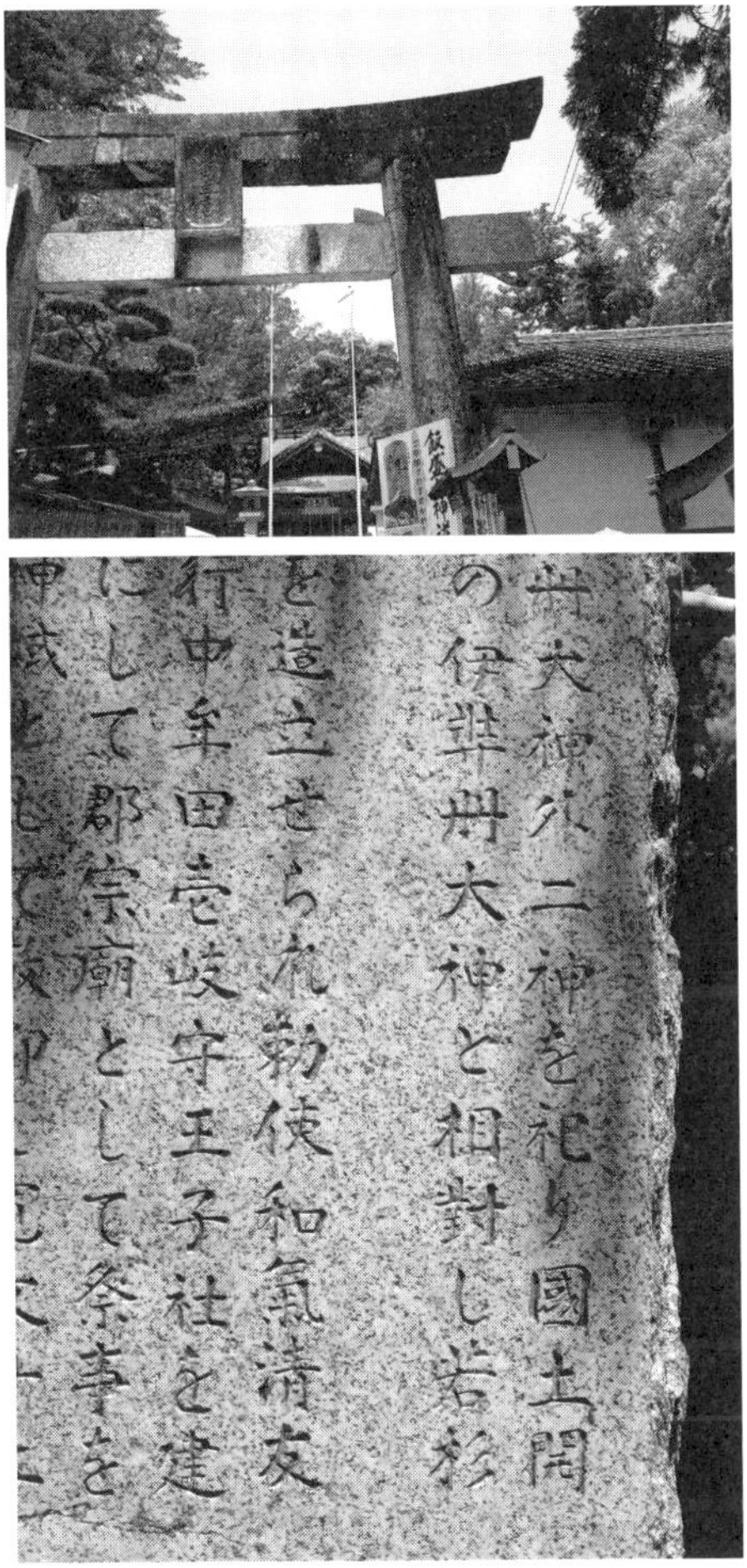

飯盛神社の鳥居横の碑には、若杉山の太祖宮と相対していることが書かれている

須玖岡本遺跡から見える若杉山

飯盛神社のイザナミ尊に太祖神社のイザナギ尊が相対しているのは、二柱の神が国生みの夫婦神であるからだろう。それぞれの神を祀る二社が国守りの神社としてセットで配置されたということか。

なお、太祖神社の縁起によれば、飯盛神社は太祖神社よりも早くから東を向いて鎮座されていたことになる。飯盛山は若杉山より古い時代から国守りの山だったようだ。

若杉山・太祖神社を通るライン

地形図上で大宰府（都府楼址）の背後の大城山（４１０ｍ）と鉾立山（６６３ｍ）を直線で結ぶと、若杉山（６８１ｍ）の山頂近くにある太祖《たいそ》神社を斜めにラインが横切る。このことから太祖神社が大城山と鉾立山の二つの山と深い関係にあることが分かる。

大城山は、宝満山や飯盛山と同じ東西ライン上の山である。鉾立山は、砥石山、宝満山、宮地岳と同じ南北ライン上の山である。このことは、太祖神社ももともとは弥生時代の祭祀の場であった可能性があることを示している。

他にも、若杉山の太祖神社はいくつかのライン上に乗っている。まず、雷山山頂から見て夏至の日の出の方角にあたる。次に、太祖神社の真西には小戸大神宮があり、そのままラインが西に延びると、芥屋の大門の大祖《たいそ》神社に当たる。太祖神社と大祖神社が東西に相対しているのである。

また、香椎宮から若杉山の太祖神社を通るラインは、古処山に届く。

飯盛山から太祖神社を通るラインは、延喜式内社（小社）の香春神社に届く。

先に紹介した筥崎宮からのラインも、太祖神社を通って大分八幡宮に届いた。

つまり、若杉山の太祖神社は太祖神社・小戸大神宮・大祖神社と東西に並ぶだけでなく、飯盛山・古処山・大城山・雷山といった弥生時代に祭祀が行われていたであろうと思われる山々と結びつくのである。

鉾立山→太祖神社（若杉山）→大城山
雷山→若杉山（太祖神社）＊夏至の日の出の方角
太祖神社（若杉山）→小戸大神宮（福岡市西区）→大祖神社（糸島市）
香椎宮→太祖神社（若杉山）→古処山
飯盛山→太祖神社（若杉山）→香春神社（式内社）
筥崎八幡宮（式内社）→太祖神社→大分八幡宮

福岡平野の春日丘陵から見ると、眼前に若杉山が三角形の山容を見せている。太祖神礼はそこから福岡平野を見守っているのである。

宝満山から移されたイザナギ尊

しかし、腑に落ちないことも出て来た。「相対する」（太祖神社縁起）と言われながら、飯盛神社上

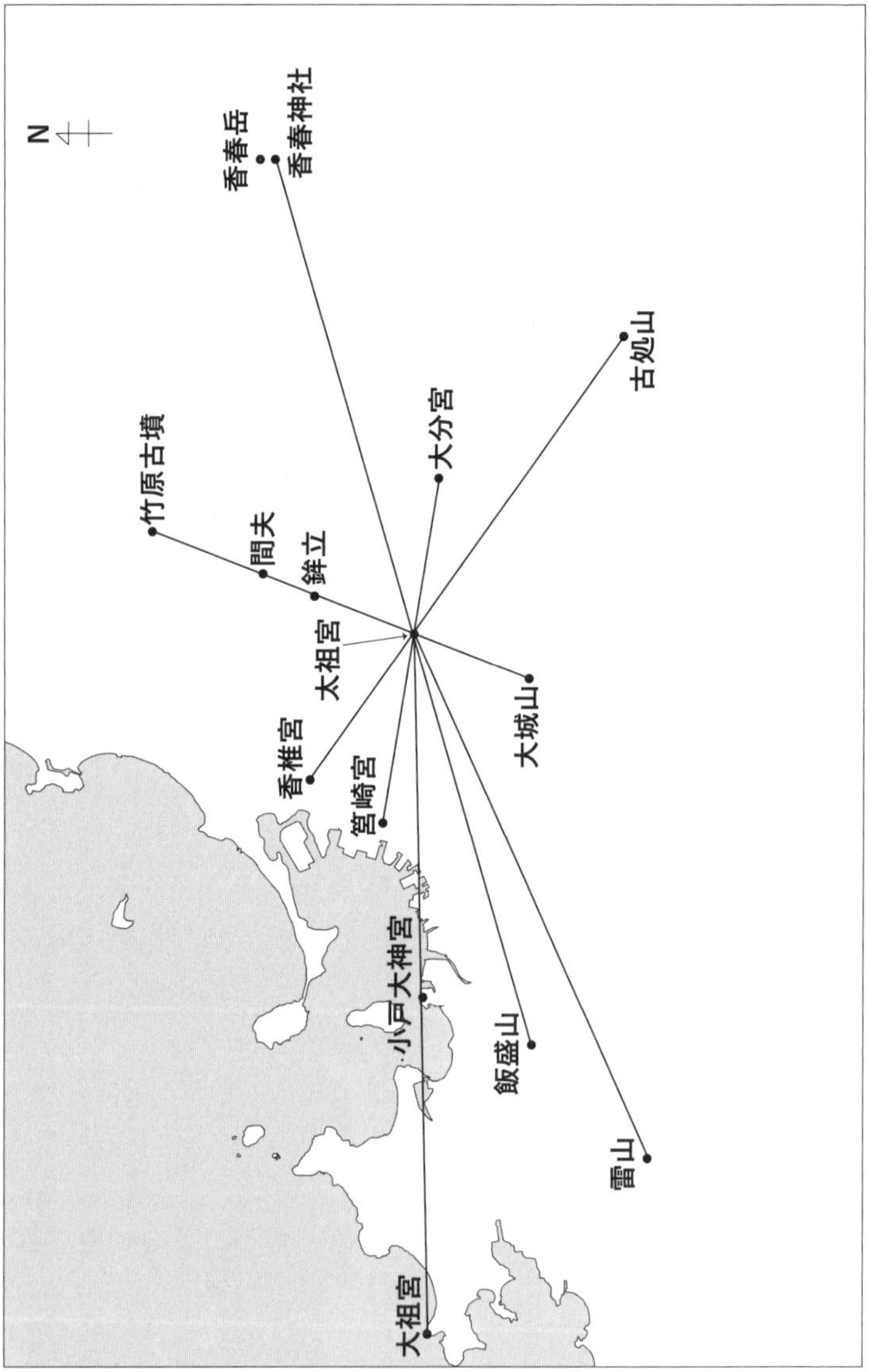

図17　若杉山を通るライン

宮に対して太祖神社は東西ライン上にはない。両者の視線は向き合っているとは言い難いのである。

イザナミ尊が鎮座する西の飯盛山に相対しているのは東の宝満山なのであるから、もともと宝満山に鎮座していたのは玉依姫ではなく、イザナギ尊だったのではないかと想像したくなる。そうしないと、イザナミ尊だけが飯盛山に鎮座していたことになり、夫婦神としては不自然である。宝満山頂には玉依姫以前に、イザナギ尊が鎮座していて、東西の相対する夫婦山に見守られて弥生の福岡平野は栄えた、と考えるのが自然だ。

そして、鉾立山・宝満山の南北ラインも出来上がった後の時代に、権力の交替があったのではないか。その結果、祭神も交替して、宝満山には玉依姫が降りた。そこにはどうしても玉依姫でなければならなかったのだ。宝満山の神は若杉山に移されて、弥生の神聖な祭祀ラインは跛行的なものになった。そこに神功皇后伝説が被さっていったのだ。


註15　飯盛神社と太祖神社……飯盛神社の公式ホームページには、創建を記した「貞観《じょうがん》の古文書」が紹介されている。

〈文徳《もんとく》天皇の祈願により、貞観元年（８５９）に清和天皇が勅使和気清友を遣わされ、飯盛山の上・中・下宮、神宮寺の再建を命ぜられ就中《なかんずく》年中二十六度の神事祭礼を厳重に斎行せられました。これ乃ち、飯盛神社の創建であります。〉

勅命によって神社の再建を命じられたにもかかわらず、「創建」とされている。飯盛神社は南北朝の騒乱のために古文書を失っていて、創建の詳細を伝えるものがないということだが、それにしても早良郷の郷社に天皇の勅使とは異様である。

太祖神社について『筑前国続風土記』には、「神殿は西に向かへり、伊弉諾命を祝ひ奉る所なり。伊弉諾命は万姓の祖なれば太祖と崇め奉るが、上代いつの時より鎮め坐し給ひしか其の始め知れず」という。

また、『筑前国続風土記拾遺』には、「若杉山太祖社は当郡の惣社にして当村の産土神なり。神功皇后綾杉を分かちて植ゑ給ふ由は八幡託宣集に見へたり、いと久しき鎮座なるべし。御社は西に向かへり。当山は早良郡飯盛山と相対して陰陽一神の鎮座まします事深き故あり（略）」と書かれている。西を向いて飯盛神社と相対していることは、太祖神社にとって重要なことであったことがわかる。

大城山から降ろされた神

太宰府市の通古賀に王城《おうぎ》神社という古い神社がある。祭神は事代主命である。この王城神社に伝わる『王城大明神縁起』には、宝満山の西に位置する大城山とのかかわりについての伝承が残っている。

〈秋津島のうちおたやかならされは、東夷・西戎にも皇命を背くともからやあらんとて、此の山上に（四王寺嶺なり）城をかまへ［註略］大野の県主・田中熊別《くまわけ》と云者を軍司として行在所を警固す、天皇の城有山故《しろあるやまゆえ》、時の人王城《おうぎ》山［註略］と云《いう》、詔《みことのり》して此嶺に武甕槌《たけみかつち》命・事代主《ことしろぬし》命を相殿に祭り、幣帛《みてぐら》をさゝけ結ひ東夷を平げん事をいのらせ玉ふ［註略］、かくて東夷征伐の為に発行《みちたち》したまふ御時先を払う御神（猿田彦なり）赤き馬に乗り馳行《はせいき》たまふ所を赤馬［註略］といへり、熊別ハ天皇に陪従《ばいじゅう》し奉り東国に趣き、一子熊則《くまのり》をのこし置《おき》、荒気武彦と心を合わせ蚊《か》田王《たのおほきみ》を警固し奉る、天皇ハ東征し給ひ大和国に内裏を建て、橿原宮と名付、事代主神之女媛蹈鞴《ひめたたら》五《い》十《す》鈴《ず》媛《ひめ》命を皇后とし給ふ［後略］

天智帝（三十九代）四年達率（官名）億礼福富《おくれふくとみ》・達率四比福夫《しひふくふ》をして大野城（四王寺山なり）及び椽《き》の二城築かせ給ひ、都府楼を建てられし時、山上の群集をいとひ、事代主命を国衙《こが》の庄に移さる（大凡神武帝の御時より千三百年、始王地《しおうぢ》の嶺に鎮座あり）王城山の御神なれハ王城大明神と祝ひ奉り、代々帥官《そつかん》たり人詣《もうで》給《たま》ひけれハ、太宰府の栄へるに随《したが》ひ、貴賤の信仰浅からす、神殿美をそ尽されける、武甕槌命ハ儺県《なのあがた》に而鎮め奉り、春日大明神と崇め奉る（今那珂郡春日村生七神なり）〉

つまり、王城神社移動の話は三段になっていることが分かる。①神武天皇が四王寺山に城を築いた。②嶺に事代主と武甕槌を祀り、東夷の平定を祈った。③天智天皇が大野城を築く時、祀っていた神を通古賀に移した。

事代主を祀る王城神社

　公的な案内にも「王城神社は、事代主命（恵比須神）をお祭りする太宰府市通古賀の氏神様である。その創始神武天皇が四王寺山に城を築いた際に、その峰に武甕槌命と事代主を祀ったことに由来するとされており、その後、天智天皇四年（665）に大野城を築く際に、現在の通古賀の地に移されたと伝えられる」と書かれている。

　白村江の戦いに敗れて、天智四年（665）に大野城・基肄城の二城が築かれたことは書紀にも

春日神社

書かれているが、王城神社の縁起はその前に四王寺山（大城山）には「神武天皇が東征の時に築いた城があった」としているのである。その時から祀られていた事代主と武甕槌命を、天智天皇が通古賀の「王城神社に移した」というのだ。

王城神社の所在地は、都府楼の朱雀大路の右郭にある榎社（榎寺・菅原道真が謹慎した南館址）の西になるあたりである。そこはほぼ大城山・都府楼ラインの南に当たるから、元宮が同じライン上にあったことは納得がいく。

さて、事代主と共に大城山から降ろされて「儺県に而鎮め奉り、春日大明神と崇め奉る」とされた武甕槌だが、春日神社の『春日大明神記録』には、「斉明天皇のとき、中大兄皇子が四王寺山の山頂から此の地に天児屋根《あめのこやね》命を祀り、その後、神護景雲二年（768）藤原宇合《うまかい》の第五子藤原田麻呂が、大和の春日大明神を迎えて春日神社を創立」とある。

こちらでは四王寺山（大城山）から迎えられたのは天児屋根命だ。しかし、武甕槌も四王寺山にもともと神として祭られていたことは同じで、それらの神を四王寺山から降ろしたのはどちらも天智天皇（＝中大兄）だ。つまり、『大城大明神縁起』『春日大明神記録』とも、天智天皇のときに当地で大きな変化があったことを伝えているのである。

天智以前、四王寺山（大城山）は大事な山だった。早良の飯盛山の東西ライン上にあったのだ。長い間大切にされてきたに違いない。そして、もともと事代主と武甕槌命、あるいは天児屋根命が祀られていた山城は、神の力を借りてどこかを守っていたと考えてよい。では、それはどこかといえば、「太宰府」と答えたが自然である。その地は、かなりしぼられる。

ここで、気になる山城がある。これまで何度も出て来た筑紫野市阿志岐の宮地岳神籠石式山城である。十年ほど前に発見された山城で、もちろん正史には出て来ない。白村江の戦いの後に築かれたのだろうと言われているが、果たしてそうだろうか。

面白いことに、宮地岳は鉾立山からの南北ラインに取り込まれているのである。鉾立山→砥石山→宝満山→宮地岳→高良大社と南北ラインでつながっていることは先に示した。高良大社には神籠石（列石）がある。宮地岳から三十二キロほど西には、雷神社と雷山神籠石がある。雷山神籠石も、正史には出て来ない謎の遺構であるが、ここも国守りの山城だったのだろうか。

神籠石のことは後に回して、山から下された神社についてもう少し考えたい。

基山（城山）から降ろされた神

筑紫野《ちくしの》市原田に「筑紫国《つくしのくに》」の名のもとになったといわれる筑紫《つくし》神社がある。式内社でもある。本殿には「筑紫宮《つくしぐう》」の大きな額がかかり、左右に田村大神と宝満大神の額がある。御祭神は筑紫《つくし》大明神と呼ばれる白日別神《しらひわけ》で、別名が五十猛命《いたける》である（飯盛神社との関係も深く、粥占の神事がどちらにもある）。田村大神は坂上田村麻呂、宝満大神は玉依姫である。

ここの神社縁起は「筑後国風土記」をもとに作られたそうである。つまり、筑紫神社にはオリジナルの縁起はなかったのだ。

「筑後國風土記」そのものは原本が失われており、『釋日本紀』巻五に残る記述が「風土記逸文」として知られている。他に「筑紫風土記」注16もあったことが『釋日本紀』巻十一により知られる。

〈公望案ずるに、筑後の國の風土記に云はく、筑後の國は、本、筑前の國と合わせて、一つの國たりき。昔、此の両の國の間の山に峻《さ》しく狹き坂ありて、往来《ゆきき》の人、駕《の》れる鞍韉《したくら》を摩り盡されき。土人《くにひと》、鞍韉盡しの坂と曰ひき。三《つぎ》に云わく、昔、此の堺の上に麁猛神《あらぶるかみ》有り、往來の人、半ば生き、半ば死にき。其の數極《いた》く多《さは》なりき。因りて人の命盡《いのちつくし》の神と曰ひき。時に、筑紫君・肥君《ひのきみ》等占《うら》へて、筑紫君等が祖甕依姫《おやみかよりひめ》を祝《はふり》と為して祭らしめき。爾《それ》より以降《このかた》、路行く人、神に害《そこな》はれず。是を以ちて、筑紫の神と曰ふ。四《つぎ》に云はく、其の死にし者を葬《はふ》らむ為に、此の山の木を伐りて、棺輿《ひとき》を造作《つく》りき。茲れに因りて山の木盡さむとしき。因りて筑紫の國と曰ひき。後に両《ふた》の國に分《わか》ちて、前《みちのくち》と後《みちのしり》と為す。〉（釋日本紀巻五・筑後國號）

　ここには「国号の由来」が三つほど書かれているが、筑紫は本来「つくし」と呼ばれたのではなく「ちくし」である。筑紫を負のイメージの「盡し」と結びつけたのは、後世の支配者の意図を知る大宰府であろう。

　この風土記を基に造られた神社縁起によれば、「境に麁猛神《あらぶるかみ》がいて、往来の人が半ば生き半ば死んだ。その数が多かったので、人の命尽しと言った。筑紫君と肥君が占い、筑紫君の祖、甕依《みかより》姫を祝《はふり》として祀らせた。その神を筑紫神として祀ると鎮まった」とされている。

　筑紫神として祀られたのが白日別神というのは、英彦山の高住神社（豊日別神）と似たような話だ。

古くからの神のあつかいに新時代の領主が手を焼いている印象だ。あるいは、筑紫君一族の間で争いでも起こったのだろうか。話がすっきりしない。

筑紫神社の案内板には、もとは「城山の山頂に祀られていた」と書かれている。筑紫野市の文化財課に電話で確かめると、「城山と書いてキヤマと読みます。基山のことです」と答えが戻ってきた。筑紫神社は、もとは基山の山頂にあったのだ。とすると、天智四年に大野・椽（基肄）の一城が築かれた時に降ろされたのだろう。従って、筑紫神社は六六五年以降に現在地に社が造られたことになる。つまり、王城神社と春日神社と筑紫神社の三社の祭神は、同時期に同じ事情で山から降ろされていたのだ。

筑紫神社の参道はほぼ南方向に真っ直ぐ延びているが、参道をそのまま伸ばした直線を境に筑前国と肥前国が東西に分けられている。すなわち国境だったのである。筑紫国が筑前・筑後に、肥国が肥前・肥後に分けられた時、国境としてこの神社が使われたようなのだ。

注16　筑紫風土記・逸文……釋日本紀・巻十一の「筑紫風土記逸文」に、筑前國の逸都《いと》の縣《あがた》の芋湄野《うみの》の伝承が書かれている。また、釈日本紀・巻六の「筑前國風土記逸文」には、糟屋《かすや》の郡の資珂《しか》嶋の伝承が書かれている。伝承は同じ息長足 比賣《おきながたらしひめ》命にかかわるものであるが、出典が違っている。しかも、同じ筑前國でありながら縣《あがた》と郡《こおり》と行政の単位名も違っている。縣と郡は、他にも怡《い》土縣《とのあがた》（筑前國風土記）や上妻 縣《かみつやめのあがた》（筑後國風土記）や生葉郡《いくはのこおり》（筑後國風土記）や怡土郡《いとのこおり》（筑前國風土記）や三毛郡《みけのこおり》（筑後國風土記）や肥後國閼宗縣《あそのあがた》（筑紫風土記）等々残されている。「筑紫風土記」には、広く筑前・筑後・肥後の地が含まれる。

この縣と郡の違いは、風土記編纂の状況や時期による違いであろうか。筑紫が筑前・筑後に分かれたのは天武天皇の時代で、風土記編纂命令は和銅六年（713）に出ている。「出雲國風土記」は天平五年（733）に完成と伝わる。

筑紫だけが早めに「風土記」を完成させ、その後に編纂をやり直したとは考えにくい。七世紀後半には、筑紫には「風土記」があったとする方が自然である。「筑紫風土記」編纂を命令したのが、敗戦後の大宰府の官僚とは思えないのだ。筑前・筑後に分かれた後、八世紀になって風土記は再度編纂されたが、以前の行政区の呼称（縣）が残ったことになる。この再編纂の時に「筑紫」を「盡し」に由来するとした地名譚が持ち込まれのだろうか。

御勢大霊石神社・筑紫神社ライン上の香椎宮

筑紫《つくし》神社の位置を地形図の上で確認すると、前に鉛筆で引いた線の跡が目に入った。御勢《みせ》大霊石《たいれいせき》神社から北西に傾いて香椎宮までを結んだラインである。

御勢大霊石神社（式内社）→五郎山古墳→筑紫神社（式内社）→岩崎神社（志免）→香椎宮と、小さな点が玉を貫いたように並んでいた。

五郎山古墳は前にも紹介したが、玄室奥壁と左右の側壁に鮮やかな彩色壁画の残る装飾古墳だ。被葬者は小高い丘の上の、領地を見渡せるような地に眠っていた。自分の土地に王の墓があるという言い伝えを持っていた人が偶然、畑で見つけた円墳である。筑紫神社のすぐ近くということは、白日別神の関係の墓だろうか。いずれにしても、首長格の人の墓だろう。

古墳と二カ所の式内社をラインが通っていることは、偶然とは考えられない。御勢大霊石神社も筑

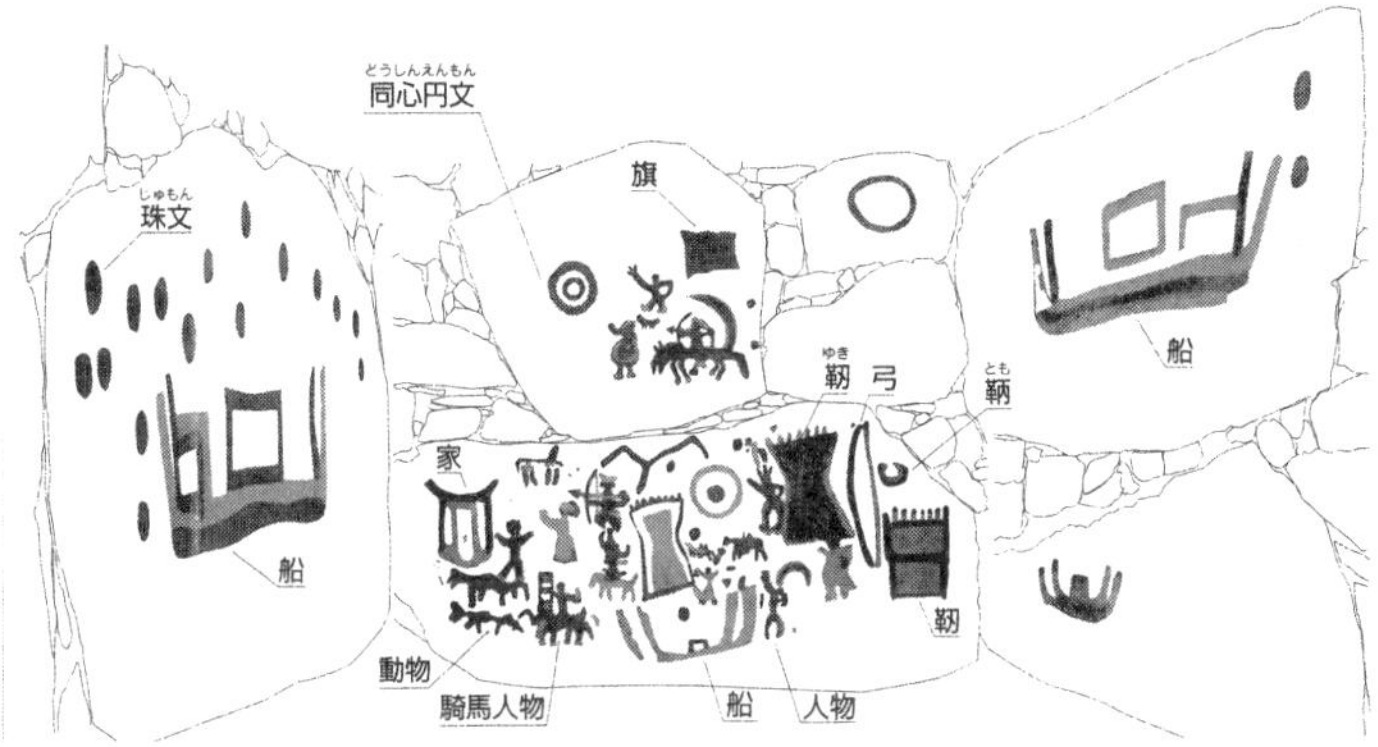

船が描かれた五郎山古墳の壁画（船には棺が乗せられている）

紫神社も建て替えの時に移動したかも知れないのに、現在地でなければ直線上には乗らないのである。

結果から察するに、これらの神社を造営した時にはこの体制でなければならなかったのだろう。これは新しい時代の、たぶん延喜式が造られた十世紀前後の国守りの体制だったと言えるのではないだろうか。

香椎宮は古くから宇佐神宮と並んで朝廷の崇敬が厚かったが、十世紀頃までは香椎廟として扱われていて神社ではなかったという。


いざ児等《こども》香椎の潟に白妙の袖さえ濡れて朝菜つみてむ

ＪＲ鹿児島線の踏切を渡った丘の上の頓宮に大伴旅人らの万葉歌碑があるが、大宰府の官人たちが着任にあたって必ず参詣した廟だったとされる。

「仲哀天皇九年、神功皇后がこの地に祠を建て天皇の霊を祀られたのが創建であるが、養老七年（723）神功皇后の御神託により社殿の造営が告げられ、翌年に竣工した。二つの廟をもって香椎廟とする」

香椎宮の創建については一般にこのように語られるが、当時の筑紫の政治的状況から見れば、養老四年（７２０）の日本書紀三十巻・系図一系を舎人親王らが撰進したことと切り離せないだろう。書紀の中で特別な位置にある「神功紀」に合わせて、香椎廟が造られた可能性もあるからだ。

香椎宮は時間が錯綜していて分かりにくい。香椎宮については、香椎宮となった時代と、香椎廟（廟宮）と呼ばれていた時代と、更にその前とに分けて考えた方がいい。現在の私たちが手にしている地図は、過去千数百年の歴史の縮図であるからだ。

・仲哀天皇が香椎宮に滞在したとされる頃（時期については諸説あり）
・二神山を神体山とした祭祀が行われていた頃（六世紀前半より前）
　＊糟屋の屯倉を筑紫君葛子が継体に献上する時期より前か
・香椎廟として朝廷の尊崇を集める頃（八世紀前半から十世紀前半）
　＊養老七年大廟を建つ、翌年香椎宮成る
・香椎宮となり、戦乱と焼亡を乗り越える（十世紀半ば以降）
　＊ほぼ「香椎宮」と記述されるようになる

と、長い時間をかけて香椎宮は変化して来たのである。

北部九州の延喜式内社は東西ラインを避けた

延喜式内社として、これまでに筥崎宮・高良大社・筑紫神社・美奈宜神社等々が文中に登場した。国司が赴任して最初に奉幣するのが国家守護として神祀りをする式内社である。北部九州の式内社の配置を見ると、その祭祀線が、新しい並び方となっていることが分かる。

たとえば、御勢大霊石神社と筑紫神社の二つの式内社を貫いて香椎宮へと達するラインである。また、式内社・八幡大菩薩筥崎宮から、式内社・住吉神社を貫いてラインが背振山頂に突き刺さっている。他にも、式内社・麻氏良布神社からのラインは、式内社・於保奈牟智神社を通って神籠石式山城のある宮地岳の山頂に届いている。

式内社は東西のラインでも南北のラインでもなく、式内社同士を結ぶように配置されているようだ。苦心して東西ラインを避けたであろうと考えられる例として、たとえば穂波の大分八幡宮（式内社である筥崎八幡宮の元宮）が挙げられる。仮に大分八幡が式内社とされたら、ここから住吉神社（式内社）を通るラインが真西の愛宕神社に届くことになる。この神社のある愛宕山は、須玖岡本からすれば夏至の日没の山である。古代には重要な位置にあったであろうと考えられる山だ。

大分八幡宮は九州五所八幡に数えられる神社であり、神功皇后に結び着くことは先に述べた。神功皇后伝承地なら式内社に列せられて、朝廷の手厚い庇護を受けても良かったと思うのだが。

この大分・住吉・愛宕神社は、東西ライン上に並んでいる。これが延喜式以前の、それも旧体制側の祭祀ラインだったとしたら、はたしてそのまま受け入れられただろうか。この三社が元をたどれば旧体制が東西ラインに配置していた神祀りの場だったから、政治的意図でその再利用が避けられたのではないだろうか。

先に述べたように、穂波から筥崎への遷宮には様々な理由付けがされているが、ラインからは過去の信仰のしがらみから逃れる意図が読めるようだ。もちろん大分八幡宮から筥崎八幡宮の遷宮は、こんな消極的な理由ばかりではない。新体制の神祀りの先兵に位置づけられた筥崎八幡は、式内社となって旧体制の神祀りをズタズタにしているのだ。

ついでに述べておけば、愛宕神社には他の式内社からのラインが当たっている。林田の美奈宜神社と筑紫神社の二つの式内社を通って天拝山に至るラインがあるが、そのまま伸びると室見川の河口にある愛宕山の愛宕神社に届くのである。

こうして見ると、式内社の配置には過去の神祀りの束縛・国守りの信仰のしがらみを断ち、神功皇后の伝説を使って新しい国守りの鎮守としようとする意図が感じられる。少し整理してみよう。

御勢大霊石神社→筑紫神社→香椎宮
美奈宜神社（林田）→竈門神社→香椎宮（大本営址）
麻氏良布神社（麻氏良山頂）→於保奈牟智神社→宮地岳（神籠石式古代山城あり）
筥崎宮→住吉神社→脊振山
宗像大社→住吉神社（若久）→脊振山
志賀海神社→筥崎宮→宝満山
美奈宜神社（寺内）→於保奈牟智神社→飯盛山
美奈宜神社（林田）→筑紫神社→天拝山→愛宕神社
高良大社→美奈宜神社（寺内）→馬見山
宇佐神宮→高良大社→大善寺玉垂宮

ほかにも二カ所の式内社と古墳・山などをつなぐことはできるが、要はこの状況をどう読むかである。

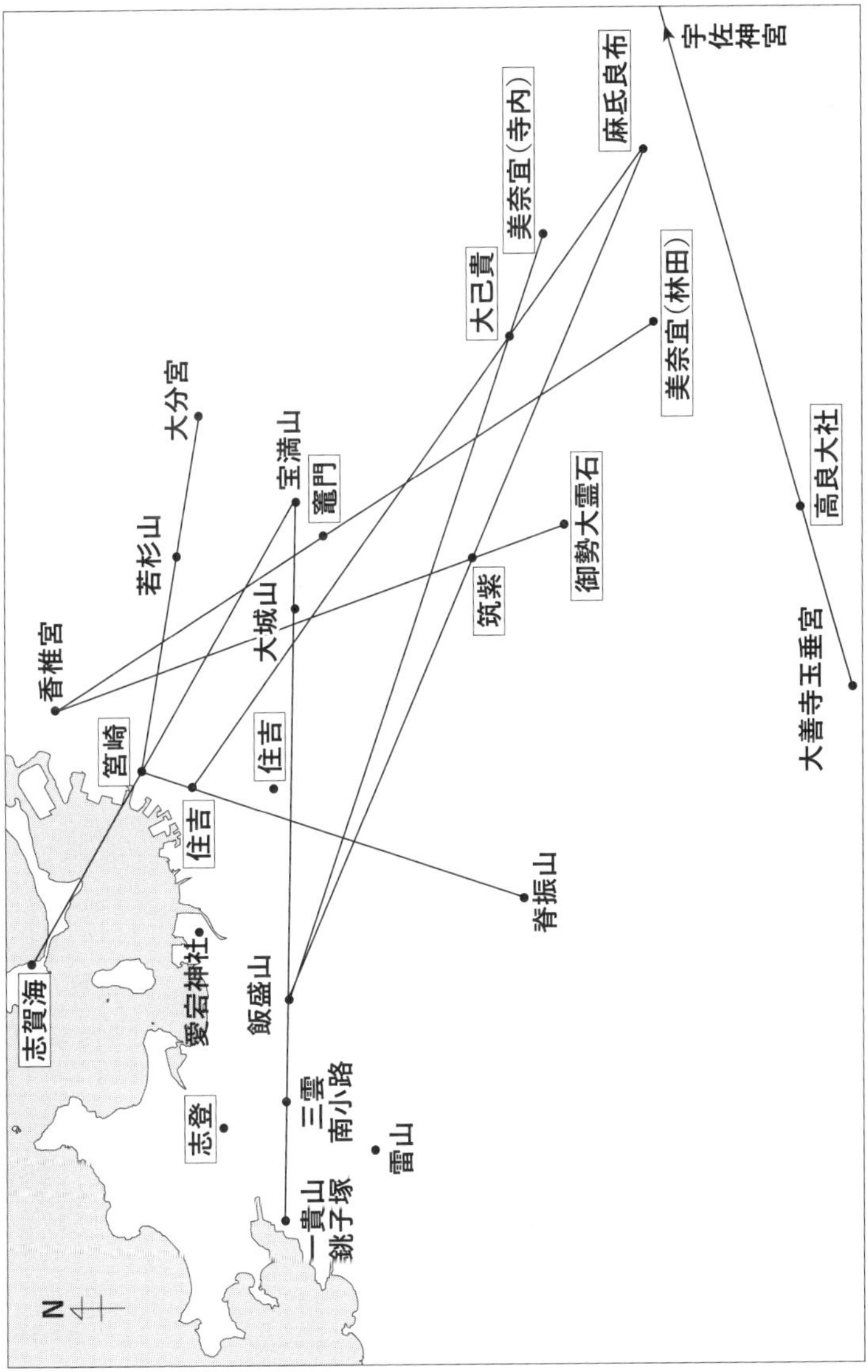

図18　式内社を結ぶライン

くり返しになるが、延喜式内社は過去の神祀りを再編成して新しい国家守護としたのか、逆に、過去の神祀りを縛り抑えようとしたのか（過去の政権の霊力を遮断しようとしたのか）。どちらだろうか。私には後者に思えるのである。

醍醐天皇と延喜式

醍醐天皇の御代（897~930）は、天皇親政の時代である。昌泰四年（901）は辛酉《しんゆう》・易姓《えきせい》革命[注17]の年に当たっていた。「除旧布新」、世直しのために改元すべきことが上奏され、「昌泰」は「延喜」と改元された。

九〇五年、醍醐天皇の勅命による式（律令施行細則）の作成開始（九二七年撰進）。天皇は行政の組織を作り上げて、盤石の国家体制を目指していた。全国の官幣社の見直しは、それまでの神祀りの改変を企画したもので、国家守護の方針の変更であった。なかでも北部九州に残る「旧体制のなごり」の一掃は重要な課題で、そのために再利用されたのが神功皇后伝承だったのではないだろうか。こうして、易姓革命の乗り越えが図られたのである。

延喜式より二百年前の七一三年には、地名を佳字二字に変えるよう詔勅（好字令）が出ている。地名は歴史の記録書であるから、この時も過去を断ち切り、新しい支配を国の隅々にまで浸透させようとしたのだろう（詔勅は二回も出ている）。

要するに、延喜式以前の国のありようは式内社にではなく、式内社の配置によって消し去られた本来の神祀りの山岳・寺社に残されているのではないだろうか。

注17　易姓革命……易姓革命とは、中国における王朝交代を説明する理論である。天命によって地上を治めている天子が徳を失った時には、革命が起こるとされた。王朝が変わり、別の姓の天子に改まり易わるという政治思想である。辛酉（かのととり）の年にも社会的変革が起こるとされ、天命が改まり王朝が交代することから「辛酉革命」という。

古代の信仰が山とつながるわけ

延喜式以前の埋もれた歴史を復元していくためには、飯盛神社のような、山と結びついた古い伝承の神社で、神功皇后の出てこないようなところを探すのが手っ取り早いのではないだろうか。

古代の北部九州の首長の信仰は、山と結びつくことが多かった。羽白熊鷲と古処山。四王寺山の伝承で少し見えた、大野城の築城の前にあったという神武天皇の城とかである（この神武天皇が「日本書紀」の神日本磐余彦天皇であるとそのまま受け止めているわけではなく、ここでは伝承上の人名として扱っている）。

ところで、弥生の首長が信仰した鉾立山↓砥石山↓宝満山（竈山）↓宮地岳↓高良山（高良大社）の南北ラインは、いつの時代まで有効だったのだろうか。後の世にも重要なラインだったような気がしてならない。

この南北ラインは、宝満・飯盛の東西ライン上に並ぶ各弥生遺跡にとって、夏至・春分・秋分・冬至の日の出の山に当たる。須玖岡本遺跡から見れば、夏至の陽は砥石山から昇る。春分・秋分の陽は宝満山から昇り、冬至の陽は宮地岳（旧名は天山）から昇る。古代では太陽の運行は目で確認したは

須玖岡本遺跡から見える日知りの山々（三郡山地）

ずである。

ちなみに夏至の陽は愛宕山に沈み、春分・秋分の陽は飯盛山に、冬至の陽は井原山に沈む。福岡平野を日の出と日の入りの山々が取り囲んでいた。須玖岡本の日知り王は、その中心にいたことになる。

日の出と日没の山岳を確認するために春日丘陵（須玖岡本遺跡）に出かけたが、建物と樹木が視界を遮り太陽の位置の確認が難しかった。そこで、パソコンで夏至（六月二十二日）と冬至（十二月二十二日）を設定して、遺跡からの日の出・日没の山岳を三次元地図画像で調べた。その結果、東西ライン上の遺跡からすれば夏至・冬至・春分・秋分の太陽は、やはり鉾立・砥石・宝満・宮地の各山頂から出ていた。この夏至・冬至のラインを地形図上におとしてみると、そのラインの角度は一定の数値にならなかった。

その理由は、たとえば日の出の時間は、太陽観察場所（祭祀場所）と山岳の高低・山岳との距離で若干ずれてくるためである。山が近くて高ければ、日の出は遅い。パソコンでも画像に同じことが表われたのである。

福岡平野の南北ラインの山々は、弥生の王にとって「日知りの山」である。「日を知る」王こそ聖《ひじり》であり、聖《ひじり》王は支配者として崇拝されたであろう。

古代の信仰が山とつながるのは、山が太陽信仰と切り離せないからであり、山によって天休の動きを知る王が山を祭祀し、祭祀を支配の手段に据えたからであろう。

5　北部九州の神籠石

文献資料にない神籠石式山城

文献資料に残された古代山城で白村江敗戦後に築造されたとされる大野城・椽（基肄）城などを「朝鮮式山城」というが、「神籠《こうご》石《いし》式山城」とはどこがどう違うのだろうか。

九州北部に見られる神籠石式山城は朝鮮式山城と同じ時期に同じ目的で築造されたとされ、それが今日では定説になっているようであるが、はたしてその見方は正しいのだろうか。

日本書紀に「天智天皇四年八月、達率億礼副留、達率四比福夫を筑紫国に遣わして、大野及び基肄、二城を築かしむ」とあるのが朝鮮式山城である。達率とは百済の官位のことで、筑紫に百済から高官が来て、大野城と基肄城築造の指揮をとったとされる。

防人と烽が置かれ、水城が造られたのが天智三年で、大和の高安城、讃岐の屋島城、対馬の金田城が築かれたのが天智六年。だから、このあたりで神籠石式山城も築造されたが、たいして重要ではなかったので文献に残らなかったのだろうか。

私が初めて神籠石を知った時は、謎の古代建造物として興味津々だった。鹿毛馬神籠石や御所ヶ谷神籠石を見に行ったが、現地の説明板に書いてある以上のことは何も分からなかった。六世紀頃の土器も出ているし、その頃の山城だろうと納得したと思う。

再び神籠石に興味を持ち始めて、神籠石が九州北部に集中することから、今度は余りにも単純な答えを引き出してしまった。「神籠石は、太宰府を守っている」と。神籠石式山城の遺構はほぼ太宰府に通じる古代の官道を抑えた交通の要衝に築造されているし、山城同士が連絡をとりあえる位置にある。したがって「連携して太宰府を守っている」と考えたのである。他の多くの人からも同じようなことを聞いた。

女山神籠石のＬ字切欠き溝（上）と宮地岳神籠石の切欠き加工の石組み（下）

前述の朝鮮式山城も、「大和に敵が入るのを防ぐために、前線基地の大宰府を守るために造られた」とされており、両者の築造目的はかなり似かよっているようである。太宰府と大宰府の違いはあるが。

しかし、神籠石式山城（以下、神籠石とする）と呼ばれる遺構は明治になるまでほとんど世に知られることなく、築造の時期や目的も不明で、その土地が選定された理由も分かっていないのである。

北部九州の神籠石は、標高の低い山の山頂から中腹にかけて数カ所の谷を取り込むように築造され、一辺が七十センチから百センチほどの切石が数キロにわたって並び、その上部に版築で土塁が築かれている。切石は露出し、切石の上部には切欠き溝が掘られ、その溝に版築のための木が組まれたようである。版築土塁の高さは二メートルか三メートルほどで、防御の面から見ると不十分であるらしい。土塁が谷を通過する場所には「水門」と呼ばれている石組みが築かれ、そこにも切欠き加工がほどこされている。

朝鮮式山城の方は高さ四メートルから八メートルの土塁が設けられ、切石の列石は見られないようだ。

このように朝鮮式山城と神籠石は、文献資料に記録されているかいないかということの他に、遺構の構造上に大きな違いがあるが、その理由は解明されていない。

神籠石については、明治から山城説と並んで祭祀施設説があった。築造された場所は山奥であったり、交通の要衝であったり、神域であったりとまちまちであるが、列石や水門などは共通する。ここはどちらかと決めつけないで、むしろ祭祀施設であり山城でもあると考えたほうが自然ではないだろうか。

先の四王寺山城（大野城）にしても、山城であり祭祀場でもあった。山城に神が祭られたとしても何の不思議もない。命を賭して戦う時は何かにすがりたいものであろうし、中世の武士も守護神を頼みとした。何か霊力のある物にすがりたいと思うのは人間として自然な感情なのである。神籠石についてては祭祀の面から考えてみてもいいいと思う。

①雷山神籠石

雷山《らいざん》北面の中腹、伊都国側の標高四〇〇から四八〇メートルのあたり。列石と土塁と水門、列石の外側に保護用の木柵の跡。雷山の場合も、列石は山頂を取り囲んではいない。西側は急な崖となっていて列石は見当たらない。高良山神籠石と同じように天武大地震（六七八年）で失われたとされている。

雷山神籠石も太宰府を守っていたのだろうか。他の神籠石とは、どんなつながりがあるのだろうか。

まず、祭祀の面から考えてみる。雷山山頂などの経度を比べてみよう。

雷山山頂　（東経１３０度１３分２４秒）
雷神社　（東経１３０度１３分２７秒）＊中の坊・講堂
雷神社上宮（東経１３０度１３分２４秒）＊山頂のすぐ下
雷山神籠石（東経１３０度１３分６秒）　＊北水門あたり

こうして見ると、神籠石は雷山の南北ライン上にはない。信仰とは結びついていないように思える。やはり、山城としての目的で築かれたのだろうか。

では、雷山神籠石の東、太宰府方面に定規を当ててみよう。東にラインを伸ばすと、太宰府の南にある宮地岳に達する。山頂西側に「宮地岳神籠石」（阿志岐古代山城）が発見されたという山である。緯度を出してみよう。

雷山神籠石の水門と列石

雷山神籠石（北緯３３度２９分３３秒～５９秒）
雷神社　　（北緯３３度２９分３１秒）
宮地岳山頂（北緯３３度２９分３４秒）＊山頂西南側に神籠石式山城あり
かなり興味をそそられる数字が出た。宮地岳神籠石は発掘の結果、古代山城と結論付けられている。神籠石と言っても一つの塊ではなく、広い範囲の列石である。確かに数字は近い。緯度からすると東西の関係として断定できそうだが、安易な結論は避けたい。他の神籠石との関係はどうなっているか、もちろん興味の湧くところだ。

②宮地岳神籠石

さて、宮地岳《みやじだけ》神籠石である。最近の調査で古代山城跡と発表され、名称も「阿志岐山城址」と変わったようだ。北に宝満山を背負っているから、南を向いている。宮地岳山頂（３３９ｍ）は、東隣の砥上岳（４０６ｍ）と並んでいる。宮地岳と砥上岳の間を長崎街道が通っており、これは国道二〇〇号線と重なる。古代においても交通の要衝である。宮地岳は砥上岳と連携して、飯塚方面（遠賀川流域）への道をふさいだようだ。

更に、宮地岳の西は国道三号、九州自動車道、鹿児島本線等、現代でも主要交通機関の通る超重要地点である。ここに、山城を置かない訳がない。宮地岳神籠石はかなり重要な位置にある山城といえる。

他の神籠石との違いは、ここは列石が二段（敷石がある）になっていることである。水門には切欠き加工などの工法が見られるが、これは他の神籠石と共通する（切欠き加工は古代にしか見られない技法だという）。太宰府側に城門が設けられていたらしい。築造時期を特定する遺物はまだ確認されていないが、「白村江敗戦後の遺構」とされている。

宮地岳は天山《あまやま》とも呼ばれていたという（王城神社縁起）。宮地岳は砥上岳と東西に並び、両山の東の方向に英彦山があり、同じ方向には馬見山もある。宮地岳から西の方向に雷山がある。英彦山と雷山、馬見山と雷山は、離れているが双方ともほぼ東西に向きあう関係になっている。ここはもともと国の安泰を天に祈っていた場所ではないだろうか。これらの山々は東と西の端から国を見守り、国守りの神山とされていたと思われる。

宮地嶽神籠石の列石には敷石がある

宮地岳と英彦山の間の直線距離（34キロ）と、宮地岳と雷山の間の直線距離（32キロ）はかなり近い。宮地岳神籠石はほぼ中心地点に位置している。そして、ここは交通の要衝。宮地岳に堅牢な山城と祭祀場（？）が必要とされたとしても不思議ではないだろう。

三郡山地と脊振山地の間の断層地帯の重要な交通の要衝を守るためには、天拝山や砥上岳のような近くの山中にもう一つなにか山城が必要な気がする。

宮地岳（北緯33度29分34秒・東経130度34分7秒）

砥上岳（北緯33度29分34秒・東経130度36分38秒）

山頂の緯度は同じである。

砥上岳は、神功皇后伝承の山である。羽白熊鷲征伐の折、皇后が兵士たちに刀を研ぎ磨かせたことから「とがみ」岳となったという。戦勝祈願のようなものだろうが、山頂には武宮《たけみや》が祀られている。砥上岳はもともと渡神岳だったのではないだろうか。両方とも「とがみ」で同じ音だからである（「天翔ける道」の項を参照）。なお、後述の御所ヶ谷・帯隈山・おつぼ山の三カ所の神籠石をつなぐラインが、この砥上岳の山頂を通過している。

宮地岳の西に見えるのは天拝山《てんぱい》である。宮地岳とは山頂の緯度がややずれる。

天拝山といえば、菅原道真伝承であるが、無実を訴えるために天判山《てんぱん》の山頂に立ち、東天を拝したことから天拝山と呼ばれるようになったというが、実際の道真は朱雀大路の右郭にあった南館でひたすら謹慎し、都からの許しを待っていたのだから登山などするわけがない。もともとの山の名に道真伝承が後付けされたようだ。

天拝山の北麓には武蔵寺がある。蘇我山田石川麻呂を裏切って大宰府に「隠流《しのびながし》」された蘇我日向が建てたと伝わるのが武蔵寺で、筑前で最古の寺とされている。宮地岳と連携するには互いを見渡せる武蔵寺のあたりが最適な位置となる。そこは後世に寺を建てるにふさわしい場所だったのではないだろうか。

それにしても、道真伝承以前の天拝山では、誰が何を祈っていたのだろう。

宮地岳（北緯33度29分34秒）

天拝山（北緯33度28分54秒）

武蔵寺（北緯33度29分22秒）

ちなみに天智天皇の命により築造されたとされる基肄城は、天拝山より五キロほど南になる。

③鹿毛馬神籠石

鹿毛馬《かけのうま》神籠石は、西に遠賀川、東に彦山川と、二つの川に挟まれた丘陵上に位置している。川は下流で合流して遠賀川となる。この位置に城が築かれたのは、川を遡って来る敵を防ぐ目的だったに違いないだろう。

鹿毛馬の南には、馬見山・屏山・古処山が並ぶ。その中央の屏山を背負って、北の響灘から来る敵を見張る山城となっている。三連山の霊力に支えられた山城であろうか。

しかし、標高は八〇メートル程度と低い。谷部の暗渠式の水門跡からは七世紀前半の須恵器が出土し、築造年代に手掛かりを与えている。白村江敗戦後の七世紀後半ではないようだ。

鹿毛馬神籠石（東経１３０度４４分４秒）

屏山　　　（東経１３０度４４分２５秒）

④御所ヶ谷神籠石

鹿毛馬神籠石の東には、御所ヶ谷神籠石がある。二つの神籠石はほぼ同じ緯度で並んでいる。連携しているのだろう。御所ヶ谷の近くには、周防灘に流れ込む今川や祓川がある。南には、英彦山の北岳、中岳、南岳がある。御所ヶ谷神籠石は英彦山を背負って、周防灘から入りこむ敵を見張っているのだろう。

この神籠石には後世の手が入っているとされる。列石は露出したもの（本来の遺構）と、版築による土塁に覆われて列石が見えないもの（後世の遺構）がある。しかし、切欠き溝が施された切石など、他の神籠石と共通する。

御所ヶ谷神籠石と鹿毛馬神籠石の間には、香春岳の一ノ岳（削平）がある。一ノ岳の南麓には香春神社（式内社）があり、三ノ岳（511m）には古代から銅を産出した「採銅所」がある。両神籠石は、二ノ岳（468m）、三ノ岳を併せた三連山の力も借りているようだ。

御所ヶ谷神籠石　（東経130度55分53秒・北緯33度40分29秒）
香春岳・一ノ岳　（東経130度50分23秒・北緯33度40分33秒）
鹿毛馬神籠石　（東経130度44分4秒　・北緯33度40分37秒）
屏山　（東経130度44分25秒）
英彦山・中岳　（東経130度55分35秒）

御所ヶ谷神籠石は、信仰の対象となる山を後ろに背負った神籠石といえるだろう。

⑤帯隈山神籠石

脊振山地の南山麓には、鈴隈山《すずくま》（133m）、帯隈山《おぶくま》（175m）、早稲隈山《わせくま》（163m）と小高い山が並んでいる。

鈴隈山（北緯33度20分8秒）
帯隈山（北緯33度20分8秒）

早稲隈山（北緯33度20分10秒）

真ん中の帯隈山に神籠石がある。近くにエヒメアヤメの自生地があり、花の咲く頃にはボランティアが花を守っている。三山の東南には、日の隈山（158m、北緯33度19分59秒）もあり、四山は並んでいるようだ。

帯隈山神籠石と結びついているのは天山《てんざん》（1046m）である。西に天山を背負って帯隈山が見ているのは、筑紫平野だ。

天山（北緯33度20分20秒）
天山《あめやま》（北緯33度20分5秒）　＊天山のすぐ横にある山

天山は佐賀で一番高い山だと聞いていたが、脊振山（1055m）と経ヶ岳（1075m）のほうがわずかに高いようだ。しかし、遠く熊本からも島原半島からも目立つ高い山は天山だ。帯隈山神籠石は背後を天山に支えられて築かれたと考えてよい。山と神籠石の関係は深いようだ。

それでは、経ヶ岳は何も支えていないのか。

⑥おつぼ山神籠石

神籠石は「霊地の境界石であろう」と言われたり、「城郭を除いてより他に、この類の大工事は考えられない」「築造年代は、古墳石室の構築法から推古朝（七世紀初）以前」と報告書が出たりして、明治以来「神籠石論争」が続いてきた。この論争が神域説から古代山城説に決着したのは、おつぼ山神籠石の発掘調査[注18]がきっかけである。築造年代については解明されていないが、その築造法の統一性から他の神籠石とほぼ同時期に造られたとされた。
ところで、おつぼ山神籠石の南には経ヶ岳の峰々が並んでいる。
おつぼ山神籠石（東経130度3分28秒）
経ヶ岳　（東経130度4分34秒）＊1075m
経ヶ岳の峰　（東経130度4分6秒）＊865m
経ヶ岳の峰　（東経130度3分44秒）＊822m
と、並ぶがすっきりしない。北に控える山を見ると、作礼山《さくれざん》（887m）がある。
作礼山　（東経130度3分57秒）
地図検索の画面上の神籠石の地図記号にカーソルを当てているので、位置の操作はしていない。やや数字がずれる。ともあれ、経ヶ岳と作礼山の間におつぼ山がある。三者は南北ラインに並んでいるといえるだろう。
では、おつぼ山神籠石はどこを見ているかといえば、実は三方向を見ているのだ。おつぼ山は有明海に臨み、武雄と嬉野の間にある。鳥栖（佐賀）、大村（長崎）、唐津の三方面への分岐点にあるのだ。ここは古代においても官道の分岐点であり交通の要衝だった。山城のあるべき場所である。
なお、おつぼ山神籠石築造の頃は、有明海が杵島山の南西地域に深く入り込んでいたことに留意すべきである。一帯は現在でも海抜二メートル以下の土地が広がり、塩田・永島・潮見などの地名が残っている。

注18　おつぼ山神籠石の発掘……おつぼ山神籠石は発掘の結果、列石上に版築（板築）土塁と列石前面に三メートル間隔で並ぶ掘立柱穴が見つかった。その後、帯隈山神籠石や女山神籠石などでも同様の土塁と列石と掘立柱穴が確認されて、神籠石は「古代山城説」で決着することとなった。

この時、列石前面の三メートルほどの柱穴の間隔から、「神籠石は唐尺使用を開始する七世紀中頃以降の築造である」とされた。しかし、列石前面の柱穴は土塁を築くための工事用の柱穴であり、土塁が出来上がれば柱は取り除かれるものであった。三メートルは木造建築物の基本の長さで、人による作業のしやすさから必然的に出てくる数値だという。要するに、版築土塁を築くのにわざわざ唐尺を用いる意味はないのである。

なお、唐尺は日本に七世紀後半には伝わったが、すでに高麗尺が広く使われていたために混乱が生じ、「大宝律令」で唐尺を小尺とし、和銅六年（713）になって高麗尺を廃止した。従って、唐尺の定着は八世紀以降のことであり、柱穴間の長さを根拠に「神籠石が七世紀半ば以降の唐尺で築かれ、それは白村江敗戦後の唐・新羅の侵攻に備えた防御目的だった」とする説は揺らぐことになる。

しかし、行政が公費で作った各地の説明板やパンフレットの類には相変わらず「白村江戦後」説がまかり通っている。いったん通説化すると延々と思考停止が続くことになるようだ。

おつぼ山神籠石の発掘で山城説が定着した

女山神籠石の水門

⑦女山神籠石

おつぼ山神籠石から目を東に転じると、有明海に注ぐ矢部川に臨んで女山《ぞやま》神籠石がある。支えているのは東に並ぶ県境の山、男岳（532m）、姫御前岳（514m）、女岳（595m）である。女山神籠石は頼みの山を東に背負って西を見ている。当時は有明海が眼下に迫り、船の出入りも見えたであろう。

この遺跡はかなり破壊されていると聞いたが、残された遺構からは他の神籠石と同じ工法が採用されていることがわかる。水門石組みの切欠き加工や列石の切欠き溝などは見ごたえがある。最高部からの見晴らしも抜群で、重要な位置にある山城だったと理解できる。また、列石遺構内には多くの古墳群が点在している。

女山神籠石　（北緯33度9分36秒）
男岳　（北緯33度9分38秒）
姫御前岳　（北緯33度9分59秒）
女岳　（北緯33度10分17秒）
おつぼ山神籠石　（北緯33度10分39秒）＊女山神籠石とは有明海を挟んで43キロ

⑧杷木神籠石

杷木《はき》神籠石は、筑後川に張り出すように築かれている。日田から夜明の渓谷を流れ出た筑後川は、杷木を過ぎると一気に筑紫平野に出て蛇行しながら広がっていく。杷木は大河筑後川を扼する重要な場所である。神籠石は平野との境目を守っている。

背負う山が麻氏良布《まてらふ》山（２９５ｍ）なら、確かに筑後川の川面をにらんでいることになる。わずかに残された列石には切欠き溝が見られるが、ほとんどの列石は江戸時代に造られた大石堰に転用されたという。

高良大社の神域を取り囲む列石

⑨高良山神籠石（列石）

高良山《こうらさん》神籠石（列石）が耳納山地の最高峰の鷹取《たかとり》山を具東に背負い、西を見張っていることは容易に理解できる。

ここからは筑紫平野が一望でき、筑後川の河口を見張ることが出来る。また、北に広がる筑紫平野に向かって、宮地岳、宝満山、砥石山、鉾立山と、山が連なる筑紫の聖なる南北ラインがここから北上する。

高良山神籠石（列石）は高良大社の神域とほぼ重なっている。大社の本殿裏が神籠石（列石）の最高部で、そこには古墳があるらしい。北側は天武地震（六七八年）で崩落したようで、列

神籠石は巨大な岩盤。一部は石段になっている

石を消失している。

延喜式内社である高良大社の創建は古いが、縁起等に神籠石（列石）に触れた記述はない（高樹神社の社伝については前に触れた）。

なお、「神籠石」という名称はもともと二の鳥居の上にある巨大な岩盤＝神の依り代となる磐を指すものだったが、八葉《はちよう》の石畳・八葉石塁（列石）と混同して学会に報告されたため、列石遺構に「神籠石」の名が付いてしまったという。

地元では古くから人々が「八葉石」と名付け親しんできた列石が、文献に記録がないとはやはり不思議である。神域に残る遺構と伝承が結びつかないのは、信仰上の断絶があったからだろう。高良大社の神は、幾度も交替したことが神社の伝承（高良玉垂宮・大善寺玉垂宮）から推察できるが、いつ、どこから、どのように侵入されたのだろうか。

⑩唐原神籠石

近年発掘されたものに築上郡築上町土佐井《とさい》の唐原《とうばる》神籠石がある。しかし、ここは「唐原神籠石」としてではなく「唐原山城跡」という名称で国の史跡指定を受けている。

現地は山国川河口付近の標高七〇メートルほどの独立丘陵で、古代官道推定線や周防灘に向かっており、見晴らしは良好である。が、地形図上に記載されていないためにカーソルを当てることが出来ない。緯度経度が出せなかったが、参考までにグーグルアースで見ると、北緯33度33分46秒、東経131度9分41秒となっている。

列石は藩政時代に近くの中津城の石垣などに転用されてかなり失われているが、山城が所在する丘陵ではL字の切欠き溝を持つ列石や土塁が確認されている。また、三カ所の谷にはそれぞれ水門が築造されている。

築造時期を直接示す遺物は出土していないが、「他の遺構（神籠石）との類似」ということから、ここも「七世紀後半の築造」とされている。

大野城築城以前にあった古代の山城

大野城について高校社会科では、「白村江の戦いに敗れた後、唐と新羅の襲撃に備えるため急いで造られた。そのためか城としての造りは粗悪なもので、石垣はいかにも工事が粗い」と教えられた。外敵に襲撃された時、大宰府の官人が逃げ込めるように築造を急いだに違いないと思ったものだ。

数年後、はじめて四王寺山（大城山）を訪ねて、整然とならんだ礎石群から高床式の倉庫群があったことが分かった。版築で土塁を築いていたから千数百年間揺るぎもせずに残ったのだと知って、感心もした。

大野城については近年、築造時期について疑問が出ている。大野城の太宰府口城門に使われたコウヤマキの柱（直経50㎝、高さ100㎝）には、根本付近に三文字（孚石部）の刻書が確認されているが、年輪年代法によって柱材の伐採時期が六四八年と出た。書紀に書かれた「大野城築造」の天智四年（665）より十七年も前のこととなる。書紀がいう「大野城築造」の前に別の古代山城が造られていたと考えたほうが自然である。この太宰府口城門にはⅠ期からⅢ期までの変遷があり、Ⅱ期になると瓦葺き礎石建物に変わるそうだ。刻書が確認された柱材は、Ⅰ期の城門のものとされる掘立柱形式のものである。

城門については、これまで四カ所（太宰府口・坂本口・水城口・宇美口）が知られていたが、新たに四カ所（小石垣・北石垣・原口・観世音寺口）が発見されている。

大野城は古代山城の中では最大規模のものである。大宰府政庁の整備はこの後されていくのだが、守られるべき政庁造営の前に、守りのための山城を築造していたとは、不思議な話である。

前出の「王城神社縁起」によると、大野城築造以前、四王寺山には山城が築かれ、そこでは事代主と武甕槌を祭っていたという。大野城を造る時に四王寺山から降ろされたという天児屋根（春日神社の由緒）も入れると、そこにはもともと三柱の神を祭っていたようである。

大野城築造以前に四王寺山上の城で神を祭ったという「神武天皇」とは、どこの誰なのだろう。四王子山は、大城山を含む山の連なりである。最高峰の大城山は、飯盛山と宝満山に挟まれた弥生の東西ライン上にあった。

飯盛山の神は東を向き、宝満山の神は西を向いていた。夫婦山として相対する東西の山（双方の神）は、東と西から福岡平野を見守っていた。東に宝満山を背負った大城山（四王寺山）には、時の統治者による太陽信仰の祭祀場があり、同時にそこは都を守るための山城でもあったということではないのか。

大城山は、朝鮮式山城とされる前からの古代山城であった。そこに山城を築造したのは大城山の祭祀に関係する勢力であり、城の守りとして三柱の神（事代主・武甕槌・天児屋根）を祀っていたということになろう。

わずかだが、大野城から七世紀以前の福岡が見え始めた気がする。

その他の朝鮮式山城

書紀によると、天智六年（667）十一月に、「倭国《やまとのくに》の高安城《たかやすのき》注19、讃岐国の屋島城、対馬国の金田城」が築かれている。この月は、熊津都督府（百済に置かれた唐の占領政府）の熊津県令が境部連石積らを筑紫都督府に送って来た月でもある。

高安城は、藤原鎌足内大臣が薨去した天智八年冬に修理され、畿内の田税が収められている。同じ時に斑鳩寺が焼けたという記事が突然挿入されている。翌九年二月には再び高安城の修理が行われ、この時は穀《もみ》と塩が積み入れられている。明らかに戦争の準備が行われている。

天智十年十二月に天智天皇崩御。翌年の壬申の乱では近江軍が高安城を使っているが、天武軍に攻められて税倉を焼いて逃亡している（その後、天武四年、天皇行幸。持統三年、天皇行幸）。高安城は実戦で活躍した重要な城だったようである。

注19　倭国の高安城……一九七八年、奈良・大阪境の高安城の礎石の発見は大きな話題となったが、櫓

原考古研の調査で「礎石建物は奈良時代の建物跡である」ことが判明した。一九九九年、高安山頂北西部に確認された遺構は、尾根の先端が整地され、周囲に石垣があり、大和朝廷が国家事業として取り組んだものではないかと推測されている。

なお、日本書紀では「倭（やまと）」「倭国（やまとのくに）」は畿内の一地域として扱われている。

大事業の記憶が消えた

正史には記載がない九州の神籠石であるが、明らかに古代の交通の要衝に築かれている。九州の神籠石が、畿内を守っていたとは考えにくい。神籠石が築かれた時代、守るべき場所として北部九州が捉えられていたと素直に考えた方がよい。頼みとする神の山を背負った神籠石は一定の方向を見張り、協力してどこか大切な地域を守っていたのだ。

神籠石が造られたのは、六世紀から七世紀初めのようだ。それは出土物から推定される。七世紀後半の白村江敗戦後に疲弊していた北部九州に十カ所にも及ぶ大土木工事を山中でする余力があったとは考えにくい。やはり「白村江戦」の前に、明確な軍事的目的をもって造られたということである。だから、白村江敗戦後に造られた（私的にはもともとあった山城に手が加えられたと思うが）とされる大野城・基肄城、高安城（畿内）等とは築造技術や工法が違うし、当然目的も違ったから正史には書かれなかったのだろう。

付け加えると、女山・杷木・唐原の三カ所の神籠石を結ぶと、夏至の日の出のラインになる。おつぼ山・帯隈山・御所ヶ谷神籠石のラインも、夏至の日の出のラインである。直線で結ばれるこれらの

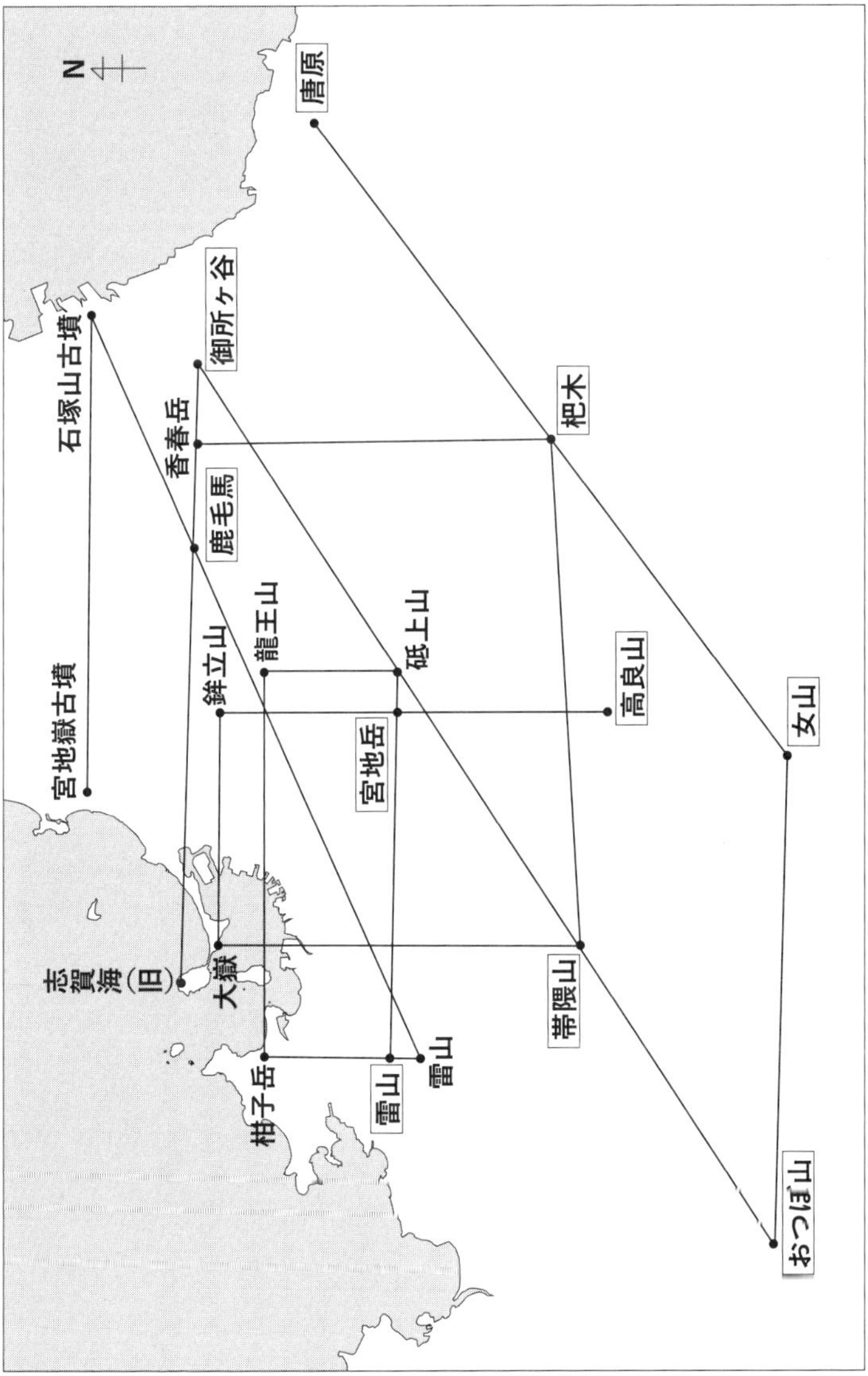
N
唐原
石塚山古墳
御所ヶ谷
香春岳
杷木
鹿毛馬
宮地嶽古墳
龍王山
砥上山
鉾立山
高良山
宮地岳
女山
志賀海（旧）
大嶽
帯隈山
柑子岳
雷山
雷山
おつぼ山

図19　神籠石のライン

神籠石は連携して、夏の太陽の強い霊力を取り込んだのだろう。帯隈山神籠石と杷木神籠石、鹿毛馬神籠石と御所ヶ谷神籠石、宮地岳神籠石と雷山神籠石がそれぞれ東西に並ぶことも、春分・秋分の神祀りと結びついていることを示している。神籠石が太陽信仰と結びついていた可能性は大きいといえる。

このように神籠石の築造には北部九州に古くからあった太陽信仰や山岳信仰を思想背景とした人間集団が関わっていたようだ。工法や山城の形態から、北部九州の神籠石はほぼ同時代の建造物だという。当時としては国を挙げての大事業だったはずである。傾斜地に列石や水門を築いて山城を造るのだから困難な作業だったはずである。膨大な費用と労力が必要とされただろう。ところが、その大事業と苦労が人々の記憶から消えている。それは正史に記録されなかったから、という理由だけでは不自然過ぎる。

電光石火の巨大土木工事

書紀によると、水城《みずき》は大野城とセットで築造されたようである。白村江敗戦の翌年、天智四年（664）に、防人と烽《とぶひ》が設置され、水城も築造された。「筑紫に大堤を築きて水を貯へしむ。名付けて水城と曰う」。しかし、これも不思議な築造物である。

土塁は長さ千二百メートル、基底部の幅は約八十メートル、基底部からの高さは十メートルにもなるという。博多側に幅六十メートル、深さ五メートル近くの外堀があり、太宰府側にも内堀があったことが分かっている。土塁の東西には門があり、西門を博多湾岸に置かれた筑紫館より延びる官道が通っていたことが確認されている。

更に、土塁には長さ八十メートル、幅七十センチ、厚さ二十六センチ、高さ八十センチの木樋（導水管）が埋設されていた。貝原益軒の『筑前国続風土記』の「御笠郡水城」には「大なる木を掘り出した」ことが書かれていて、それが今も観世音寺に伝来している木樋（大木の刳り貫き）だという。このような大きな板を鎹《かすがい》でつないだ木樋は、いまだに他所に確認されていないそうである。他にも、「小水城」と呼ばれる土塁が大野城市と春日市で何カ所か知られている。

これらの大工事が大野、椽二城に連続して行われたとするなら、敗戦後にもかかわらず大いなる都市計画が電光石火のうちに計画・実行されたことになろう。工事には、二万もの兵を失って疲弊していた筑紫の婦女子が駆り出されたのだろうか。考えられないことである。

水城の版築土塁は三層になっていて、樹木の枝葉を敷きこんだ敷粗朶《しきそだ》の炭素年代法による分析によれば、下層（三世紀）が上層（七世紀）より数百年は古いそうである。水城の築造年代についての書紀の記述は、白村江廃線の筑紫が置かれていた状況および現代の科学的知見からは疑問だらけなのである。

ラインで読む神籠石の築造時期

さて、神籠石の築造時期についてであるが、古墳と山とのラインからそれが読めるだろうか。ここでは、各神籠石と六世紀前半築造の筑紫君磐井の墓とされる岩戸山古墳、七世紀初頭築造で大王級の墓とされる宮地嶽古墳との結びつきを見てみよう。

◎岩戸山古墳（八女市・六世紀残半）

岩戸山古墳→女山神籠石→雲仙普賢岳　＊雲仙は肥後の火君の守りの山

岩戸山古墳→井原山（糸島）→雷山神籠石→一貴山銚子塚古墳　＊井原山は弥生の信仰の山

岩戸山古墳→高良山神籠石→大根地山　＊大根地山は日拝塚古墳の真東の日の出の山

岩戸山古墳→馬見山→御所ヶ谷神籠石　＊馬見山は大神の山

岩戸山古墳→風浪宮→おつぼ山神籠石　＊風浪宮は安曇磯良を祀る神社

◎宮地嶽古墳（福津市・七世紀初頭）

宮地嶽古墳→小戸大神宮→高祖山（糸島）→雷山神籠石　＊高祖山は伊都国の神祀りの山

宮地嶽古墳→古処山→杷木神籠石　＊古処は羽白熊鷲の山

宮地嶽古墳→脊振山→帯隈山神籠石　＊背振山は首長の神上がりの山

宮地嶽古墳→竹原古墳→鹿毛馬神籠石　＊竹原古墳は六世紀の装飾古墳

宮地嶽古墳→若宮八幡（宮若市）→唐原神籠石　＊若宮八幡は、香椎宮→六ヶ嶽と宗像大社→英彦山ラインの二つのラインが通過する宮

まず、神籠石を介した古墳との関係であるが、岩戸山古墳の墳丘部は雲仙・井原山・大根地山・馬見山の山頂と、宮地嶽古墳は高祖山・古処山・脊振山の山頂と結びついている。これらの山はいずれも神祀りの山である。

同じことであるが山を介した古墳と神籠石の関係でいえば、岩戸山古墳は女山・雷山・高良山・御

所ヶ谷・おつぼ山の五カ所の神籠石と、宮地嶽古墳は雷山・杷木・帯隈山・唐原・鹿毛馬の五カ所の神籠石と結びつく。これだけ多くの神籠石とラインで結ばれる古墳は他にない。神籠石は、古墳と信仰の山の霊力を取り込もうとしたのである。

神籠石は、岩戸山古墳と宮地嶽古墳の位置を確認して造られたといえるだろう。その築造時期であるが、宮地嶽古墳築造の後である。また、両古墳は筑後と筑前に離れているものの、同じ系統の氏族の墓であるともいえる。

宮地嶽古墳の被葬者について、ラインから分かることはないか確かめてみよう。

阿蘇中岳↓釈迦岳↓熊渡山↓宮地嶽古墳　＊釈迦岳・熊渡山ともに筑紫君一族の祀る山

八方ヶ岳↓国見岳↓鷹取山↓宮地嶽古墳　＊鷹取山は高良大社の真東の山・耳納山地の最高峰

阿蘇国造神社↓八方ヶ岳↓女山神籠石　＊八方ヶ岳は菊池川流域の神祀りの山

以上の簡単なラインから、宮地嶽古墳の被葬者が筑紫君一族で、肥後の流れをくむ人々であることを読み取ることが出来る。

神籠石は岩戸山古墳や宮地嶽古墳の被葬者を宗主とみなす勢力によって築造されたと、ラインでは読める。それは、畿内勢力からの征西を恐れた防御の山城として、祖先の力を頼みとする祭祀の砦として、夏至の太陽の霊力を頼りとして、北部九州の連携の証として築造されたものだろう。もちろん、白村江戦の前であり、畿内との軋轢が高まった時期である。

北部九州が畿内の圧力に対して共に戦う態勢をつくっていたところに、百済からの救援要請が入ってきたのであろう。そして、白村江敗戦により山城は顧みられることなく放置された。

6　王宮はどこに置かれていたか〜太宰府の中心ラインを復元する

太宰府の四角形

宝満山と宮地岳と大城山を地形図上で結ぶと、面白いことが見えて来た。南の宮地岳と北の宝満山は直線距離で五キロほど離れている。宝満山と大城山のあいだも五キロほどである。宮地岳と大城山はどちらも古代山城（宮地岳神籠石・大野城）である。

ここに正方形に近い四角形が出来そうだ。宝満山・宮地岳・大城山・A地点の四カ所を頂点とする四角形である。それでは、四つ目の頂点のA地点はどこかといえば、そこは宮地岳から西へのラインと大城山から南へのラインの交点である。大城山からいえば、都府楼を通って朱雀大路を抜けたJR二日市駅の西側、古代の大宰府官人も楽しんだ次田《すきだ》の湯（二日市温泉）付近となる。

このあたりは今日「湯町」と呼ばれている。ここから北西に六百メートルほど行ったあたりには「塔原《とうのはる》廃寺址」[注20]とされる古代寺院址がある。他にも「杉塚廃寺址」される古代寺院址や、蘇我日向が建立したと伝わる古刹・武蔵寺《ぶぞうじ》もある。A地点のあたりは、古代より寺院が造営されるような霊地であったのだろう。

仮にこのA地点に何らかの祭祀の場があったとしたら、太宰府[注21]の四角形がほぼ成立する。大城山・

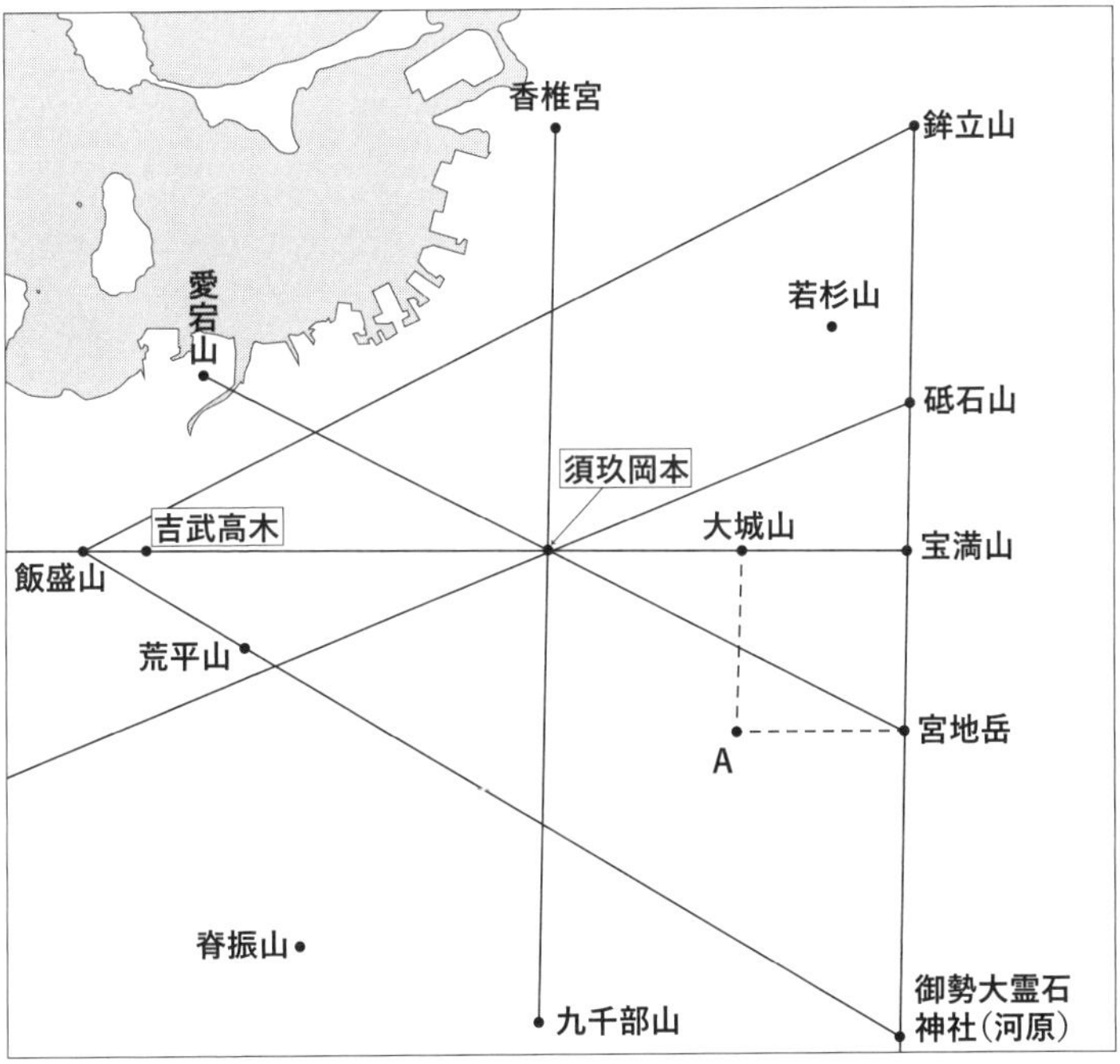
香椎宮
鉾立山
若杉山
愛宕山
砥石山
須玖岡本
吉武高木
大城山
宝満山
飯盛山
荒平山
宮地岳
A
脊振山
九千部山
御勢大霊石
神社(河原)

図20　太宰府の四角形

宝満山・宮地岳の各山頂とA地点、この四点の霊地で守られた四角形である。

別の見方をすれば、都府楼址はこの四角形の外枠付近に位置していることになる。朱雀大路の起点にある現在の大宰府政庁址は白村江敗戦後（天智三年以後）に造られたとされているが、それ以前には中心ではなかった。北に政庁を置いた条坊線が引かれた時、それまでの一番端のラインが中心線に変わったのだ。書紀の記述に従えば、この太宰府の造り変えの時に背後の大野城も築かれたことになる。


注20　塔原廃寺と塔心礎……塔原の塔心礎は古くから注目されてきた。江戸時代に貝原益軒は、「村の前なる圃《はたけ》の中に十王堂の址あり。今に礎のこれり。其所を今も十王堂と云。むかし此処に塔あり。遠くより能見ゆ。此塔ある故に塔原といひしとかや」（筑前国続風土記）と記している。

この一辺百八十センチ・高さ六十センチほどの塔心礎には、経九十センチ・深さ十一センチの柱座のくり込みがあり、その中央に二段になった方形の舎利孔が彫られている。塔心礎の中央に舎利孔のある例は少なく、福岡では他に上坂廃寺（豊前市）に例が見られるだけという。

この「塔原廃寺址」には、筑紫大宰帥の蘇我日向が孝徳帝の冥福を祈って白雉五年（654）に建立したという「般若寺」説（上宮聖徳法王帝説）があったが、大宰府政庁址の南にある古代寺院址（朱雀二丁目字般若寺）を般若寺とする説があり、塔原廃寺址とも併存期間があるらしいので定説に至っていない。

一九六六年、この塔原廃寺址の発掘調査が行われて、礎石と白鳳様式の軒瓦が出土している。この瓦が出土したがゆえに、この廃寺が般若寺の創建期の寺であり、後に八世紀になって条坊郭内の朱雀大路に移されたのではないかとされたのである。

注21　太宰府……「太宰府」とは中国の天子から認められた三司（太宰《たいさい》・太保《たいほ》・太傅《たいふ》）の一つ、太宰（今日の総理大臣）の役所という意味である。宋書・夷蛮伝には、順帝の昇明二年（478）に倭王武が遣使して「窃かに自ら開府儀同三司を仮し……」と上表したことが記録されている。

一方、「大宰府」は畿内の朝廷の地方の出先機関となるので、「太」と「大」では意味・内容がまったく違ってくる。日本書紀では「大宰府」は白村江敗戦後に当地に置かれたとされる（従って条坊線もその時から引かれたというのが公式見解である）。太宰府市には市名の太を大に変えて「大宰府」とすべきとの意見があったそうだが、昔から「太宰府」を使用してきたとして今日に至っているという。

太宰府の四角形を東西・南北に分ける

発掘調査の結果、観世音寺はほぼ創建当時の位置にあるそうである。今の道路に古代の条坊が重なるようだと発表があった。条坊に沿って古代も建造物があったらしい。都府楼の前を今も東西に貫くメイン道路は、昔も道だったことになる。

この道は、先の四角形を南側と北側にほぼ二等分する。官道を博多湾側から太宰府に入り、このメインの東西道を東に進むと岡に当たる。岡の上には何があっただろうか。

ところで、この四角形を東側と西側に等分するラインはあるだろうか。実は、それもある。式内社の筑紫神社と若杉山の太祖神社を結ぶ南北ラインが、それである。

太祖神社（東経130度32分33秒）

筑紫神社（東経130度32分34秒）

この南北ラインが、宝満山・大城山と、宮地岳・A地点の上下二辺の東西ラインをほぼ二等分する。

この南北ラインに重なる道路はない。

いったい、筑紫神社と太祖神社は何の目的で今の位置に造られたのか。この筑紫神社・太祖神社の南北ラインはなぜ、太宰府の四角形を分断するのか、疑問が膨らんだ。

対角線の交点

太宰府の四角形を見つけ、その四角形をほぼ等分する線も見つけてしまった。それでは、四角形の中心、つまり対角線が交叉する地点はどこか。

それは、太宰府天満宮本殿の南東一キロほどの地点、石坂の東の岡、ゴルフ場と住宅団地の境界あたりである。そこは同時に、都府楼前のメイン道路の直線が突き当たる所で、なおかつ太祖神社・筑紫神社のラインが通過する所でもある。近くには高雄山《たかお》（151m）という低い山がある。

太宰府天満宮のあたりを、「宰府」という。これは昔の言い伝えの地名として使われているのではなく、れっきとした小字である。中心の都府楼から三キロ余り離れた東の天満宮のあたりには、他に太宰府や連歌屋、三条や五条、白川や高雄などの地名がある。都府楼のあたりには朱雀や都府楼の地名に混じって、坂本や国分や水城の地名がある。どうも釣り合わない。太宰府の小字地名から推測しても、昔の中心地は天満宮寄りにあったのかも知れない。

石坂の岡の上の背後は宝満山麓で、昔から閑地として広く開けられていたのか、九重原という地名が残っている。九重原の南には吉木《よしき》と阿志岐《あしき》という地名がある。よしき・あしきの「き」は城で、ともに太宰府の防衛施設が置かれていたと思われる。実際、阿志岐からは阿志岐山城（宮地岳神籠石）

が出現した。

太宰府の鬼門

大宰府や宝満山を解説した本には、「宝満山は大宰府の鬼門を封じている」という意味のことがよく書かれている。

「宝満宮（竈神社）伝記」には「三十九代天智天皇建都府楼時竈門山當鬼門」とあり、『福岡県神社誌』には「天智天皇の御時都府楼を太宰府に建て給ふ際、竈門山は鬼門に当れるを以て勅使を御山に遣し厳に御祭儀を仕へ奉らせ給へり」（竈門神社の項）とあることから、これをそのまま下敷さにしているのだろう。

ともに白村江敗戦後の大宰府のことが述べられているが、竈門山（宝満山頂の上宮）も竈門神社（下宮）も都府楼の鬼門ではないのである。

それでは、どこからなら宝満山が北東のすみの方角（鬼門）に当たるかといえば、この四角形の中心以外にはないのである。宝満山がその鬼門を封じて守っていたのは、この石坂の東の岡の上だったのである。ちなみに、先のA地点は、この中心から見た「裏鬼門」に当たっている。

都府楼の柱穴

新聞記事を読んでいて不思議に思ったことがあった。都府楼跡の発掘で、大宰府に「空白期」があったことが分かったというのだ。

大宰府政庁跡には三期に画される遺構が確認されている。①地上の礎石と、②その下六十センチに同じような配置の礎石が確認され、③更にその下に掘立柱の柱穴がある、とされていた。史書と照らし合わせて、礎石の並びから発掘された遺構の年代を決めていくと、白村江戦後の建物の遺構が③の掘立柱の柱穴になる。これは、山城として突貫工事で築かれた大野城でさえ倉庫が礎石の上に建っているのに、同時期に建造されたとすると釣り合わない。発掘の結果、謎は深まった……。（記事要旨）

大宰府政庁址

もし、太宰府の本来の中心地が石坂の東の岡だったら、どうなるだろう。西の都府楼跡のあたりは博多側からの入口になる。

点のない大宰府が大和朝廷の出先役所として機能し始めた時代になって、石の礎石の建物が現れても不思議ではない。掘立柱がその前の時代の遺構だったとすると、そこには何があったのか。白村江敗戦後、唐は倭国の戦後処理のために数次（五度）にわたって、数百から数千の進駐軍を筑紫に派遣している。都府楼址の発掘で確認された掘立柱の柱穴とは、その時に急ごしらえで建てられた唐軍の筑紫都督府（天智紀六年十一月）の一部ではないだろうか。

太陽信仰の名残を残す王都の消滅

宝満山・大城山・宮地岳・A地点の四点で構成される四角形の中心に位置するのは守られていた土

地であり、そこにあったのは王宮ではないだろうか。すなわち、弥生の太陽信仰につながる王都の中心である。

そこに向かって延びていた東西道路は寸断され、朱雀大路の南北道路に変えられた。唐の占領政府が撤収すると太宰府の中心は都督府跡に移された。念には念を入れてか、旧王宮跡は太祖神社・筑紫神社ラインで阻害された。こうして太宰府はメイン道路も中心地も変えられたのだと、地図は語っている。

白村江敗戦後、唐による占領統治をへて倭国の政権が変わり、天智天皇による近江京での新しい統治が始まると、北部九州の大改造が行われた。それまでの東西重視の国守りの信仰は否定されて、主祭神が変わり神祀りの方法も変わった。

太宰府の新しい支配者は唐軍が撤収した後の都督府跡に筑紫支配の中心を移し、南北重視の神祀りに変えた。太陽信仰の時代からの山の神々を下ろして、新政権側の神々を祀ったり、新しく祭祀の場を設けたりと、様々のことが行われたことを地図が教えている。

旧政権の太陽信仰と結びついていた神籠石式山城だが、敗戦後の筑紫には顧みる余裕はなく、新政権にも手を付ける余力がなかったらしく放置されたようだ。歴代王の祖霊の昇る脊振山は「天竺の鬼門」として避けられ、東西信仰の英彦山・雷山ラインも消され、馬見山の神も捨てられた。

こうして旧政権の神祀りは否定されたが、山岳や遺跡は存続したので東西ラインや日知り王のラインが地図上にゴースト（影）として残ったのではないだろうか。香椎宮・鉾立山・御勢大霊石神社・九千部の四点を頂点とした長い四角形が、それぞれの背景や時代が異なるのに残ったのも、そこが歴史的に重要な位置であったことを示している地図上のゴーストなのかもしれない。後世、消されたはずの神祀りの場に山岳仏教が入りこむ余地があったのだ。

時を経て、醍醐天皇の「延喜式」によって古代の国守り信仰の残骸が見直し・再整理され、結果として式内社が選定・配置された。九州北部ではそれまでの歴史を背負う神社の事実上の格下げが行われ、太陽信仰による国守りラインの痕跡が、最終的にずたずたにされたのである。

高雄山の石穴神社

古太宰府の中心が石坂の東の岡の上のあたりにあったのではないかとしたが、その西側の高雄山の北西斜面に石穴《いしあな》神社と呼ばれる稲荷神社がある。「石穴」は元々このあたりの地名で、現在は区画整理によって太宰府市石坂二丁目となっている。石穴稲荷は、配所の菅公（菅原道真）が食物に困らないようにと、稲荷が京都伏見から飛んできたのが始まりという。

この神社の奥の院[注22]は明らかに石室だろう。一帯はかなり破壊されているが、石室と思われる遺構が一番奥に見られる。広さは一坪ほどらしく、高さは二メートル位だが、壁や天井は見事な巨石で組まれている。床面を掘り下げれば巨石を組んだ広い玄室が顕れるはずだ。

奥の院は古来の聖地のようで、「是より下足をお脱ぎください」と彫られた石柱が入り口に立てられている。

太宰府天満宮の南東にある九州国立博物館は、この「石穴」を見下ろす位置にある。そこから南の高雄山を眺めると、隣の筑紫野市吉木・阿志岐方面へ抜ける道路が石坂を大きくカーブしながら上っ

石穴神社。拝殿横の石段が奥の院につづく

ているのが見える。あたりは、地元で「なきわかれ」と呼ばれているという。さて、誰が誰と泣き別れたのだろうか。地域の言い伝えの中にも、歴史の傷跡が隠れていそうだ。

六六二年の百済救援軍の敗北で、倭国は計り知れない打撃を受けた。

全国から壮丁が徴兵されたが、中大兄は斉明帝の死を口実に飛鳥に引き揚げた。実際に海を渡って白村江で唐軍と対峙したのは坂東の編成の前軍と、九州の編成の中軍と、吉備の編成の後軍だった。結果は前軍が敗退し、中軍が全滅し、後軍はただそれを見ていた。

全滅した筑紫には唐軍が進駐して敗戦処理を行い、当然、太宰府は荒廃した。この時、様々な悲劇が生まれたことだろう。

注22　石穴神社の奥の院……以下は、吉嗣敬介「石穴神社　奥の院　調査報告」から適宜引用したものである。筆者の吉嗣氏は神社の関係者のようだ。

〈高雄山山麓の一の鳥居をくぐり、右手に小さな池を見ながら先に進むと、石の鳥居があり緩やかに石段が始まる。少しずつ登りながら朱塗りの鳥居の列の中を50ｍほど進むと、また石の鳥居があり、ここから急な石段が始まる。右手は直径3mほどの岩がごろごろと折り重なる谷状になっている。昔は谷の上部から滝のように水が落ちていたらしいが、現在は水の道が変わり、水脈は谷底の岩の下を通っている。谷を登る急な石段を30段ほど登り切ると、200坪ほどの平地があり、ここが境内のお庭になっている。このお庭の正面に石穴神社本殿があり、お庭の縁にそって半円状に末社や社務所が並ぶ。（中略）

奥の院へは、本殿に向かって右側の階段から上がる。石の鳥居をくぐると左側、本殿の外壁に下足棚が据え付けてあり、奥の院へ上がる者はここでスリッパに履き替える。下界からの履物とここから先の履物を替えるのだ。下足を履き替えた後、石段を二十段ばかり登ると10mほどの鳥居の小道になりそれを抜けると、奥の院へと続く岩々が姿を現す。（中略）

木々が生い茂る山の中に、ぽっかりと空間があいている。そこに直径2～3mの岩々が折り重なって連なっている。奥の院へはこの岩の上をつたうようにして渡って行かなければならないが、最初の石の上には「是より下足をおぬぎ下さい」と刻まれた石柱が建っている。私の祖父は、「裸足で行って足を切られては困る。」と言ってこの石柱を紙で隠したりしていたそうだが、それ以前、昭和以前ここから先は裸足で進んでいたようだ。信仰的に、ここから先は特別な場所となる。（中略）

奥の院全体を構成する岩々は、花崗斑岩である。およそ奥行き20m、幅13mの空間に、直径2～3mの岩が無数にひしめき合っており、一番奥に幹周り5mの楠の木と、その根元にいくつかの岩々の間にできた「穴」があり、ここが「奥の院」である。この「穴」の奥は部屋状の空間になっていて、170cm四方、約一坪ほどの広さがあり、高さは約90cm～100cm、一部高い所で180cmといった具合で、人が2～3人かがんで入れる程度である。（中略）

この花崗斑岩の磐座全体は、おそらく自然にでき上がったものだろう。岩の積み重なりは地下深くまで続いており、岩の間を縫ってかなり下まで潜る事ができる。地下には水が流れている。そうした自然

左の大石の前で裸足になり大石を越えていく

の岩脈上部のむき出した部分の要所要所に、足を踏みしめる為の石が人的に置かれたり、あるいは割った石を屋根のように置いて所々の穴ぐらを形成している。最終部分の「穴」だけは、岩と岩との間に石を詰めるようにして、隙間が埋めてある。（中略）

穴の奥には小さな祠が安置してある。この祠は昭和37年に奉納されたもの。その奥にもう一つ昔の祠があり、これは明治22年のものである。穴の開口部は80㎝真四角くらいのもので、そこから1mほど入った所は更に狭く、祠の左脇の底辺60㎝高さ60㎝の三角形の隙間を潜る。祠を置く以前は、もう少し大きなスペースだったろう。ここを潜ると、前述した一辺170㎝・高さ90~100㎝、一番奥は高さ180㎝の空洞になる。この空洞の中には何も無いが、隅の方にいくつか石が台のように積んであったり、30㎝真四角ほどの石板が置いてある。おそらく、昔この中で「お籠《こ》りの行《ぎょう》」などをおこなった際に持ち込んだ物か、もしくは更に古い祠の一部かと思う。他には、古い小さな鳥居などが朽ちるままに埋もれていた。

「お籠りの行」とは夜通し、つまり通夜《つうや》で行をおこない、お神様と話をして交流するもので、特定のお代人《だいにん》さんを中心にした信者団体によって行われることが多い。石穴神社では、昭和60年ごろまで「巳《み》の通夜《つうや》」などと言って、稲荷の縁日である「午《うま》の日」の前夜に、奥の院の穴の中で行がおこなわれていた。また、「お通《つ》夜堂《やど》」と呼ばれる、通夜の祭に休憩をとるための建物もある。こうした行をおこなった人の中には、「音楽のようなものがずっと聞こえます。」「とても楽しい気持ちになります。」という風なことをおっしゃる人もいた。行を通じてお神様と交流をし、一体になるという事か。（後略）〉

石穴神社からのライン

石穴神社の奥の院は墓所のようだ。奥の院の石組みは大石を使う七世紀の墓らしいが、それでは被葬者は誰だろうか。ラインは何か手がかりを与えているだろうか。

石穴神社は高雄山の山頂の北西側になる。高尾山の真西にあるのは、油山々頂（５９７ｍ）と荒平山々頂（３９４ｍ）である。間には「日の浦」や「月の浦」などの地名もある。石穴神社からのラインは次のようになっている。

石穴神社↓脊振山↓天山
石穴神社↓五郎山古墳↓高良山神籠石↓三ノ岳（熊本）↓金峰山（熊本）
石穴神社↓鷹取山（耳納山地）↓阿蘇中岳（火口）
石穴神社↓太宰府天満宮本殿↓宮地嶽古墳（福津市）
石穴神社↓宮地岳神籠石↓杷木神籠石

脊振山・天山・鷹取山は古代から神祀りの山である。同じく熊本の三ノ岳、金峰山（一ノ岳）も古代の祭祀ラインに乗る山である。たとえば、雲仙普賢岳↓三ノ岳↓阿蘇国造神社のラインや、雲仙普賢岳↓金峰山↓阿蘇中岳↓阿蘇高岳などがあげられる。ラインから見ると、石穴神社が王家の墓地である可能性は高い。この王家の人々は、肥後の神祀りとつながる一族であるようだ。

また、ラインが太宰府天満宮の本殿を通っていることは、そこも墓所であった可能性を示している。天満宮本殿下にあると言われる石棺[注23]（菅原道真の棺との言い伝えあり）は、道真の時代よりは古いはずである。

更に、石穴神社からのラインが宮地嶽古墳や五郎山古墳を通っていることは、この奥の院の被葬者が筑前・筑後の広い範囲とつながっていたことを示すものだ。

宮地嶽古墳は、筑紫君一族の墓とラインで結ばれていた（二章の5を参照）。すると、石穴の被葬者は宮地嶽古墳・筑紫君一族ともかかわりがあることになる。

また、宮地嶽古墳の北にある宮地嶽山頂からラインを引くと、乙犬山々頂を通って観世音寺[注24]に届く。この寺はもともと筑紫君一族ゆかりの寺なのだろうか。

宮地嶽古墳（福津市）↓乙犬山↓観世音寺　＊乙犬山は竹原古墳と脊振山を結びつけた山

観世音寺は、遠賀川流域の王塚古墳（飯塚市桂川町）とも結びついている。

王塚古墳↓宝満山↓観世音寺↓脊振山

太宰府の寺が遠賀川流域や福津市の巨大石室を持つ古墳と結びつくのだ。

脊振山から神上がりした王塚古墳の被葬者は有力な首長だったことになるが、そのラインが観世音寺を通っていることは、太宰府条坊の東西メイン道路に面したこの寺の意味が違ってくる。つまり、王塚古墳の被葬者の菩提を弔う寺だったのかもしれないからである。

石穴神社・奥の院が墓所だとすると、太宰府の風景はまた違って見えてくるだろう。

注23　太宰府天満宮本殿下の石棺の被葬者……平成二十四年、木炭で木棺を覆った木炭槨木棺墓がＪＲ二日市駅のすぐ横で見つかった。方形周溝（一辺１７ｍ）と円形周溝（直径６ｍ）の二重の周溝で外界から区画されていた。平安時代の墓としては極めて大規模なもので、封土があった可能性もあるという。高級容器である青磁の「唾壺《だこ》」も出土し、被葬者は高級官僚のトップクラスとされる。この墓制は約九十パーセントが畿内を中心に見つかっており、他に新潟と太宰府に一例ずつあるのみという。また、畿内の高級官僚が死亡した場合、遺体は畿内に戻るので太宰府に墓は造られないそうだ。

丁寧に埋葬されたこの被葬者こそ菅原道真ではないかと、私には思われる。道真の墓は安楽寺（太宰府天満宮の神宮寺）の門前に造られたといわれ、そこに藤原忠平が天満宮を建立したと伝わっている。が、安楽寺の門前の近くにあったのは、石坂の岡の上に住んだ王家に所縁の人の墓だったのではないだろうか。

注24　観世音寺……観世音寺の創建については、続日本紀・和銅二年（７０９）に元明天皇の詔として「天智天皇が斉明天皇のために誓願して基をおかれた」と伝える。落慶法要がいとなまれたのは天平八年（７４６）であるから、建造を始めたのが六七〇年だとしても完成までに八十年近くかかったことになる。朱鳥元年（６８６）には二百戸の施入が行われているので、この時までに主な堂宇は完成していたようだ。

観世音寺式とよばれる伽藍は東に塔、西に東向きの金堂が置かれ、中門から左右に出た回廊がめぐり講堂に取りついている。外側を塀が取り囲み、南大門と北門が設けられている。飛鳥の河原寺（六六一～六七〇年の建立と推定）の伽藍配置と多くの類似点がある。

発掘により「老司Ⅰ式」の瓦が大量に出土した。これと類似する瓦は藤原宮（６９７～７１０）で使用されている。老司Ⅰ式瓦の製作時期は、藤原宮とほぼ同じ頃であろうとされる。

また、この瓦とは別に、飛鳥の河原寺の創建時の丸瓦と同笵の瓦が発見されている。これが老司Ⅰ式の祖型であれば創建年代は更に遡り、河原寺との関係が深いことになるという。

観世音寺の伽藍配置は観世音寺式と呼ばれるが、発掘調査報告書によれば金堂の基壇に五期の変遷がみられる。

一期　七世紀後半～末　　金堂（東面・基壇規模は東西18m×南北24m）

＊瓦積基壇で地覆石は砂岩切石

二期　八世紀初頭～前半　金堂（南面・基壇規模は東西16m×南北22m）

＊乱石積基壇で地覆石なし

創建後まもなく、東面していた金堂を南面するように瓦積の基壇を破壊して改造工事がおこなわれている。このような改造は通常考えられないものだ。想像であるが、観世音寺が旧政権につながる寺として、廃寺または移築を迫られたからではないだろうか。結果的に寺が残ったことには、そこに苦渋の選択があったことがうかがえるのである。

二百戸の施入が行われた朱鳥元年（686）は天武帝崩御・大津皇子の刑死の年であり、施入を五年間止められることになる天平元年（729）は長屋王の賜死の年である。このように、観世音寺への施入は落慶法要の前にもかかわらず大和の政変に連動している。そして、大津皇子と長屋王が九州の政権と深いかかわりがあることも暗示している。

7　太宰府は皇后伝説の空白地

少し遡って、日本書紀の仲哀紀と神功紀で太宰府のあたりがどう記述されているかを見てみよう。

仲哀天皇の征西

仲哀二年、天皇は紀伊国巡狩中に熊襲が従わず朝貢しなかったことを知り、熊襲征討のため西下した。天皇は皇后を勅により呼び寄せ、穴門に豊浦宮を建てた。

仲哀八年、天皇は筑紫に渡った。その時、三種の神器を掲げて出迎えたのが岡県主《おかのあがたぬし》の祖《おや》の熊鰐《わに》である。天皇の船は遠賀川河口の水門《みなと》に入るのに難渋したようである。熊鰐はまた、別船で洞《ほら》の海に入って干潮で船が進まなくなった皇后も出迎えた。縄文時代には奥まで入り込んでいた海や川が、時代が下がると浅くなったようだ。

また、筑紫の伊覩《いと》（伊都）県主の祖の五十途手《いとて》も三種の神器を掲げて天皇を迎えた。儺県《なのあがた》に着いた天皇は橿日宮に滞在した。

橿日宮で天皇が群臣と熊襲征討の協議中に、突然、皇后が神がかりした。そして、熊襲よりも宝の国である新羅を討つようにとの神託が降りるが、天皇はこれを疑った。天皇は神託に従わず強いて熊襲征討に出るが勝てずに帰る。

翌年の春、天皇は突然体力が萎えて崩御。遺骸は密かに穴門に遷されて、豊浦宮《とゆら》で殯葬された。別伝では、熊襲を討とうとしたが賊の矢に当たって崩御したという。

神功皇后の征西

橿日宮での天皇の崩御を悼んだ皇后は祟った神を知り、神託にあった財の国を得ようとした。小山田邑（古賀市小山田）の斎宮で罪を払い、配下の鴨別を送って熊襲を討たせると自ら服従した。しかし、荷持田村《のとりのたふれ》にいた羽白熊鷲《はじろくまわし》が従わなかったので、皇后自ら松峡宮《まつお》に遷った。途中、つむじ風が起こって御笠が吹き飛ばされた。層増岐野《そぞきの》で羽白熊鷲を討ち、次に、山門県《やまとのあがた》（山門郡瀬高）で土蜘蛛の田油《たぶら》津媛《つひめ》を誅殺。その後、火前国の松浦県玉島の里の川で鮎釣りをして、西の方にある財《たから》の国攻略の成否を占う。それから、儺の河（那珂川）の水を神田に引くために裂田溝《さくたのうなで》を掘る。

橿日宮に還った皇后は、漸く男装して兵甲をおこし、船を整えて財土の国《たからのくに》を求めることにした。しかし軍兵が集まらず、そこで大三輪《おおみわ》神社を立てて刀矛《たちほこ》を奉ると兵士が自ら集まった。こうして神託の新羅討伐の準備を整えたが、ちょうど臨月だったので石を腰に挿んで遠征した。

新羅王は皇后の進軍に驚き恐れて服従し、朝貢を約束する。これを見た高麗と百済の王も自らやってきて朝貢を約束する。いわゆる三韓内官家《うちつみやけ》である。

新羅から還った皇后は、宇瀰（宇美）で誉田《ほんだ》（応神）天皇を出産、再び穴門の豊浦宮に移った。

この後、皇后は武内宿禰とともに畿内に帰り、先帝の遺児、香坂王《かごさか》・忍熊王《おしくま》と戦う。ついに二人を滅ぼした皇后は、皇太子の摂政として政務をとる。

皇后伝承がない太宰府

前項のように、日本書紀の仲哀天皇と神功皇后の巻には九州北部の地名が多く出ている。各地の神社の伝承に至っては、仲哀天皇・神功皇后がらみの話は無数にある。

「福岡県田川郡香春町鏡山の鏡山大神社は、三韓出兵の折、仲哀天皇と神功皇后がこの地で天神地祇を祀り、必勝を祈願し、神功皇后の御魂を鎮めた鏡を奉祭したので鏡山という」

「大川市の風浪宮は「おふろうさん」と呼ばれ、外苑の一遇にある磯良丸《いそらまる》神社は阿曇《あづみ》磯良丸を祀る。磯良丸は三韓遠征のとき干珠満珠を持って皇后に従った後、凱旋して風浪宮の初代神官となったという。現宮司まで六十七代に及ぶ。磯良丸に付き従った船頭のうち七名が当地に生業を得て当時の船名を受け継ぎ、今も神事に奉仕するという」

このように日本書紀以外にも具体的な伝承が残っている土地は多々あるのに、仲哀天皇や神功皇后と太宰府を結ぶものがない。

武内宿禰は天皇の死後、神功皇后を助けて九州の熊襲を誅殺した人物であるが、彼も太宰府には入っていない。誅殺の対象とされた羽白熊鷲は秋月の古処山を本拠とした豪族で、太宰府のすぐ南にいたのに、である。那珂川町は太宰府から決して遠くはない。そこには皇后が神田に水を引くために井堰を造り、溝を掘って通水したという伝承があるが、太宰府に入ったという伝承はない。

神功皇后の巻の前半は九州であるが、太宰府のあたりに所縁の地がないのは何故なのか。正史の編簒奪者にとって太宰府近辺の田舎の伝承など取るに足りなかったのか。それとも、もともと皇后の伝承が入り込む余地がなかったのか。

皇后伝承の混乱と矛盾

太宰府に神功皇后伝承がないことは不思議だが、気になることが他にもある。仲哀天皇の宮が簡単に香椎に造られているということである。宮ではなく大本営だったとしても。

仲哀天皇の宮が簡単に置けたのなら、そのとき糟屋はだれの支配地だったのか。九州に畿内王権の屯倉が置かれたのは、正史では六世紀の磐井の乱後なのである（五二七年の磐井の乱は翌年鎮圧され、磐井の子の葛子が糟屋の屯倉をヲホド王に奉る。磐井の罪に連座することを恐れたためという）。

香椎あたりに糟屋の屯倉があったのなら、そこは北に博多湾、東と南は山並、西は多々良川・須恵川・宇美川に守られた土地である。多々良川は宮若市に迫り、須恵川と宇美川は宝満・三郡山から流れだし、上流は太宰府に迫る。葛子は重要な土地を手離したことになる。つまり、六世紀初頭まで筑紫国の北岸は磐井の勢力圏であり、博多湾岸は香椎あたりも筑紫君の支配地だったのだ。六世紀以前に、そんなところに畿内王権の仲哀天皇が宮を造れただろうか。

また、曽増岐野もなぜか場所が特定しない。曽増岐山と呼ばれた雷山が羽白熊鷲軍の最後の戦場であれば、なぜ雷山なのだろう。もし雷山神籠石が戦場になったのなら、彼らが戦ったのは六世紀以降のことになり、皇后伝説とは時代がずれる。更に、被葬者が田油津媛とされる墳墓も、女山神籠石の眼下にある。皇后伝承地と神籠石が近すぎるのだ。

久留米の北野町にある豊姫神社の「豊姫縁起」には、景行天皇や神功皇后の征西に関する伝承が残されている。北野町の旧大城村一帯は水沼君の本拠地であったというから、水沼君はかなり皇后に接近しているようだ。水間君が勢力を伸ばす頃と、神功皇后の時間軸が重なるのかもしれない。

神功伝説の混乱と矛盾は、摂政期間の長さも含めて大きすぎる。そのことは神功皇后伝説で包み込もうとした歴史の複雑さを示唆しているように思われる。

宮地岳神籠石から見る宝満山

御笠堕風

太宰府に仲哀天皇・神功皇后が入らなかったのは、入れなかったからではないだろうか。

神功皇后紀に、羽白熊鷲を討つために神功皇后が香椎から松峡宮に遷る時、「つむじ風忽ちに起こりて、御笠《み》堕風《かさふけおと》されぬ。故《かれ》、時の人、其の処を号けて御笠と曰ふ」という記述がある。「堕」とは「土が上から崩れ落ちること」から「おちる・くずれる・こわれる・おこたる」などの意味がある。

皇后の笠を吹き落した風は、宝満山（御笠山）から吹きおろした風のようだ。皇后は太宰府の守りの山の近くを通ったが、宝満山からの神風に笠を吹き飛ばされたのだ。書紀の中にははっきりと書かれた「堕風」は、宝満山の神が神功皇后を拒否したことを表現しているのではないだろうか。六世紀半ばあたりまで、太宰府は筑紫君の勢力圏にあったのだ。

皇后伝承が根付かなかった場所には、いったい何があったのだろうか。

8　大保と大分

大きすぎる郡衙跡

太宰府とは対照的に「大保《おおほ》」と「大分《だいぶ》」は神功皇后伝説の地である。この二カ所（あるいは三カ所）には何かつながりがあるのだろうか。ちなみに、太宰府から大保までの距離と、太宰府から大分までの距離はほぼ同じである。

小郡市大保の御勢大霊石《みせいたいれいせき》神社は、仲哀紀の別伝に出てくる「天皇がみずから熊襲と戦って敵の矢に当たって崩御した」とする伝承を社記に掲げる宮である。この神社の近くに大規模な古代建造物の跡がある。行政の説明では「小郡郡衙の跡」とされているが、方二町（約240m四方）地方役所としては大きすぎるらしい。

『倭国ここに在り』（吉留路樹）という本の中で、開府儀同三司を仮称した武王の時代の「天子の徳を保ち安んずる官」すなわち「太保府」の跡ではないかという説を読んだことがある。保安とは「社会の安全を保つこと」で、武器を以て体制を守ることでもある。つまり、郡衙（地方役所）ではなく、武王直属の兵舎か武器庫跡だったのではないか……。倭の五王の時代は五～六世紀初めである。

小郡のあたりは弥生以来の遺跡の密集地であり、有明海と博多湾をつなぐ人と物の接点、交通の要衝である。古代から幾度も戦場になっている。ここに大規模建造物（武器庫など）があったことはなんら不思議なことではない。仲哀天皇がこの地を本陣に選んだ理由は何だったのか。

大分廃寺の塔跡

大分廃寺址

小郡市大保が「太保府」であったとすると、飯塚市大分《だいぶ》も「太傅府《たいふふ》」ではないかという説がある。太傅府、すなわち「天子の師傅《しふ》（教え導く・もり役）となる官」である。太傅府があったから、セットとして近くに寺院（大分廃寺）もあったのだろうか。

大分八幡宮の近くに、神功皇后関連の伝承地がある。三韓遠征から帰国した兵士達を故郷に帰したという別れの場「鶯塚」（北緯３３度３５分２１秒）である。そこで遠征軍を解散したから「大分《おおわ》かれ」といったという地名譚まで付いている。

大分廃寺は大分八幡宮と同じ緯度にある。両者は東西ラインで結ばれるから、無関係とは思えない。

穂波の大分八幡宮　（北緯３３度３５分7秒）

穂波の大分廃寺塔跡　（北緯３３度３５分7秒）

廃寺跡の説明板に「新羅系の瓦が出土した」とあったのを読んで、磐井が新羅から貢物を貰っていたという継体紀の記事を思い出したが、寺は八世紀の建立と書かれていた。磐井の時代は六世紀前半だから、寺が造られたのはかなり後の時代となる。

大分八幡宮の説明板には、「聖武天皇の神亀三年（726）八幡大神の神託によって大きくて美しい社殿が建立された」と、書かれていた。説明板からは、八世紀に社殿が建立されたことともに、ここにはそれ以前にも信仰の場があったことがうかがえる。何らかのいわれのある場所だったから、より大きな社殿が建てられたのだ。聖武天皇は九州の神社に並々ならぬ関心を持っていたようである。

ショウケ越え

神功皇后は三韓遠征の後、宇美で応神天皇を出産した。現地伝承では、そこからしょうけに皇子を入れて峠を越え、大分の鷲塚で兵士達と別れたとされている。ちなみに、須恵町からの峠越えの道のことを、今日でも「ショウケ越え」という。

筑紫の現地伝承の仲哀天皇・神功皇后は、大保・大分と深くかかわっていた。この二カ所が役所で、太保府と太傅府なら、答えは非常に狭い意味になる。すなわち香椎の宮も入れて皇后は三つの役所を使っていた、と。ただ、この見方の難点は、香椎の宮から大保・大分までが遠すぎることである。逆に、後世になって、太保府・太傅府に神功皇后伝承がかぶさって歪になったと見ることもできる。

それしても、神功皇后は何故、太宰府に入らずに畿内に帰ったのだろう。忍熊王・香坂王との皇位継承の戦いが待っていたからか。

仲哀天皇・神功皇后・武内宿禰の物語が事実であれ伝承に止まるものであれ、結果的に三者が太宰府に入っていないのは、そこに別の主権者がいたからではないだろうか。仮に、太宰府が別系統の主権者の都であったとするならば、その始まりは何時で、それは誰の王都だったのだろうか。

9　畿内王権に近づいた豪族たち

新々南北ラインの成立

九州の豪族たちが畿内勢力に取り込まれて行くのはいつごろからだろうか。積極的に畿内と結びついていったのは、どこを本拠にしていた豪族だったのか。

宗像大社本殿（東経130度30分51秒）から南にラインを伸ばすと、都府楼（東経130度30分53秒）に当たる。大宰府政庁の北の守りに宗像大社が置かれたことが分かる。この南北ラインは、宗像大社を起点に大城山から都府楼を通って南の女山神籠石（東経130度31分5秒）に達している。

既に①弥生の日知り王の南北ライン（鉾立山↓砥石山↓宝満山↓宮地岳）と、香椎宮↓須玖岡本遺跡↓九千部山の②新南北ラインを紹介しているが。この③新々南北ラインは、宗像大社↓大城山↓都府楼跡↓女山神籠石とつながる新体制のラインである。

神籠石に？　新しい為政者は前の政権の遺物を利用したということなのだろうか。都府楼を中心に地形図上で測ると、宗像大社までの距離と女山までの距離は同じくらいである。筑紫の新しい南北ラインで、北の氏族と南の氏族が結ばれたということか。

しかし、である。都府楼を中心とした北の守りに宗像大社をすえたとはいえ、女山神籠石を新しく南の守り点にしたとは考えにくい。女山のあたりに別の守りがあってもおかしくない。

女山神籠石の最高部から南に一キロほどの山中に、清水寺（東経130度31分30秒）という寺がある。九世紀の初め、短期留学生として唐に渡った最澄が帰国した八〇六年（桓武天皇・延暦二十五年）に開山したと伝わる古刹である。寺院を建立する何らかの意味が、この地にはあったのだろう。

桓武天皇は天智天皇の曾孫である。その天智天皇の治世の意図を継承した桓武天皇崩御の年に、最澄がこの宗像大社・都府楼ライン上に国守りの寺を造営したことは理解できることである。すでに皇統は天武系から天智系に戻ったのだから、天智朝の神祀りが再確認されたのかも知れない。

平安京は、早良親王をはじめとする幾多の怨霊から都を守ることを第一に造られた。同じように国の隅々まで怨霊から都を守る工夫がされただろう。平城京から平安京への遷都は、天智天皇の皇統に連なる者にとっては政治・宗教・文化の上での大きな転換点だったのである。

水沼君と宗像君

宗像君徳善《とくぜん》の娘尼子朗女《あまこのいらつめ》は大海人皇子《おおしあま》（天武天皇）の嬪となって、高市皇子《たけち》を生んでいる。

宗像大社が延喜式内社となったことはすでに述べたが、宗像市鐘崎にある武内宿禰ゆかりの織幡神社も延喜式内社である。南の水沼《みぬまのきみ》君と北の宗像《むなかたのきみ》君が畿内王権に協力的な氏族だったことは、日本書紀の神功皇后の巻にもはっきり出ている。

三韓征討の折、武内宿禰が波津の浦で織らせた紅白二本の幡を上げ下げして敵を翻弄し、最後に沖ノ島（宗像大社・沖津宮）に旗を立てたとか。水沼君と宗像君は早くから結びついていたのである。

水沼君は、日本書紀の雄略紀にも畿内勢力の支援者として登場する。高良山はすでに高良玉垂命（武内宿禰・水沼君の祖）に取って代わられていた。高良大社は、前政権のなごりが強い神籠石の中に社殿があったことから、宗像大社・都府楼の新々南北ラインではなく、鉾立・宝満・宮地岳の旧南北ラインを南からにらみ、宇佐神宮とも連携した国家守護の役を担うことになった。宗像・高良・宇佐の大きな霊力で、北部九州を縛ったのである。

太宰府が大宰府となった時に、大きな変化があったことを示すのが宗像大社・都府楼・女山（清水寺）ラインである。神功皇后が川のほとりで天神地祇を祀った伊野皇大神宮もこのライン上にある。新々南北ラインは十分に活用されたようだ。

伊都県主の祖と岡県主の祖の十握剣

賢木に白銅鏡・八尺瓊・十握剣を掛けて、仲哀天皇と神功皇后を出迎えた岡県主《おかのあがたぬし》の祖と伊都県主《いとのあがたぬし》の祖まで入れると、畿内王権側についた宗像・水沼・遠賀・糸島の各地の氏族によって太宰府は包囲されていたようだ。

問題は、畿内王権がなぜこの地の氏族を選んだか、である。何のメリットもないような氏族と結びつこうとするだろうか。畿内にとっての九州の魅力は、一に鉄である。弥生の鉄は九州に集中した。古墳時代になってそれを畿内に持ち込んだのは、どの地域の人々だったか。鉄の文化はどこから移動したのか、氏族の結びつきからも見えるのではないかと思う。

糸島には、弥生後期の平原王墓に見られるように国産銅鏡の生産技術があった。これに加えて蹈鞴《たたら》製鉄の原料となる良質の砂鉄に恵まれていたことから、早い段階で鉄生産に成功していたと思われる。

遠賀川下流域は宗像氏がおさえ、上流域では銅が採掘されていた。弥生中期の立岩遺跡では、鉄戈の鋳造が行われていた。鉄を溶かすことができたのである。

書紀によると、宗像三女神はスサノオの十握剣を天照大神が噛み砕いて吹いた霧の中から生れている。まさに、十握剣は岡県主の祖と伊都県主の祖の持ち物である。また、三輪山のある甘木の古墳には、初期の馬具を副葬する。地名の移動から見ても、大和には朝倉や遠賀川流域から人々が入っているようである。

鉄・製鉄技術・馬具・鏡製作技術・制海権を以って畿内に近づいた氏族達の存在が、九州にはあった。結果として、それが徐々に倭国を解体していったのだ。つまり、畿内に近づいた氏族は、古代九州（倭国）の大豪族であったことになる。

近畿でも、権力と富を持つ大豪族族の中から、例えば蘇我日向や蘇我赤兄のように蘇我宗家とは違った行動をとる人物が出ている。それは歴史の流れだろう。一族が危機的状況になった時、分家の人々は新しい道を模索しやすかったのかも知れない。

宗像氏の宗像大社・水沼氏の高良大社・安曇氏の志賀海神社が、古代からの祖先の地で神祀りを続けられたのは、それが王族の末裔の務めであったし、それをさせることが新政権の意向でもあったからではないだろうか。唐が滅亡した百済や新羅の王族に対して祖先を祀ることを許したように。

宗像・高良・志賀海の三社は、いずれも延喜式神名帳の名神大社である。十世紀になって、宇佐神宮などと共に新しい国家守護に組み替えられたと考えられる。

10　沖ノ島祭祀の空白が語るもの

「大和王権の直接祭祀」という定説

玄海灘に浮かぶ沖ノ島は宗像大社の沖津宮・市杵嶋姫鎮座の地で、全島が神域として守られてきた。四世紀から九世紀の祭祀遺跡がそのままの状態で残され、その出土品の豊富さから「海の正倉院」と称されてきた。

沖ノ島で祭祀を執り行ったのは古代豪族の宗像氏で、それは大陸に渡航した大和王権の航海の安全を願った祭祀であるとされている。

沖ノ島の「岩上祭祀・岩陰祭祀」が、「大和王権の祭祀」とされたのは、かいつまんでいえば次のような理由からである。すなわち、出土遺物を質的に見ると当時の北部九州の首長墓の副葬品と共通するが、量的に見ると北部九州の古墳から出土する量を超えるので「大和王権の直接祭祀」である、と。

弥生中期の宗像

弥生中期の釣川流域を見ると、田熊石畑遺跡の墳墓に青銅製武器の集中副葬が見られる。一号木棺（細形銅戈・中細形銅剣4）、二号木棺（細形銅戈・細形銅剣・細形銅矛2）、三号木棺（細形銅剣）、四号木棺（細形銅剣・細形銅矛・細形銅戈）などなど、この遺跡ではすべての墳墓に青銅器が副葬されていた。特定の有力者集団の墳墓群と考えられるが、割竹形木棺を埋葬主体とする点や青銅器の集中埋葬例は、吉武高木遺跡の特定有力者集団墓と共通すると見られている。つまり、宗像地域は「甕棺墓に青銅器が一棺一点」という副葬ではなく、同じ墓域でも墳墓間に格差が認められるということだ。また、銅矛を最上位とし銅戈、銅剣という順位で青銅製武器が取り扱われていた可能性もあるという。この弥生の勢力は、宗像氏とつながるのだろうか。

釣川流域から消えた宗像氏

沖ノ島祭祀の始まりの頃の首長墓とされるのは、四世紀後半築造の東郷高塚古墳（前方後円・64m）である。「古代宗像の基礎を築いた首長墓」とされるが、この後に続く首長墓が釣川流域には見当たらないのである。桜京古墳（装飾）のある牟田尻古墳群は六世紀後半以降で、それまで宗像地域では首長墓の空白時期となっている。

五世紀になって首長墓が継続するのは宗像市に隣接する福津市北部で、七世紀になるころには南部の宮地・手光に中心が移るという。では、宗像氏は釣川流域から福津市側に移り、そこで墳墓を造営し続けたのだろうか。

奈良時代に入ると、宗像神社の神主が郡司を兼任していたそうで、宗形氏（宗像氏）が宗像神社の祭祀を取り仕切っていたようである。しかし、大和王権と宗像神の信仰の関係は、「文献上にも直接的には関係が薄かった」とされている。遣唐使の派遣にも宗像神のかかわりは見られないそうである。

平安時代、平氏は広島の厳島神社に一族の繁栄を願って納経し、平家滅亡の時には四国と九州に追っ手を逃れて落ち延びている。十二世紀に至っても、四国と九州は畿内の権力者の手の届きにくい遠隔地だったのである。四世紀後半に始まるという沖ノ島の祭祀は、いずこの権力者の手にあったのだろうか。

四世紀の大和王権が玄界灘の孤島に宝物を奉献し、以後、九世紀まで在地の宗像氏に祭祀を続けさせてきたという構図には、無理があるように思われる。

沖ノ島の三角縁神獣鏡

沖ノ島祭祀の開始期には、「三角縁神獣鏡を主体とする奉献がI号巨岩周辺でくりかえされ、16号・17号・18号・19号遺跡が数えられる」そうである。中でも、沖ノ島17号遺跡では二十一面もの銅鏡が集積し、経二十センチ以上の大型鏡も含まれていた。「このような状況は、北部九州の古墳ではほとんどみられず」、そのことを根拠に「大和王権の直接関与」(調査報告書)とされてきたのである。

発掘にあたった原田大六は、「古墳の場合これだけの銅鏡を副葬したものであれば墳丘の長さは百から二百メートルにもおよび、円筒埴輪をめぐらしたり器財埴輪を配置して、竪穴式石室に粘土槨、木棺あるいは石棺など豪壮さを誇っているものであるが、この沖ノ島17号遺跡はその遺物内容の豊富さに対して、あまりにも簡単な外部施設であり、まるで弥生文化以前のような原始的かつ簡単な構造だ」(続沖ノ島)と述べている。

原田は更に、「二十一面すべてが仿製鏡であり、しかも重量の軽い銅鏡が多く、無傷は六面だけであとの十五面は損傷のあるものばかりで、きわめて実用性の薄い鏡ばかりである」と指摘している。はじめから祭祀用として製作された可能性もあるそうである。

巨岩の上での祭祀における奉献品には、鏡・石釧《いしくしろ》・車輪石・鍬形石・鉄製武器・鉄製工具・子持勾《こもちまが》玉《たま》・鉄鋌などが挙げられているが、これらは前期古墳の副葬品に通じるとされる。特に、銅鏡は、畿内の盟主的な大形古墳の出土例に匹敵する量が出土していると指摘されている。

ここで、岩上祭祀段階における三角縁神獣鏡の同笵関係を見てみよう。

三角縁二神二獣鏡（沖津宮２１・７㎝・三重県鈴鹿市赤郷古墳）＊小豪族の小古墳
三角縁三神三獣鏡（１６号遺跡２１・７㎝・１８号遺跡・大阪府紫金山・大阪府御旅山・京都百々池）
三角縁三神三獣鏡（１７号遺跡２４・３㎝）
変形夔《き》鳳《ほう》鏡（１７号遺跡・１８号遺跡）
三角縁二神二獣鏡（１８号遺跡・山口県下松市宮州古墳・三重県桑名市）
三角縁三神三獣獣帯鏡（１８号遺跡・宮崎県西都市西都原２号墳）

これらの同笵関係は、近畿周辺の古墳出土鏡とは「分有する状況」が異なるとされる。要するに、沖ノ島出土の三角縁神獣鏡と同笵関係にある鏡は小豪族の副葬品となっているもので、王権から力のある豪族へ「下賜された」とされる同笵鏡の状況とは違っているのである。

岩上祭祀と勝浦峯ノ畑古墳

五世紀半ば、沖ノ島における岩上祭祀は最終段階をむかえ、沖ノ島21号遺跡がその下限とされる。この21号遺跡の六面の銅鏡のうち、「画文帯同向式神獣鏡」が福津市の勝浦峯ノ畑古墳《かつうらみねのはた》（前方後円・100m）から出土した銅鏡と同型鏡（踏み返し鏡）であるという。この鏡は舶載鏡とされ、五世紀後半の江田船山古墳（菊池川流域）や持田24号墳・25号墳（宮崎）の銅鏡とも同型鏡であるという。また、同じく沖ノ島21号遺跡の「獣文帯宜子孫獣帯鏡」も、国越古墳（熊本）、持田1号墳（宮崎）、山の坊古墳（宮崎）と同型鏡だという。

これらは、「ヤマト政権（倭の五王）が中国南朝に入貢した際に輸入したもので、九州と畿内の交渉が新しく成立した段階と考えられる」（小林行雄）とされのである。

勝浦峯ノ畑古墳は、五世紀半ばの古期横穴式石室を持つ前方後円墳である石室には赤色顔料がぬられ、糸島の鋤崎古墳・釜塚古墳・丸隈山古墳や佐賀の横田下古墳と石室構造が似ているという。副葬品としては、銅鏡六面のほか、金銅製冠帽（金製歩揺・金銅製透彫金具付き）、金銅製花形金具、有刻銅釧、ヒスイ勾玉、管玉、棗玉、琥珀丸玉、鹿角製装具付大刀（40振）、銀製装具付素環頭大刀、横矧板鋲留式短甲など、他にも馬具や木心鉄板張輪鐙、杓子形木心鉄板張鐙などがある。この時期、北部九州では最大級の前方後円墳であり、江田船山古墳ともつながる首長の墓なのである。

金銅製の冠帽を持つこの被葬者こそ「沖ノ島21号遺跡の祭祀」をした首長であるとする新説（小田富士雄「沖ノ島祭祀の再検討」2、平成二十四年）が提起されている。

付け加えれば、この後、沖ノ島の岩上祭祀は終了し岩陰祭祀に移るのだが、あいだに百年ほどの空白時期がある。つまり、岩陰祭祀が始まるのは六世紀半ばまたは後半なのである。二つの祭祀には、祭祀場所や奉献品の変化だけではなく、政治状況の変化も反映していると聞く。六世紀前半の「磐井の乱」が大きく影響していると囁かれているのである。

宮地嶽古墳の被葬者のルーツと勝浦峯ノ畑古墳

ここで、勝浦峯ノ畑古墳の被葬者が宗像氏とつながるかという問題であるが、答えはかなり難しい。もちろん、先祖をたどればどこかで姻戚関係が生じていた可能性は十分にある。なにしろ、宗像と福津は隣接しているのだから（背中合わせ）。

ところが、四世紀後半とされる東郷高塚古墳（６４ｍ）からのラインは、後述の福津市の首長墓とはつながらないのである。

同じ四世紀後半の北部九州では一貴山銚子塚古墳が１００ｍを越える前方後円墳で、後漢鏡・三角縁神獣鏡・素環頭大刀を副葬していた。他に同時期としては安徳大塚古墳（那珂川町）などもあり、福岡・糸島地域に大きな勢力があったことを示している。

五世紀に入って勝浦峯ノ畑古墳の時代になると、津屋崎古墳群と総称される墳墓群を持つ大きな勢力が津屋崎（福津市）に生まれている。北から勝浦高原古墳群、新原・奴山古墳群、須多田古墳群、宮地・手光古墳群と、大きく四つに区分される墳墓群である。これらの古墳群は、最終段階の巨石室を持つ宮地嶽古墳（宮地・手光古墳群）とラインでつながっている。

①勝浦峯ノ畑古墳（五世紀中・前方後円９７ｍ）↓在自山《あらじ》↓宮地嶽古墳　＊奴山２２号墳（五世紀

前・前方後円８０ｍ）はややずれる

②勝浦高原古墳（六世紀後・前方後円４９ｍ）→在自山→宮地嶽古墳

③須多田天降天神社古墳（六世紀前・前方後円８０ｍ）→須多田下ノ口古墳（六世紀後・前方後円８３ｍ）→宮地岳→宮地嶽古墳

④宮地嶽古墳→在自剣塚古墳（六世紀後・前方後円１０１ｍ）→牧神社（勝《かつ》島・勝浦漁港の北）

①②を見ると、宮地嶽古墳は在自山を通して勝浦峯ノ畑古墳の勢力や霊力を継承していると言える。奴山２２号墳は新原・奴山古墳群の中で最大の前方後円墳である。①のラインからは墳丘部が若干ずれるが、五世紀前半の時期の首長墓とされる。③の須多田天降天神社古墳も須多田下ノ口古墳も首長級の前方後円墳であり、④の在自剣塚古墳はこの時期最大級の墳丘規模である。これらの首長墓がラインで宮地嶽古墳と結びついている。在自山は、「あるじ山」かも知れない。津屋崎の主の山という意味である。

宮地嶽古墳から出土した金銅製透彫冠（上）と金銅製壺鐙（下）

　宮地嶽古墳の被葬者は、これらの津屋崎古墳群を構成する勢力の最終段階の盟主と言えるだろう。同古墳周辺からの出土物には、金銅装頭椎太刀（３ｍ以上）、金銅製鞍金具や金銅製壺鐙などの馬具類、金銅製透彫冠、瑠

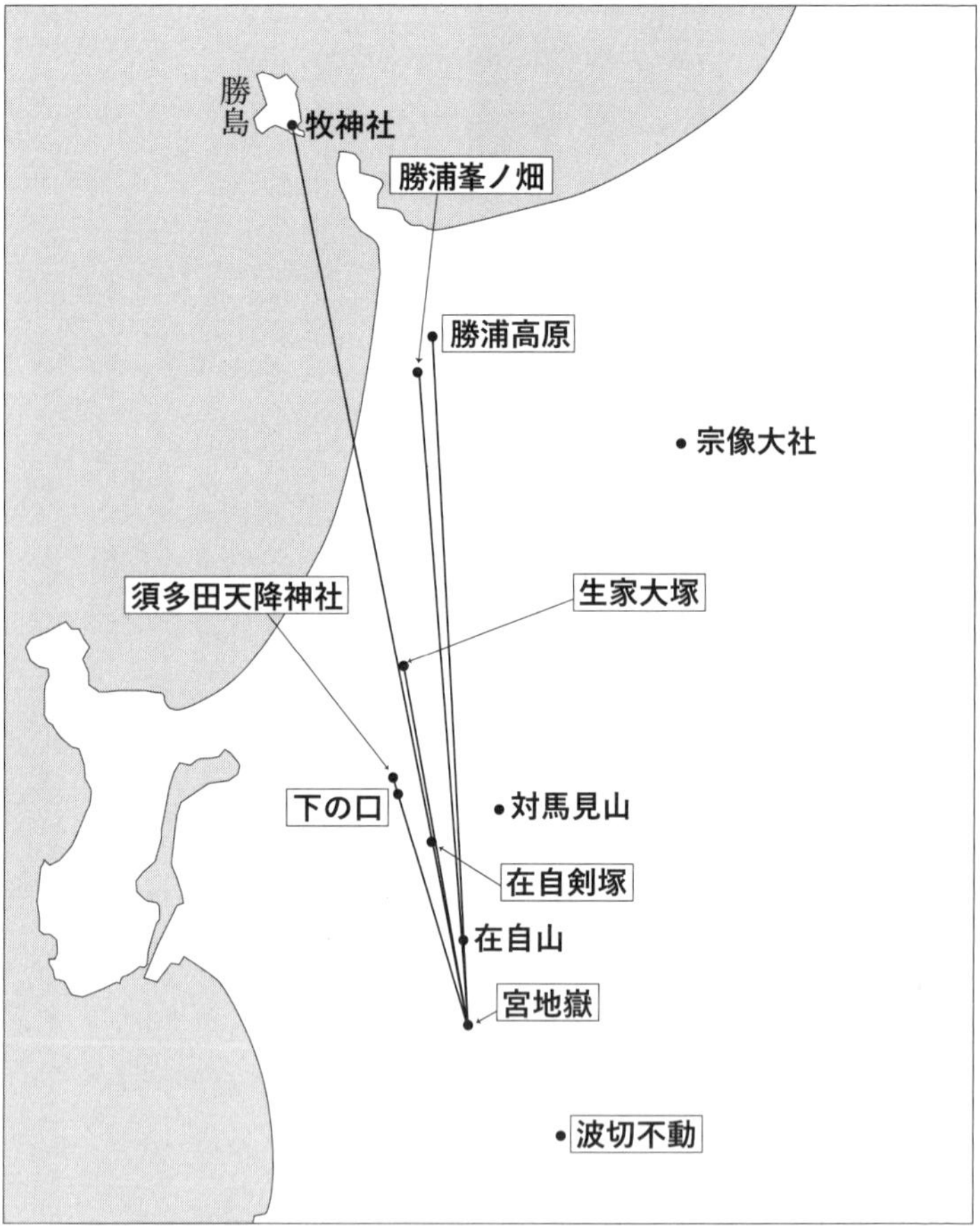

図21　宮地嶽古墳からのライン

璃板、瑠璃丸玉などがあり、すべて国宝に指定されている。

では、これらの津屋崎の権力者達が「宗像三女神」を祀っていたのかというと、それは考えられない。宮地嶽神社の祭神は「勝村《かつむら》大神・勝頼《かつより》大神」である。このような神名は希少と言えるが、古来より守られてきた祭神の御名である。両祭神に共通するのは「勝」であり「かつ」と読む。

津屋崎町の最北は勝浦漁港であり、すぐ北には勝島がある。「勝島」という島の名は、四国の「小勝島」以外地図検索でも見当たらない。「勝」は津屋崎あたりを手中にした盟主の名にかかわるのではないだろうか。「勝浦」という地名からしても、勝浦峯ノ畑古墳の被葬者は宮地嶽古墳の被葬者の祖先と深い関係があるように思えるのである。

気になるのは、宮地嶽古墳の祭神の御名の「かつ」である。六世紀前半、筑紫国造磐井の罪に連座することを恐れて「糟屋屯倉」を手放したとされる筑紫君葛子は、「くずこ」と読まれているが、「くず」は「かつ」であった可能性もある。その後の「葛子」の消息が気にかかる。

右は四塚山、左に勝島、背後に大島が見える（勝浦漁港から）

勝島の不思議

勝浦・勝島の地名の由来が気になるが、勝島そのものが妙である。近くの地島《じのしま》と大島は島名として違和感がないが、勝島はまるで戦いに行く前に「戦勝祈願」をした所みたいではないか。

更に、牧神社の存在である。山を海に浮かべたような無人島に「牧」はなかろうと思われる。

この牧神社であるが、ラインで見ると不思議なことに佐賀県呼子の田島神社と鐘崎の織幡神社という二か所の延喜式内社（名神大）に挟まれている。小さな無人島の牧神社を、式内社二カ所のラインが貫くとは、余程のことである。

田島神社（名神大）→牧神社→織幡神社（名神大）→鬼ヶ城（山口県）

鬼ヶ城は日本書紀にある「長門城」説もあるが、ここからラインを南下させると、御所ヶ谷神籠石に届く。

鬼ヶ城→生野神社（宮山古墳）→天疫神社→御所ヶ谷神籠石
勝島に戻るが、実はこの無人島は津屋崎ではなく、神湊に属しているのである。

神湊は、言うまでもなく沖ノ島に渡る港である。宗像大社の秋の大祭「みあれ祭」では沖津宮と大島の中津宮から二女神を迎える、岬の付け根に位置した港である。岬の丘には宗像神社（石祠）があり、そこで神迎えの神事が行われる。

石祠が岬の山に向かって鎮座しているように見えたので地元の人に尋ねてみると、次のような答えが返ってきた。

「大切にされている山で、四塚山《よつづかやま》と言います。この山の彼方の線上に沖ノ島があると聞いています。宗像の湯川山《ゆがわやま》、孔大寺山《こだいじやま》、城山《じょうやま》、権現山の四山を四塚山というから、この山はそのことを表しているのでしょう」

家に帰って沖ノ島までラインを引いてみた。宗像の四山はそもそも山頂が直線にならない。しかし、神湊の岬の石祠（宗像神社）からのラインは見事な結果を示してくれた。

石祠↓勝島の最高地（98ｍ）↓大島の北の宮（沖ノ島を遥拝する宮）↓沖ノ島（最高地244ｍ）

石祠（宗像神社）から勝島の山頂を通過したラインは大島の中津宮を通らず、島の北側にある沖ノ島を遥拝する小さな社殿を通った。しかも、確かに岬の「四塚山」をラインが通っているのである。やはり昔もここで祭祀を行っていたのだろうと思った。どのくらい昔であるかが問題ではあるが。

参考までに宗像大社辺津宮がかかわるラインをあげてみると、次のようになる。

沖ノ島（山頂244ｍ）↓大島（通過するのみ）↓宗像大社本殿↓竹原古墳（宮若市）

ラインは、大島の中津宮にも神湊の石祠にも、当たらない。強いてラインを伸ばすと宮若市の竹原古墳に届く。

宗像大社↓若宮八幡神社（宮若市）↓英彦山（中岳）のラインもできることは、宗像氏が遠賀川流域の人々との結びつきが強いということを示している。飯塚市には「徳善」という地名もあるが、宗像君徳善のゆかりの地だろうか。

宗像神が沖ノ島に降りたのはいつか

ここで、いまも女人禁制で、男子も宗像大社の許可なしでは渡れない神の島、見たことを話してはならず、一木一草島外に持ち出してはならない「お言わずの島」について、恐れ多くも話したいことが出てきた。

すなわち、古代に沖ノ島祭祀を行っていたのは宗像地域の人々ではないのかも知れないということ

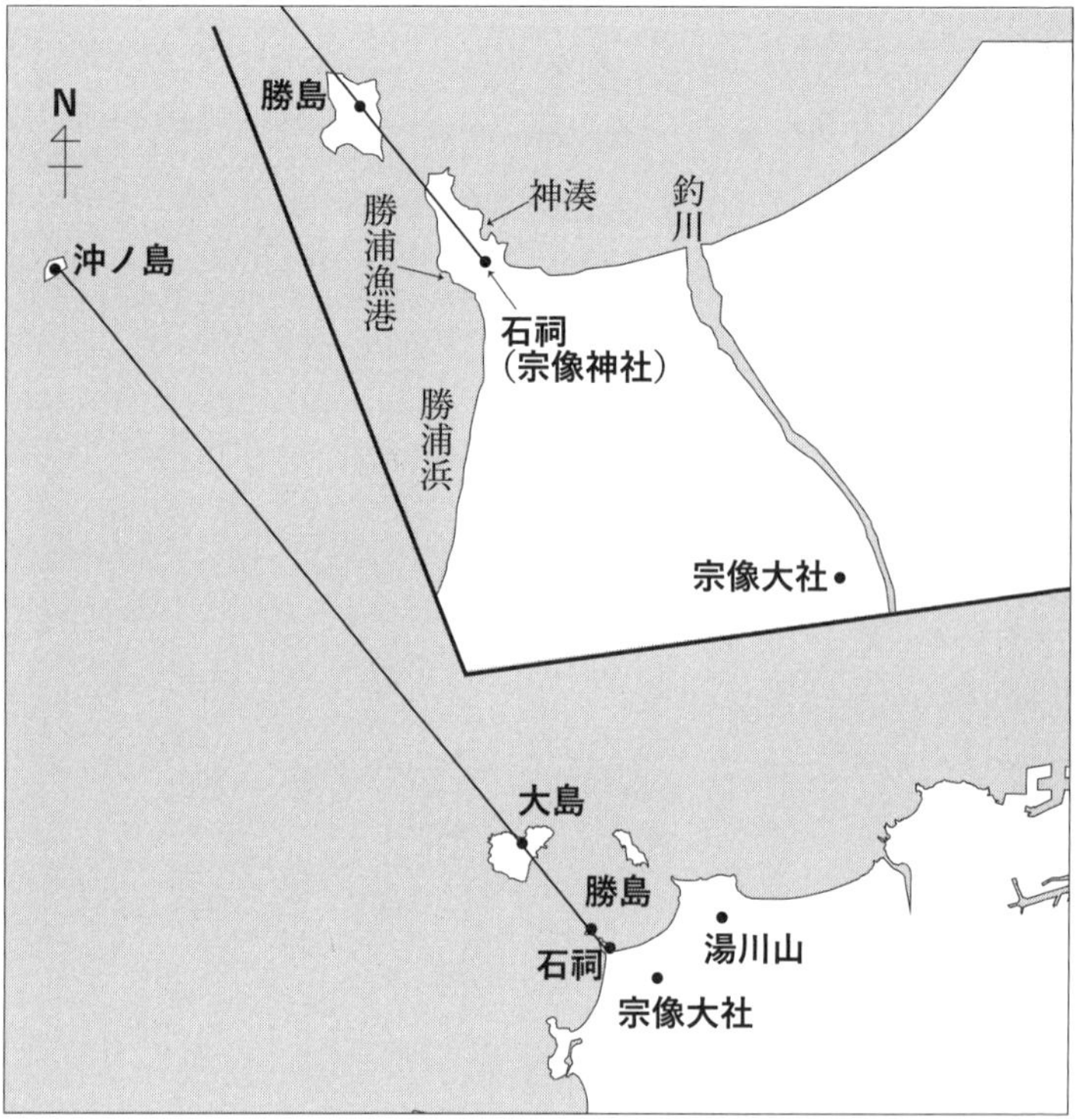

図22　石祠から沖ノ島へのライン

石祠（宗像神社）から見る四塚山

である。沖ノ島での祭祀はもともと津屋崎側の人々が行っていて、それは「航海の安全」というよりは「戦勝祈願」に近いものだったのではなかったかということ。

四世紀の後半から五世紀の倭国は、倭の五王の時代である。航海の安全祈願も十分考えられようが、刀剣・短甲・冑などの武器の墳墓への副葬から見ても、彼らは戦の中にあったようだ。彼らの願いは何にもまして、まず戦に勝つことだったのではないか。怖い話だが、海を渡って戦う時の奉献品が岩上祭祀として残されたのではないだろうか。

そして、その倭王一族の中に「勝村大神・勝頼大神」の姿もあったのではないか。代々「かつ」を名前に継承した人々の長として。

大陸の王朝に対する倭の五王の遣使記録を見てみよう。
四一三年（倭王・讃）東晋に方物を献ずる
四二一年（倭王・讃）宋に朝献し、高祖から除綬の詔をうける（称号は不明）
四二五年（倭王・讃）宋に司馬の曹達を遣わし、文帝に方物を献ずる
四三〇年（倭王・讃？）宋に遣使し、方物を献ずる
四三八年（倭王・珍）宋に遣使し、使持節・都督倭百済新羅任那秦韓慕韓諸軍事・安東大将軍・

倭国王と称し除正を求める・「安東将軍・倭国王」
四四三年（倭王・済）宋に遣使奉献する・「安東将軍・倭国王」
四五一年（倭王・済）宋の文帝から「使持節・都督倭新羅任那加羅秦韓慕韓六国諸軍事」を加号
される・「安東将軍」
（倭王・済）「安東大将軍」に進号
四六〇年（倭王・済？）宋に遣使し、方物を献ずる
四六二年（倭王世子・興）宋に遣使貢献する・「安東将軍・倭国王」
四七七年（倭王・興）宋に遣使し、方物を献ずる
四七八年（倭王・武）興死して、弟の武立つ。武は自ら「使持節・都督倭百済新羅任那加羅秦韓
慕韓七国諸軍事・安東大将軍」と称し叙正を求めたが、順帝が聴したのは「使持節・
都督倭新羅任那加羅秦韓慕韓六国諸軍事・安東大将軍」だった
四七九年（倭王・武）斉の高帝、王権樹立・武を「鎮東大将軍」に進号する（但し、遣使記事なし）
五〇二年（倭王・武）梁の武帝、王朝樹立・武を「征東大将軍」に進号する（但し、遣使記事なし）

倭王たちが大陸の王朝にたびたび朝貢したのは、朝鮮半島における軍事的な優位性を確保するため
であろう。そのために、新羅・百済・任那・加羅・秦韓・慕韓という半島の国々をも含めた諸軍事・
安東大将軍と号することを望んでいる。

五世紀の宋王朝は、父子・兄弟・親族で殺戮を繰り返して帝位を奪い合っていた。その権力者の交代を倭王たちはつぶさに知って朝貢している。半島と大陸に頻繁に往来していたのは、半島に情報網

を持ち軍事介入できる状況にあったということだろう。

しかし、宋王朝の滅亡後、倭王の遣使記録は途絶えている。梁朝以降は進号記事もなくなっている。そこには何があったのだろうか。考えられるのは、①中国南朝の冊封体制からの倭国の離脱と、②六世紀の政変（磐井の乱）である。

宗像三女神が「航海の安全」を守る神として沖ノ島に降りたのは、この六世紀の政変後のことではないのか。そう考えると、岩上から岩陰への祭祀の形式の変化の説明がつくと思えるのである。

勝浦浜の悲劇

万葉集には「大船」で始まる歌が二十五首ほどはある。「大船」とは遣唐使船のような大きな公的な船のことである。

大船尓《おほふねに》　真梶繁貫《まかじしじぬき》　水手出去之《こぎでなば》　奥者将深《おきはふかけむ》　潮者干去友《しほはひぬとも》（巻七「寄海」・詠み人知らず）

「真梶しじぬき」とは、たくさんの櫂を取り付けた船の状態である。「大船の左右に櫂をたくさん取り付けて漕ぎ出るが、干潮であっても沖は深いのだ」となるが、船が大型化している。

沖ノ島に新たな岩陰祭祀が始まるころ、外洋を航海する船は次第に大型化していった。それまで砂浜につなぎ留められていた船は、湾内に停泊するようになっただろう。

勝浦浜は、福岡県下で一番長い白砂海岸である。砂浜を横切って海に流れ込む川がないのは、勝浦浜がもともと長い砂嘴で渡半島とつながっていたためである。縄文時代には海が津屋崎から砂嘴の内側深く勝浦あたりまで入り込んでいて、天然の良港だっただろう。万葉集に「桂潟《かつらがた》」と読まれているのは、まだ海が残っていたのである。渡半島の「わたり」は「船で外国へ渡る」という意味から出た地名だろう。

勝浦漁港は長い勝浦浜の一番北にあり、小船が数隻繋留できる桟橋が一本海に突き出ているだけである。この漁港から三百メートルも東に歩けば、前述の宗像神社の石祠の横を通って神湊漁港に着く。そこには、あまりに違う港の光景が広がっている。大島に渡るフェリーが横付けできる桟橋があり、漁船も真新しい船首を並べている。港には観光客を迎えるビルも広い駐車場もあり、高い防波堤の向こうにはテトラポットが波を砕いている。勝浦漁港と神湊漁港の風景の差は、行政区域の違いから生まれたものであろうか。

勝浦漁港は旧津屋崎町（福津市）だが、その領域は砂浜海岸のみである。説明しにくいが、この漁港につながる細い海岸道路は津屋崎町（福津市の所管）だが、他の土地いっさいが玄海町（宗像市）に属しているのである。道ができる前は、勝浦側からはよその土地を通るか波打際を通らなければ勝浦漁港へは行けなかったのではないだろうか。漁民は港の周りに住めないばかりか、もともと住む土地がなかったのだ。

この状況はどのようにして生まれたのかわからないが、地図上ではかなり異様である。何があったのだろうか。勝浦の人々が「勝浦漁港」を手放さなかった理由には、この地域の歴史の真実が隠れているように思える。

ここで紹介したいことは、前述のことに加えて「寛永の津屋崎六人衆（義民六士）」の物語である。津屋崎町史に載せられた「筑前国続風土記拾遺」にも、この寛永十七年（１６４０）の勝浦浜のできごとが書かれている。これによると漁場争いは弘治二年（１５５６）から度々あったようだ。

〈津屋崎の漁人等無理にかの漁場を奪い取らんとす、勝浦の漁人等先例をあげて是を府庁に歎訴しければ、古格分明なればとて、この度も沙汰を勝浦浜につけ給い、津屋崎のものども非分を咎めて、弁指をはじめ頭立たるもの六人まで斬罪に所せられける、その後有司のあつかいによりて、白石の網場を勝浦より津屋崎にあたえて、年毛の海辺松原という所の磯山に割石を標に立て、この後遂に両浦の争い止みぬれども勝浦の漁場削られて、産業の広がらぬを歎くこと今に至りてやまず。〉

一九九四年ごろ、旧津屋崎町に「義民六士」の取材に行ったときに聞いた話は次のようなものだった（もちろん、勝浦にもこの話にかかわる悲話が残っている）。

津屋崎漁港。対馬見山、在自山、宮地嶽が見える

〈江戸時代の初めころ、勝浦と津屋崎の漁民の間では漁場争いが絶えなかった。それは、かなり昔から続いていて、宗像大社の大宮司にも調停を頼んでいたが、埒があかなかった。その頃、津屋崎は三百戸、勝浦は百二十戸と、戸数の割に津屋崎海岸では漁場が狭いというのである。津屋崎の庄屋佐兵衛は、相談のすえ六人で福岡藩に直訴した。

直訴はご法度であるが、奉行は申し出を聞き入れ「三百貫の大石を六人で担ぎ、力尽きた所を境とする」とした。六人は身命を賭して大石をもっこで担ぎ十町ほども歩いたので、あわてた奉行が綱を切り、そこが境となった。

この後、六人は罪人として処刑されることになり、福岡藩の牢屋に入れられた。「罪人ではなく義民である」と熱いみそ汁を六人にふるまった博多の某家にたいして、庄屋佐兵衛は末代まで恩を忘れてはならんと、子孫に味噌の材料の大豆を送るよう遺言した。

六人の首塚は津屋崎の教安寺にあり、白石浜に佐兵衛の歌碑もある。明治になって六人の子孫が集まった写真も残されている。〉

博多の某家と津屋崎漁協は今も交流があるようで、漁協の方が「某家から今年も頂きました」と団扇を見せてもらい、それを分けてもらった。

勝浦浜に残る義民六士の話を悲劇だと思うのは、彼らの本当の思いが伝わっていないのではないか、単なる漁場争いではなかったのではないか、と考えるからである。

庄屋佐兵衛をはじめ、行動を起こした六人は「弁指《べんさし》」と呼ばれる名主のような指導者である。地域の指導者が、なぜに勝浦浜にこだわったのだろうか。干拓と塩田開発により内海は狭くなっていたが、津屋崎はまだ入り江が広く残り、天然の良港を保っていたのである。外海しか使えなくなっていた勝浦より、恵まれていたはずである。

六人の中にあったのは、先祖が敬い続けてきた勝浦浜への断ちがたい思いだったのではなかろうか。あの地は、先祖が守っていた土地であると伝え聞いていると。それは、勝浦の人々にとっても同じであろう。先祖が守った土地を、どんなに住む者が少数でも守りたいという。そこは王と共に海を渡る船をつないだ浜であり、王と共に祭祀をした土地だったというかすかな記憶が残されていて、勝浦と津屋崎の人々は実は同じ記憶に動かされていたのではないか。お互いにそれを知ることはなかったことと、そこに悲劇を感じるのは思い込みだろうか。

三章

倭国を消した大王

大宰府政庁址・背後に大野城

1　七世紀の政変と天智天皇

三つの政変

七世紀には三つの政変が起こった。六四五年の大化改新（乙巳の変）、六六三年の白村江の戦い、そして六七二年の壬申の乱である。ここで古代が大きく変わった。この三つの出来事にかかわったのが天智天皇（中大兄皇子）である。

「大化改新」は、中大兄皇子が中臣鎌足と謀って蘇我氏を滅ぼしたクーデターのような政変だった。中大兄は太子でありながら皇位につかず、叔父の孝徳帝が即位して「改新の詔」を出している。政変を準備した首謀者は孝徳帝だったともいわれるが、即位後に難波宮に置き去りにされた状況を考えると疑問が残る。しかし、若い皇子が政変の首謀者だったとも思えない。

「百済救援」のために九州まで来ていた中大兄は、斉明天皇崩御後に飛鳥へ戻り、白村江戦敗戦の後始末もしていない。その後、六年間も称制して即位したが、在位は六六八年から六七一年と短い。その四年間に、天智天皇は「日本」と国号変更をして新王朝の基礎を築いたことになっている。

壬申の乱は、天智天皇崩御後に後継者・大友皇子を大海人皇子が倒した内乱である。日本書紀が巻第二十八で壬申の乱を詳しくとりあげたのは、大友皇子（近江朝）を倒す理由が希薄だった大海人皇子（天武朝）の正統性を説かねばならなかったからだろう。

ここでは、天智天皇が白村江戦後から崩御までの十年間にどのように王朝を築いたのか。九州がどのように造り変えられたのかを考えてみたい。

天智帝の皇統

日本書紀の天智紀の冒頭には「息長足日《おきながたらしひ》広額《ひろぬか》（舒明）天皇の太子なり。母を天豊財重日足姫《あめのとよたからいかしひたらし》（皇極）天皇と申す」と書かれている。

母の天豊財重日足姫天皇は、渟中倉太珠敷《ぬなくらのふとたましき》天皇（敏達）の曾孫で押坂彦人大兄《おしさかのひこひとおおえの》皇子（舒明天皇の父）の孫であり、茅渟《ちぬ》王の娘・宝女王である。はじめ橘豊日（用明）天皇の孫である高向王に嫁ぎ、漢皇子（他に記述がない）を生んでいる。

舒明天皇に嫁いで二男一女をもうけたと書かれているが、皇后に立ったのは舒明天皇の二年である。元年には他の血筋の強い方（敏達帝と推古帝の間に誕生した田眼皇女とか）が皇后に立たれていたのだろうか。

敏達天皇の場合も広姫皇后が立后後に一年足らずで薨去し、後の推古天皇が皇后に立っている。同じことが、舒明帝のときも起きたのか。

敏達帝の崩御後は、中大兄は太子ではなく皇極帝の「皇太子」と書かれている。皇極四年（６４５）の乙巳の変による皇極天皇の譲位（譲位の初例）で叔父の軽皇子（孝徳）が皇位につくと、この時も中大兄は孝徳帝の皇太子となり、その孝徳帝の崩御後には中大兄ではなく母の斉明帝が皇位に着いている。しかも、斉明天皇崩御後、中大兄は皇位につかず長く称制している。皇位につける年齢でありながら、称制である。そして。即位四年後に崩御。

天智天皇は娘四人（大田皇女、鸕野皇女、新田部皇女、大江皇女）を大海人皇子の妃としていたのにも関わらず、壬申の乱がおこった。他にも、御名部皇女は高市皇子妃、阿閉皇女は草壁皇子妃（元明天皇）、山辺皇女は大津皇子妃と、皇女は次々に大皇弟・大海人皇子の家族となっている。が、固い絆も役に立たなかった。なぜ、戦いが避けられなかったのか。

推古三十四年（６２６）の生まれとされる天智天皇には、「舒明天皇の実子ではないという説」があるそうである。立后の前に高向王との間に生まれた漢皇子ではないかという。

一つの可能性としてであるが、天智天皇は斉明天皇の連れ子であったが、舒明天皇の太子となった。実子ではなかったので、舒明天皇が皇太子に望んだのは大海人皇子（天武天皇）の方であった。それが故に二人の確執が深まった、と。「中大兄」という呼称も微妙である。大兄とは後継者のトップの意味であるが、「中」という中継ぎの意味がついている。大兄の他にも、太子、皇太子、大皇弟、東宮と、後継者を意味する書紀の表現は微妙だ。

舒明天皇の十三年、宝女王（皇極天皇）が皇后に立って十一年目に、舒明天皇は崩御（舒明三年の生まれという大海人皇子は九歳か）。この時、中大兄皇子は、「東宮開別《ひらかすわけ》皇子（中大兄）、年十六にして誄《しのびごと》をたてまつりたまう」のである。大臣や有力者が申し述べる誄を、東宮が述べている。中臣鎌子が蘇我氏を誅するために近づいた皇子である中大兄は、本当に東宮だったのだろうか。天智天皇には謎が多すぎる。

皇太子の称制

次に、「称制《しょうせい》」であるが、史記・呂后紀に「大后称制」とあるように、中国では本来、太子が幼少のとき皇太后が代わって政令を行うことを意味する。ところが日本では、天智天皇が斉明天皇崩御後に称制して七年正月に初めて即位したこと、また、天武天皇崩御後に持統天皇が「臨朝称制」して四年正月に即位したことからは、「先帝が崩じた後、いまだ即位の儀が行われずに執政すること」を意味するようである。

別の資料・藤氏「家伝」には、斉明天皇崩御後に朝倉行宮にて「皇太子素服称制」とあり、「斉明十四年皇太子摂政」とある。六四五年には十九歳くらいになっていた中大兄皇子は、六六三年、白村江の戦の時には三十半ばを越えていたはずである。しかし、その年で称制したということは、天皇になるべき人の成長を待っていたことになる。それが、大海人皇子だったのだろうか。

天を冠した和風諡号

和風諡号《わふうしごう》についても考えてみたい。諡号とは、天皇の死後に贈られた「諡《おくりな》」である。

和風（国風）諡号がいつから用いられるようになったかは、はっきりしない。大宝三年（７０３）、持統天皇の火葬の前に「諡たてまつりて大倭《おおやまと》根子《ねこ》天之《あめの》広野《ひろの》日女《ひめ》尊ともうす」と、「続日本紀」に書かれているのが初出である。先帝崩御後の送葬儀礼の一環として、先帝の血筋が正しく継承されたものであるを称揚するとともに和風諡号が贈られている。

諡が葬送儀礼に用いられたのは欽明天皇からだとする説もある。「天」という字が用いられるのは、欽明朝からで、そこに王朝の血統が述べられているのだろう。欽明天皇は継体天皇の皇子である。継体天皇は大和に入るのに二十年を要したが磐井の乱を制圧し、武烈帝の姉の手白香《たしらか》皇女を皇后に迎えて皇統をつないだ。

手白香皇女との間に生まれた欽明天皇は大事にされたようである。手白香皇女によって雄略・武烈の皇統が欽明に継承され、欽明は宣化天皇の皇女の石姫《いわのひめ》を皇后に立てて敏達天皇に皇統をつたえた。敏達が皇后に立てたのは、前述の息長真手《おきながまて》王の娘・広姫である。皇后広姫が立后の年に亡くなったので、次に皇后に立ったのが蘇我氏の血筋で後の推古天皇だった。

敏達帝崩御後、蘇我氏の血筋である用明天皇や崇峻天皇に皇位が移る。続く推古天皇の御代に、山背大兄（聖徳太子の子）と田村皇子（舒明）との間に皇位継承の争いの兆しが見えたが、蘇我氏自らが山背大兄一族を滅ぼしたことにより、皇位は再び敏達の嫡孫の舒明天皇（母は糠手《ぬかて》皇女）に移る。

つまり、舒明天皇の皇統をより強く継承しているか否かが、天智・天武の明暗を分けたのではないだろうか。中大兄が斉明天皇の連れ子となると、欽明帝→桜井皇子→吉備姫・茅渟王→斉明帝→天智帝となる。欽明帝→敏達帝→押坂彦人大兄→舒明帝・斉明帝→天武帝となる大海人とでは、中大兄の方が皇位を継承する可能性が薄くなると思われる。二人に贈られた和風諡号を見ても、天智は欽明の血筋を主張し、天武は敏達の皇統を主張している。

ちなみに欽明帝の兄である安閑・宣化の両天皇の諡号には、「天」の字は用いられていない。「広国押武金日」「武小広国押盾」である。共通して「広」が使われている。欽明天皇が幼年だったことから武烈帝の血筋ではない兄の安閑・宣化天皇が先に即位したことが、諡号からも読み取れるのである。

漢風諡号と倭風諡号を欽明帝から持統帝まで並べてみた。

欽明　天国排開広庭天皇（アメクニオシハラキヒロニワ）
敏達　渟中倉太珠敷天皇（ヌナクラフトタマシキ）
用明　橘豊日天皇（タチバナノトヨヒ）
崇峻　泊瀬部天皇（ハツセベ）
推古　豊御食炊屋姫天皇（トヨミケカシキヤヒメ）
舒明　息長足日広額天皇（オキナガタラシヒヒロヌカ）
皇極　天豊財重日足姫天皇（アメトヨタカライカラシヒタラシヒメ）
孝徳　天万豊日天皇（アメヨロズトヨヒ）
斉明　天豊財重日足姫天皇（皇極に同じ）
天智　天命開別天皇（アメミコトヒラカスワケ）
天武　天渟中原瀛真人天皇（アメノヌナカハラオキノマヒト）
持統　高天原広野姫天皇（タカマノハラヒロノヒメ）＊大倭根子天広野日女尊

欽明天皇か持統天皇の時代のどちらかに諡号を贈る儀礼が生じたとしたら、天智・天武は当然のことながら業績や血筋を主張した諡号になっているはずである。

ただ「天（アメ）」が俀国の阿毎多利思北弧の「阿毎」氏を継承しているのなら、これはゆゆしきことである。和風諡号に「天」の字を持つ天皇は、九州の皇統だということになるからである。

天智と天武の漢風諡号

では、二人の漢風諡号《かんぷうしごう》は、どんな意味合いを持っているのだろう。奈良時代に淡海三船《おおみのみふね》が歴代天皇（弘文と文武を除く神武から元正まで）に漢風諡号を一括撰進したことが、「釈日本紀」所引「私記」に記されている。淡海三船は歴代天皇を十分に理解して撰進したようである。平安時代には、まだ七世紀の出来事が様々な形で言い伝えられていただろうし、淡海三船だけでなく貴族達は歴代天皇の出自をはっきり伝承していたであろう。

森鴎外は、「天智」と「天武」の二人の関係を漢風諡号で解こうとした（帝諡考《ていしこう》）。漢風諡号には二人の深い亀裂が表現されているという。ここで暗示されているのは、天智の王朝が天武帝により滅ぼされたことである。

はたして、天智朝から天武朝へは皇統の継承ではなく、王朝の交替なのだろうか。古代九州を造り変えた天智天皇が王朝を樹立するまでに何があったのか。

天智天皇の時、歴史上の倭国は消えている。倭国はどのようにして消えていったのか。書紀でそれが読めるだろうか。

2　中大兄皇子の謀

大化の改新

孝徳帝と交流のあった中臣鎌足が中大兄皇子に近づき親密になり、蘇我入鹿の暗殺計画を立てる。中大兄は蘇我倉山田石川麻呂に近づき、謀《はかりごと》を打ち明ける。そして、入鹿を大極殿に討つ。入鹿の父の蘇我臣蝦夷は誅殺される時、聖徳太子と編纂した天皇記、国記、珍宝などを焼き、蘇我の本家は滅亡した。大化改新は蘇我本家を討つことで成り立ったのだ。

中大兄は鎌足と相談して孝徳帝に即位をすすめる。それから大化と改元し、妹の間人皇女を孝徳帝の皇后に立てる。

様々な改革が進む大化元年九月、古人大兄の謀反が起こる。古人大兄は蘇我馬子の孫で、舒明天皇の皇子である。

入鹿が斬られた後、皇子は家に逃げ帰って門を閉ざし、吉野に入って出家した。しかし、吉備笠臣垂が自首して「吉野の古人大兄の謀反」を中大兄に告白した。中大兄は佐伯部子麻呂等に命じて、古人大兄と子を斬らせた。妃妾は縊死している。こうして、馬子の孫の皇子一家は絶えた。

古人大兄が出家したにもかかわらず斬られたのは、皇位継承ができる血統を伝えていたからである。

天智天皇が即位した時、皇后に倭姫を立てているが、倭姫は古人大兄皇子の娘である。皇后になれる王家の女性だったのである。古人大兄（皇位継承者）を斬った佐伯部子麻呂は最後まで中大兄（天智帝）に仕えた。天智五年に病に倒れた時には、天智帝の見舞いを受けて長年の功績を感謝されている。

蘇我倉山田石川麻呂の排斥と孝徳帝の崩御

大化五年三月、蘇我臣日向は自分の異母兄の倉山田石川麻呂を讒言、「遠からず謀反するであろう」という日向の言葉を信じた中大兄は孝徳帝に知らせる。天皇が使いを送り問いただすと、石川麻呂は「直に天皇に申し述べる」と答えたが、軍兵が大臣の邸宅を囲んだ。大臣は大倭の自分の寺に入り、三男一女と共に縊死した。蘇我日向達は軍兵をひきいて大臣の寺を囲み、遺体を斬刑にした。

連座して斬られた者は田口臣筑紫など十四人、絞刑に処せられた者九人、流刑は十五人。没収された大臣の邸宅に「皇太子のもの」と書かれた良書・重宝が残されていたことが分かり、中大兄は大臣の潔白を知る。

大臣石川麻呂の娘で皇太子妃になっていた造媛《みやつこ》（美濃津子娘）は嘆き悲しみ、やがて亡くなった。同じく大臣の娘の遠智娘《おちのいらつめ》は、太田皇女・宇野皇女（持統天皇）などの皇女を生んでいる。蘇我本家が断絶しても、蘇我分家は皇后を生むべき娘を出せる家系だったのだ。蘇我本家も有力な分家（倉山田石川麻呂）も、中大兄が潰した。

この後、蘇我日向は筑紫大宰帥になったとされる。筑紫野市の古刹・武蔵寺は、日向の創建と伝える。日向は大宰府で何をしていたのか。

大化が白雉と改元されて四年、中大兄は「倭京に戻りたい」と、間人皇后と母の皇太后を奉じて飛鳥川辺行宮に移り住んだ。新築した難波長柄豊崎宮に一人残された孝徳帝は怒り、皇位を去ろうと山崎に移り住む。その怒りの中に病に倒れ、翌白雉五年冬に難波宮で崩御。

有馬皇子の謀反と仕掛け人

斉明帝即位後、孝徳帝の皇子の有間皇子《ありまみこ》は「陽狂《いつはりたぶれ》」（狂人をよそおう）していたが、斉明四年、天皇が紀の湯に行幸中に中大兄の策に落ちた。

十一月三日、留守官として全権を任されていた蘇我赤兄は有間皇子に語る。「天皇（斉明）の政治に三つの過失がある。大きな倉を建てたこと、長い溝を掘ったこと、石を積んで岡にしたこと」と。皇子は喜んで赤兄の家で謀をめぐらしたが、その夜中に赤兄は皇子の家を囲ませて駅馬を天皇の許へやり謀反を奏上した。

十一月九日、皇子と、坂合部連薬、守君大石、塩屋連鯯魚《このしろ》は捕らえられ、紀湯《きのゆ》に護送された。「何故、謀反するか」と問われた十九歳の有馬皇子は、「天《あめ》と赤兄とが知っている。私は全く知らない」と答えるが、十一日には藤白坂で絞刑に処される。

家なればけに盛る飯を草枕旅にしあれば椎の葉に盛る

岩代の浜松が枝を引き結び真幸くあればまたかえり見む

護送中の皇子の歌である。斉明帝について紀湯にいた義母の中皇命（間人皇后）は、

君が世も我が世も知るや岩代の岡の草根をいざ結びてな

と詠んだ。皇子の運命がわかったとしても、義理の母として何もできなかったであろう。

この謀反は、有馬皇子が強力な皇位継承者だったことから仕組まれたものだ。謀反にかかわった者のうち、塩屋連鯯魚と舎人の新田部連米麻呂は斬刑となり、坂井部連薬と守君大石は流罪となった。流罪の二人であるが、坂井部連薬は壬申の乱で近江方の将として戦死、守君大石は白村江の戦の時に百済救援軍の将軍となり、天智四年には唐に派遣されている。二人は、密かに中大兄の指示を受けて有間皇子を陥れる策の片棒を担いだのだろう。中大兄の全幅の信頼を得ていた蘇我赤兄は、後に左大臣にまで上り詰め、壬申の乱では大友皇子に忠誠を誓っている。

「征西」は「救援」だったのか

次は白村江戦であるが、百済は六六〇年にすでに滅びている。畿内の人々は百済救援に出発する前から、「夜中に理由もなく船の舳先の向きが反転していた」と、敗れることを予想していた。女帝はそのことを承知して出かけたのだろう。

書紀の斉明七年正月六日、「御舟は西に征きて、始めて海路に就く」と書かれ、熱田津を経て、三月一日に娜大津に至る。救援軍ではなく征西とは、九州を平定に行く意味である。

中世の後醍醐天皇の皇子の懐良《かねなが》親王は、九州へ征西大将軍として遣わされた。書紀の「征西」と同じく、西を扼する意味であろう。

斉明帝一行は娜県の磐瀬行宮に入り、娜津を長津と改めた。五月、朝倉の橘広庭宮に入り、七月、斉明天皇は朝倉にて崩御。皇太子は、長津宮で素服して称制。十月、棺は帰途に着く。十一月、飛鳥川原宮にて斉明天皇の殯。

　斉明天皇一行の目的は征西だった。指揮官がいないまま百済救援は続けられたのだろうか。半島に派遣された将軍達は、倭王の命令を受けていたはずである。征西した斉明天皇は、倭王ではなかったようだ。倭王なら百済救援に来て、何もせずに帰れるわけはない。

　額田王は伊予の熱田津で、

　熱田津に船乗りせむと月待てば潮もかないぬ今は漕
　ぎ出でな

と詠み、この歌の後には、「御舟は西つかたに征きて、始めて海路に就く」とある。同じ征西の文言である。万葉集も書紀と同じ意図のもとに編纂されている。

儺大津とよばれた博多湾。御船は百済救援に来たのか、征西に来たのか

皇太子も太宰府に入らなかった

　斉明紀までの中大兄の記述から浮かび上がるのは、その圧倒的な政治力である。中大兄は、蘇我入鹿に始まり、異母兄の古人大兄、妻の父の蘇我倉山田石川麻呂、叔父の孝徳帝と有馬皇子と、身近な人々を数年間で払い落したかに見える。しかも、自分の命令に従った人物に対しては最後まで手厚く扱う義理固さだ。記述が見当た

らないのは蘇我日向で、異母兄の蘇我倉山田石川麻呂が無実であったことが明らかになったために、太宰府から召還するのが難しかったのだろうか。

それにしても、蘇我日向が初代大宰帥として大宰府に隠流されたのなら、そこには役所があったはずだ。ここで問題が出てくる。斉明帝は大宰府に立ち寄らず、朝倉の橘広庭に入っている。皇太子が素服称制して政務をとったのは長津宮だった。二人とも大宰府の役所は使っていない。大宰府政庁が白村江以後に建造されたのなら、大宰帥蘇我日向はどこに居たのか。

白雉五年（６５４）、孝徳帝の病気平癒を祈願し建立したという伝承の般若寺は、太宰府市朱雀にある。奈良県にも般若寺があり、どちらも同じ伝承があるそうだ。また、どちらも奈良時代の瓦が出土したという。日向臣はいつまで大宰府にいたのか。

白村江戦後、唐の使者・郭務悰が居た筑紫都督府はどこにあったのか。大宰府政庁発掘の時見つかった一番下の掘っ立て柱の遺構が、やはり筑紫都督府だろうか。

それにしても、太子でありながら他の皇位継承者を死に追い込まねばならなかった中大兄皇子は、本当に太子だったのだろうか。

3　天智天皇は何をしたのか～長すぎる称制と在位の四年間

天智紀の十年

ここで、日本書紀の天智紀の十年を見てみよう。遣唐使や諸外国の遣使等は省き、大まかな流れを抜粋してみる。天智天皇は十年間で何をしようとし、何を成しえたのか。

気になるのは、記事の正確さである。「新唐書」百済伝や「三国史記」では、白村江戦はそれぞれ龍朔二年（６６２）と書かれているが、書紀では天智二年（６６３）である。また、重出事項が多いのは複数の資料をもとに書かれているからだという。伊岐（壱岐）連博徳《はかとこ》の文が掲載され、高麗の僧道顕の「日本世紀」からも取り入れられている。他にも多くの資料があるようで、そのことで内容が交錯したのだろうか。

◎斉明七年

八月の百済救援軍の将軍は、以下の通り。

前将　大花下《だいけげ》阿曇比邏夫連、小花下河辺百枝臣

後将　大花下阿倍引田比邏夫臣、大山上《だいせんじょう》物部連熊、大山上守君大石

ただし、この将軍達の派遣はなかったようだと専門家は考えているそうだ。七月二十四日に斉明天皇崩御、皇太子素服称制で「次第に海外の軍政に着手した」頃である。

書紀には「或本に、別に、大山下狭井連檳榔《あじまさ》、小山下秦造田来津《たくつ》（朴市《えち》田来津）を派遣した」と付け加えられている。

◎天智元年

五月に、大将軍大錦中阿曇比邏夫連等が、軍船百七十艘で百済王子豊璋（扶余豊）等を百済に送る。

◎天智二年

三月の救援軍の将軍（この将軍たちには冠位が書かれていない）は以下の通り。

前将　上毛野君稚子、間人連大蓋
中将　巨勢神前臣訳語《おさ》、三輪君根麻呂
後将　阿倍引田臣比邏夫、大宅臣鎌柄

このうち実際に百済の地を踏んだ将軍は誰と誰なのだろう。前出の「或本」の狭井連と田来津は百済の州柔《つぬ》で軍議に参加しているし、上毛野君稚子は新羅の攻城戦の指揮をとっている。

六月、豊璋が讒言を聞き入れて、自分を百済に迎えた良将鬼室福信を斬る。

八月、そのことを知った新羅軍はただちに州柔を攻撃、城を囲む。百済軍は、日本の救将盧原《いほはら》君臣を白村江に待とうとした。しかし、白村江には、大唐の将軍が軍船百七十艘を率いて待ち構えていた。

八月二十七日・二十八日、百済救援軍は白村江戦に敗れ、豊璋は高麗へ逃げた。

前述のように、「新唐書」や「三国史記」では、白村江戦は六六二年となっているが、書紀では六六三年（天智二年）である。この戦は一方的で、朴市田来津の戦死も悲壮である。豊璋を送った阿曇比邏夫も戦死したようだ。

長野県阿曇野市の穂高神社（式内社）では、白村江戦で戦死した阿曇比邏夫を若宮として祀り、毎年九月二十七日に御舟神事を行っている。

◎天智三年
二月、大皇弟（大海人皇子）に命じて、冠位の階名を増し定め換える。百済亡命貴族らを受け入れるためであろう。

五月十七日、百済の鎮将（占領司令官）劉仁願が、朝散大夫郭務悰らを遣わして、表函と献上品を進上した。が、書紀には郭務悰の入国の目的は書かれていない。表函とは上表文の入っている函のことである。

十月一日、「郭務悰らを発遣わす勅」があった。この日に中臣鎌足は沙門智祥を遣わして郭務悰に賜物をし、四日に一行は饗応を受けた。彼らは畿内に入らず、筑紫に留まったままだった。

天智帝が大唐の武官郭務悰を畿内に入れなかった理由は、何だろうか。皇太子称制の時で、畿内には天皇が不在だったからだろうか。筑紫で郭務悰は何をしていたのだろう。彼は十二月十二日に出国している。

水城の大堤の版築（現地説明会で）

海外国記（「善隣国宝記」所引）によると、十月一日の「勅」は九月に筑紫大宰に達していて、郭務悰らに対しては「勅」とはせず、筑紫大宰の言葉として伝達されたという。この時、郭務悰に授けた劉仁願への牒書には「日本鎮西筑紫大将軍牒　在百済国　大唐行軍摠管」と書かれていたそうだ。

郭務悰は唐が百済に置いた占領政府（熊津都督府）からの正式の使者である。当然、白村江敗戦の責任を唐は問うたはずである。しかし、郭務悰が畿内に入らなかったということは、唐は天智政権の責任は問わず、筑紫のみの責任を問うたということである。そもそも参戦していない天智政権が責任を問われることはなかったということか。「日本鎮西筑紫」を平たく解釈すれば、近畿が九州を見張っていたことになるが。日本という国号がこの時すでに使われていたのだろうか。

この年、対馬・壱岐・筑紫に防人と烽火を置き、筑紫に水城（大堤）を築く。

◎天智四年

八月、長門に一城、筑紫に大野・椽の二城を築かせる。築いたのは、百済の亡命貴族や天智朝の兵法指南をした百済人である。この年二月、孝徳帝の皇后だった間人大后が薨去している。

九月二十三日、唐国が、朝散大夫沂州司馬上柱国劉徳高や、右戎衛郎将上柱国百済禰《ね》軍《ぐん》、朝散大夫柱国郭務悰を遣わした（七月二十八日に対馬に着き、九月二十日に筑紫に至り、二十二日に表函を進上した。総勢二百五十四人）。

劉徳高は唐からの使者であるが、ここでも国書を筑紫で進上している。

十月十一日、菟道（宇治）で大がかりな閲兵が行われた。

十一月十三日、劉徳高らの饗応が行われ、十二月十四日に劉徳高らに賜物があり、この月に彼らは帰国した。この時、唐からの使者は筑紫から畿内にまで来ていたのだろうか。

「この年に、小錦守君大石・小山坂井部連石積・大乙吉士岐弥・吉士針間が唐国に遣わされる。唐の使者を送ったのであろうか」と、書紀は書く。守君大石の小錦という位は、送使としては高いそうである。彼らの遣唐使としての目的を、書紀の編纂者は知らなかったのだろうか。

◎天智五年

高句麗からの朝貢が続くが、六月には唐が高句麗征討を始める。耽羅の朝貢もあるが、どちらも畿内に入ったのだろうか。他国からの朝貢が、他の年にもたびたびある。

◎天智六年

二月、斉明帝と間人大后の合葬の記事。前天皇の葬儀・陵墓造営を取り仕切ったということは、いよいよ即位への道を仕上げたことになろう。

三月、近江に遷都。孝徳帝を難波に置き去りにしてまで帰った倭京ではなく、新しい土地を都とした。ここは、天智帝にとって理想の土地だったのだろうか。

十一月九日、二年前に劉徳高を送ったらしい遣唐使が帰国し、筑紫に到着する。「百済の鎮将劉仁願が、熊津都督府熊山県令上柱国司馬法聡らを遣わして、大山下境部連石積らを筑紫《ちくし》都《と》督府《とくふ》に送った」と、「書紀」は書いている。守君大石の名はないが、唐で死亡したのだろうか。

境部連石積が送られた「筑紫都督府」は、「書紀」の全体を通してこの条のみに出て来る。都督府とは、中国皇帝が被占領国に置く占領政府のことである（前出、熊津都督府の例）。太宰府を唐が一時「占領」してこの官を置いたとする説もあり、気になるところである。

この月の十三日、司馬法聡らが帰国する。一週間も筑紫に留まらず帰っている。石積らを送れば、熊津都督府熊山県令上柱国司馬法聡の用は済んだのだろうか。司馬法聡らを送ったのは、小山下伊吉連博徳らである。博徳には小山下と官位が付いているが、白村江戦後に天智帝に仕えて役人となっていたのだ。

◎天智七年

正月、天智天皇即位。

二月、舒明帝の皇子である古人大兄の娘の倭姫王が立后される。しかし、倭皇后について詳しい記録は無く、万葉集に歌が残されているくらいである。ここには、天智帝の后以外の妻と子女が記されているが、四人の嬪と子女を生した四人の宮人がいたようである。天皇の配偶者の中で皇族である内親王は妃、朝廷貴族の出身者は三位以上を夫人、四位・五位を嬪と称している。天智帝の配偶者に妃はいないことになる。天武帝は妃が四人、夫人が三人で、天智帝の方が低く扱われているようだ。

壬申の乱に敗死する大友皇子は、宮人・伊賀采女宅子娘が生んだ皇子であり、志紀皇子も宮人・越道君伊羅都売が生んでいる。志貴皇子は、後の光仁天皇の父である。ちなみに、漢風諡号に「光」の字が用いられるのは、出自が庶子の天皇という。

七月、天智帝は舎人等に命じてあちこちで宴を催しているが、時の人は「天皇の世が終わろうとしているのだろうか」と言ったと書かれている。即位の年に、時の人は何を言いたかったのだろうか。

◎天智八年

正月、天智帝は蘇我赤兄臣を筑紫率に任じた。赤兄は天智帝の重臣である。筑紫まで何をしに行ったかは書かれていないが、目的なしには筑紫率とはならないはずである。考えられるのは、赤兄が大野城と椽城の山頂から事代主・武甕槌・天御中主を、王城神社と筑紫神社に降ろしたのではないかということである。天皇でなければ神を移すなど出来ない行為だからである。

筑紫の王都を守る神を排除することは、天智政権にとっては重大事だった（のちに筑紫神社を起点にして筑前・筑後・肥前の国境が定められた。この直線は前政権の切断ラインだったのである）。こうして、筑紫の王都の破壊に手がつけらされていったのではないだろうか。

冬十月十日、天皇は鎌足内大臣の病気を見舞う。十六日、内大臣薨去。十九日、天皇は内大臣の家に行幸、蘇我赤兄臣に命じて恩詔を奉宣させ、金の香鑪を下賜した（赤兄は、緊急事態で急ぎ召還されたか。または、目的を達して帰ってきたのか）。

藤原鎌足内大臣の死は、天智朝にとって大きな痛手だったらしく、書紀は「日本世紀」の一文を引用している。「天はどうして強いてこの老人を世に残さなかったのか。ああ哀しいことだ」と。

十二月大蔵火災。

この冬に高安城を修理し、畿内の田税をおさめた。斑鳩寺火災。

この年、大唐が郭務悰ら二千人を派遣（十年十一月の派遣の重出かと、岩波の校注は書く）。
◎天智九年
二月、「甲午年籍」が作成される。日本最初の全国的な戸籍で、特に氏姓の基本台帳とされ、永久保存が大宝令に定められた。戸籍がなければ、税も集められない。近隣の国にはすでにあった戸籍が、やっと出来たのである。

同月、高安城を修理して、モミと塩を積む。また、長門城一・筑紫城二を築く（四年八月条の重出と岩波の校注）。

鎌足臣の死後、高安城を充実させたのは、内乱への天智帝の不安だろうか。度重なる高安城の修理の情報は、大海人皇子にも伝わっただろうし、当然、対抗策も練られていただろう。

四月三十日、法隆寺が一屋も残さず焼ける。法隆寺の火災は、王朝倒壊の兆しとして記述されたのか。
◎天智十年
正月二日、大錦上蘇我赤兄臣らが、賀正の礼を述べ、中臣金連が神事《かむごと》（天皇の長寿を祝う言葉・後の「中臣寿詞」で、これに続いて即位の儀がある）を述べた。大友皇子が太政大臣となり、蘇我赤兄臣が左大臣になり、中臣金連が右大臣となる。次の日、官位・法度の施行、大赦と続く大きなイベントがあった。

この月、多数の亡命百済人に叙爵がある。その中の文化人数名は大友皇子の賓客となる。学者たちが次期天皇を支えられるように、基盤を作り始めている。天智帝は、人材を政権に取り込む才能があったようだ。

ここに天智帝の望みは半ば達せられた。残るは、大友皇子の即位と、東宮大皇弟大海人皇子の排除である。しかし、天智帝自身の死も近づいていた。

九月、天智帝は病に伏し、十月十七日には重くなってしまう。勅して東宮を呼びだし後事を頼むが、東宮は出家して吉野に入るのである。

十一月十日、対馬から筑紫大宰に連絡が入る。

〈十一月二日に唐国から沙門道久・筑紫君薩野馬・韓島勝娑婆・布師首磐の四人が来て、「唐国使者郭務悰ら六百人、送使沙宅孫登ら千四百人、総勢二千人が船四十七隻で比知島まで来た。人数も船も多いので、突然対馬に入港すれば防人が驚いて矢を射かけるだろうから、道久らを先に遣ってあらかじめ来朝の意図を知らせる」と申してきました。〉

二千人の来朝とは尋常ではない。

しかし、近江朝はそれどころではなかった。十一月二十三日、大友皇子を囲んで内裏の西殿で誓盟の儀式をしていたのである。大友皇子は香鑪を手にして誓いの言葉を述べる。「六人心を同じくして天皇の詔に従おう。もし背くことがあれば必ず天罰を受けるだろう」。赤兄臣は泣いて誓う。「臣等五人、殿下に随い、天皇の詔に従います」と。次の日、大津宮火災。五日後、六人はまた、今度は天皇の前で誓約をする。

十二月三日、天皇が近江宮に崩御。新宮で殯をする。

◎天武元年

三月十八日、内小七位阿曇連稲敷が筑紫に遣わされ、郭務悰らに天皇の喪を告げた。郭務悰らはみな喪服を着て、三度挙哀《みね》の礼を奉り、東に向かって深く頭を垂れた。

二十一日、郭務悰らは再拝して書函と進物を献上した。「善隣国宝記」によると、書函の上書には「大唐皇帝敬問倭王書」と書かれていたという。唐は国書を日本国王にではなく、倭王に奉ったのである。倭王宛の国書が筑紫で奉呈されたとしたら、倭王はどこに居たのか。唐国の国書が天智帝宛に出されたものだとするなら、唐使はその死を承知しているので矛盾する。崩御した天皇に国書等を渡すはずはなく、弔辞とか仏事に関する物になるはずである。まだ次の天皇も決まっていないのだから。

五月、甲・冑・弓矢・あしぎぬ・布・綿が郭務悰に下賜され、三十日に彼らは帰国した。

前年の十一月から五月までの半年間、郭務悰は筑紫で何をしていたのだろうか。やはり、倭国軍の武装解除とか、占領政府（筑紫都督府）の仕事だろうか。郭務悰らが居たところは、畿内の出先・筑紫大宰ではない。筑紫大宰は郭務悰に連絡をとったり、勅を伝えたりと、それなりの仕事をしている。郭務悰ら唐使関係者が常駐したところは、別にあっただろう。書紀に書かれているように、二千人の大部隊が筑紫に入っていたら、衣食住の問題は大きかったはずである。受け入れ組織無くして、半年間の駐留はできない。九州の負担は重かったはずである。

内大臣鎌足の仕事

天智帝は冷静で賢く、臣下の心を深く捉えた人だったようだ。初めは孝徳帝と仲が良かった鎌足も、次第に中大兄に引かれていっている。

「大化改新」で租税のもとになる公地公民・班田収授等の改革を行い、元号（大化・白雉）まで用いた孝徳帝はまさに天子となった人である。

その孝徳帝から何故か中大兄に乗り換えた鎌足は、内大臣となって最期を迎えた時、「生きては軍国に務め無し」と軍事に責任を果たせなかったことを詫び、「死んでまでどうしてわずらわすことが出来ましょうか」と、薄葬を願っている。

鎌足は何をして天智帝に仕えたのかといえば、それは中臣氏の仕事、すなわち神事・神祀りの仕事をもってであった。天神地祇を祀り、風神・水神を祭るのは天皇の大事な仕事である。占いのような神事もあっただろう。

書紀の天智紀には、神事の記録が少ない。天武紀・持統紀には毎年四月・七月に広瀬大忌神と竜田の風神を祭っている記録がある（この神祀りが行われないのは、持統天皇の称制の時である）。壬申の乱では、伊勢の天照大神が天武帝に味方したということで、大伯皇女を斎宮に立てたりしている。

天智朝では、天皇の側近として内大臣が代わって神事を行っていたのだ。鎌足の仕事は大きかったはずである。その存在の大きさは、鎌足の病気を天皇自ら見舞ったり、東宮を遣わして大織冠や大臣の位を授けたり、「藤原」の姓を与えたりしていることでも分かる。鎌足の死後「内大臣」の位は、長く任命がない。

壬申の乱後、蘇我赤兄は流罪であったが、鎌足の従弟・中臣金は斬られた。天智への貢献度は赤兄の方が大きかったが、刑は金の方が重かった。それは、中臣氏が神事を取り扱っていたからである。

山に囲まれた長谷寺（奈良県）

国家の守りの神事や豊作祈願は神官の大きな仕事だった。祀られる神は氏族により異なっていた。戦争に負けた氏族や滅びた集団に祭られた神は、他の氏族からは祟り神として恐れられて忌避されたであろう。守護神を祀るのも祟り神を祓い清めるのも古代の主権者の最重要の課題だったはずで、中臣氏の責任は重かったのである。のちに中臣氏が藤原氏として王権内部に入ったのは、「祝詞（言霊）」を重んじた神事を取り仕切っていた結果だろう。

亡命百済人の受け入れ

天智帝は、来朝した唐の船を利用して「遣唐使」を送り出しているが、白村江戦後すぐから亡命百済人を積極的に受け入れている。百済の多くの学者・技術者に冠位を増し与えて、彼らから海外の文化や政治組織、政策を学んだ。大友皇子の周りにも多くの百済人学者を登用した。敗戦国の高官を受け入れたことは、唐には内密にされただろう。万葉集の「隠口《こもりく》乃泊瀬《はつせ》（はつせ・ペクチェ）」とは、亡命百済人たちのことであり、彼らの隠れ里のことであろう。百済からの亡命者の受け入れを唐に知られることは回避したいし、彼らの文化を採り入れて新国家は造りたいしで、天智帝は策を練ったことだろう。

異なる道

敗戦後の倭国を併合したのは、中大兄である。だからこそ、彼は即位出来た。誰も異を唱えられるような状況ではなかった、と言えるのではないか。

白村江敗戦後、天智帝は称制の六年間と即位後の四年間で、神祀りを整え、亡命百済人を受けいれて統治の「近代化」を図り、筑紫大宰を造りあげ、国号を日本とし、近江令を作り、中臣祝詞を使って即位の儀の形式も作り上げ、国の体裁を整えた。舒明帝の嫡子でなくても、即位を主張できる体制を作り上げた。大皇弟・大海人皇子も、この時は皇太子に甘んじざるを得なかった。

天智紀を読むと、このような結論になってしまった。

天智帝は敗戦の責任を筑紫に押し付け、その戦後処理を唐に任せた（筑紫都督府）。国号を「日本」に変えたのは危険回避に他ならないが、新しい王権の樹立を目指したのだろう。「大王の遠の朝廷としらぬい筑紫」が、唐・新羅連合軍とたたかった倭国である。その倭国とは異なる道（唐・新羅と国交を結び）を選択して同じ轍は踏まないと、天智帝は決意していた。この時まで「倭国」は存在して

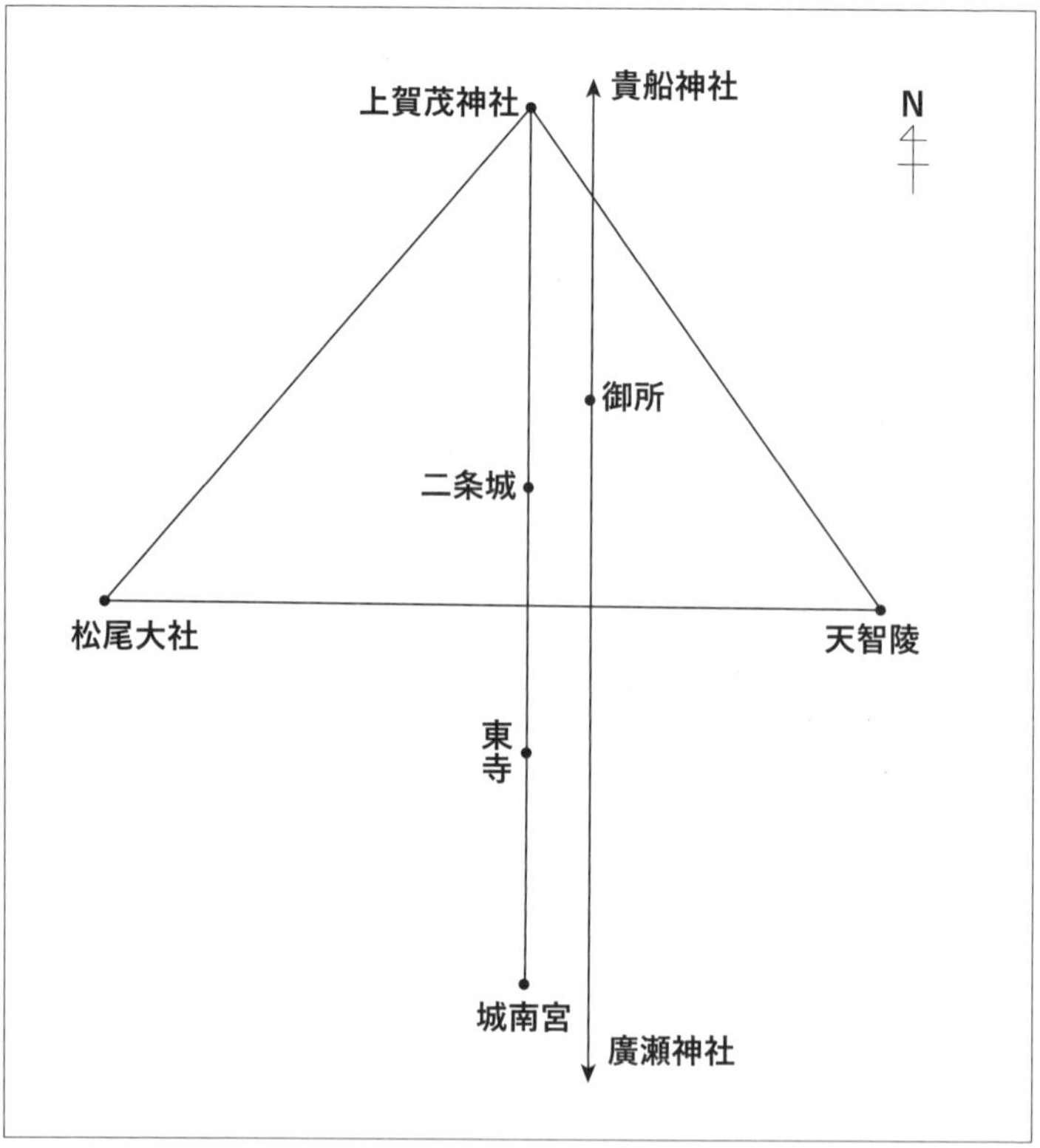

図23　平安京の守り

いたが、以後は粛々と消されていった。

ラインで読む天智陵と天武陵

ところで、天智天皇陵は誰によって造営されたのだろうか。

この疑問は、天智天皇と天武天皇の陵墓が同じ経度にあることから生じる。両天皇陵のラインの間に藤原宮がはいるが、平城宮は少し西にずれる。

天智天皇陵　（東経135度48分25秒）

天武天皇陵　（東経135度48分28秒）　＊持統天皇合葬陵

藤原宮（新益京）（東経135度48分27秒）

藤原宮を造営した人物は、天武陵を起点に中ツ道を引いたのである。

また、天智帝の大津宮が琵琶湖のほとりの大津市にあったのなら、平安宮は大津宮を西に移動させた位置にあることになる。ラインは他にも多くの天皇陵墓と言われる古墳の意味を教えてくれるようである。

付け加えておけば、桓武天皇の平安京は天智天皇陵を取り込んで都の守りとしているようである。上賀茂（賀茂別雷）神社を頂点に天智陵と松尾大社を底辺の頂点にした二等辺三角形ができるが、上賀茂神社から垂直に南に降りる線上に空海の東寺（教王護国寺）が来る。

江戸時代になって、その上賀茂神社と東寺の間に二条城が築かれているが、これは幕府が空海の霊力を遮断したということである。都は江戸だけでよかったのであろう。

四章　消された王都

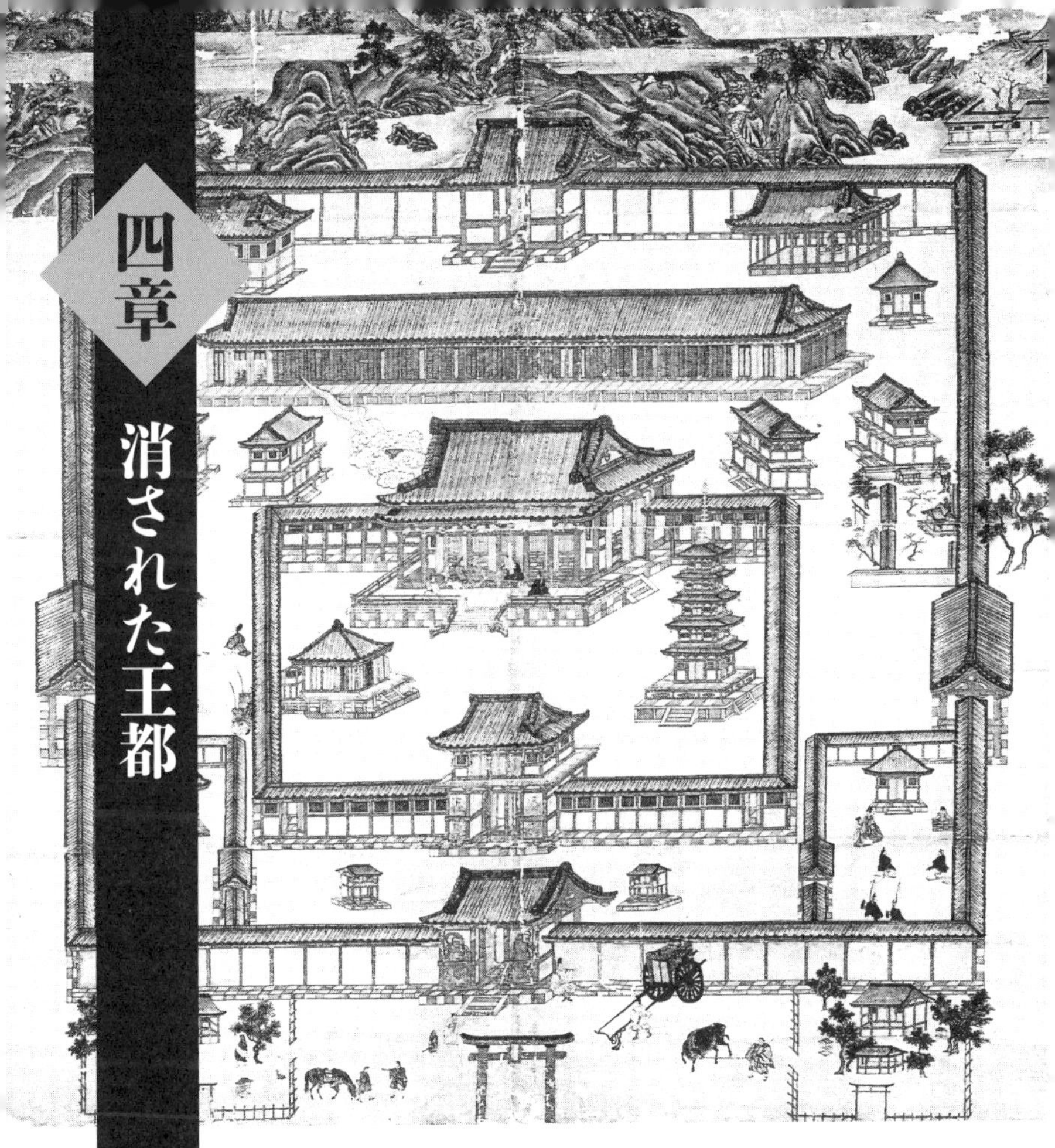

観世音寺絵図

1　倭国の解体

封禅の儀に参列したのは誰か

旧唐書によると、唐の高宗は麟徳元年（664）七月に「同三年（666）正月を期して泰山に封《ほう》禅《ぜん》の儀を挙げる旨」を天下に告げている。また、「同二年（665）八月以後、百済の劉仁軌も新羅・百済・耽羅・倭人ら四国の使を領して西還し、泰山に赴いた」（外臣部）と書かれている。

岩波文庫「日本書紀」の補注は、旧唐書の帝王部に「十月に洛陽を発った高宗に従駕した諸蕃酋長の中に、東南アジア諸国と並べて倭国をあげている」と指摘する。

六六五年には倭国が存在し、倭王が居たのである。彼は高宗に従い泰山に行き、当然六六六年正月の封禅の儀に参列した。

封禅の儀とは、「帝王が天と地に王の即位を知らせ、天下が太平であることを感謝する儀式」である。泰山の頂に壇を作り天に感謝する儀式を「封」と言い、泰山の下にある小山の地を平らにして地を祭り感謝する儀式を「禅」という。泰山は中国道教の聖地である。秦の始皇帝も、ここで封禅の儀を行っている。唐の高宗も、周到な準備をして取り組んだ儀式である。

六六五年は、天智四年である。書紀によれば、この年は、小錦守君大石らが唐に遣わされた年である。

十二月に唐の劉徳高が帰国したという記述の後に「是の歳に、小錦守君大石等を大唐に遣す」と続き、注で「けだし唐使人を送れるか（送使として大石らが遣わされたのではないか）」と書紀は書いている。しかし、十二月の船出なら、大石らは泰山での封禅の儀には間に合わない。十二月よりも前に発って劉徳高とは別に唐に遣わされたのなら、倭国王の代わりに参列したとも考えられる。「参列要請」は、前年に受けていたはずである。参列を予定していたなら、劉徳高の出入国とは関係なく出国していなければならない。それとも「代理参列」云々とは関係なく、倭国王は「十月に洛陽を発った高宗に従駕」していたのだろうか。

守君大石は唐より帰らず、天智六年十二月（６６７）、境部連石積らに送使がついて筑紫都督府に送られたのは気になるところである。境部連石積は封禅の儀に参列した後、遣唐使として唐で学問をしていたのだろうか。彼らが倭国の代表であれば、倭国の範囲はすでに全国に広がっていたことになる。

なぜ「日本国」は生まれたのか

旧唐書の「倭国伝」と「日本伝」はどう解されるだろう。なぜ、二つの国名が同じ歴史書に残されているのか。それは、その頃の日本列島には二つの国があった、としか言いようがない。

六七一年、郭務悰が筑紫で進上した表函の上書には、「倭王」とあって「日本王」ではなかった。この時点では、唐は敗戦国を「倭」と認識していたのである。

旧唐書には、どのようにして「日本」になったのかは全く書かれていない。曖昧な中に国名の変更が起こってしまっている。国号変更という大きな国策は天智紀のどこにも書かれていない。国号変更ではなく、最初から違う国であると主張しているのだ。唐の目にも触れる歴史書だから、当然「倭国が日本に変わった」など書けないはずである。

古事記では倭と使われる漢字が、七二〇年の日本書紀では日本《やまと》となっている。「倭」は消えている。途中で消されたのではなく、はじめから書かれていない。倭国は別国であるとして、書紀には意図的に書かなかったのである。

前述の守君大石の封禅の儀への参列問題であるが、「倭国ではなく日本国である」と主張していた畿内王権が、倭国として儀式に参列するはずはない。

歴史の改竄は正義だった

日本書紀は歴史の改竄を行っているという多くの指摘がある。確かに、様々な矛盾をはらんでいるようだが、改竄を行ったのは一人ではない。多くの学者がこぞって取り組んでいるが、それは何故か。「白村江で敗北したのは倭国である。倭国は唐によって「戦後処理」された。倭国のままでは連帯責任をとらされてしまっただろう。日本は無関係だったから助かったのだ。むしろ、倭国を分離することは最良の国策だった」という論理が畿内ではまかり通ったのだと思う。

多くの学者も交えて倭国の近くに「日本」という歴史ある国が昔からあったように速やかに倭国の歴史を日本に組み替えて形成（改竄）することが、唐と交際する唯一の方法なのだと意思統一されていたと思われる。

つまり、畿内も九州もこぞって歴史を改竄したのである。倭国は史書からも消された。それは、八世紀の当時の正義であったことだろう。九州の豪族も歴史書の改竄を認めざるを得ない敗戦と亡国という大災難に見舞われていたのである。

2　倭国と日本国

新羅本紀に見える「国号変更」

「新羅《しらぎ》本紀《ほんぎ》」によると、倭国が国号を日本と改めたのは六七〇年で、天智即位後のことである。

単に国号が変更された「日出る処に近し、もって名とす」という理由だけでなく、天智帝の倭国解体の意志が働いていたはずであるが、前述のように国号変更について日本書紀は一言も触れていない。それは、諸外国（唐・新羅）に公開する正史だから「倭国」とは書けなかったのだろうが、国外に対しては「倭国とは別の国」「倭国を併せた」といい、国内に対しては「倭国の継承」と表現していたと思われる。それがために、諸外国に曖昧な対応をとらざるを得なかった。この六七〇年年には庚午年籍が造られて、いよいよ国家の骨組みができている。が、新羅に受け入れられるには、まだまだ年月を要した。八世紀前半になっても、遣新羅使が受け入れられない事態が起きている。

旧唐書「萬四千里」

旧唐書では、前述のように倭と日本という二国があったことになっている。「倭国伝」には白村江戦以前（６４８年まで）の出来事が書かれ、「日本伝」には白村江戦以後（７０３年から）のことが具体的に書かれている。

「倭国伝」には「倭国は古の倭奴国なり。京師を去ること万四千里、新羅の東南の大海の中にあり」「東西は五月行、南北は三月行、世々中国と通ず」「その王、姓は阿毎氏なり。一大率を置きて諸国を検察し、皆これを畏怖す」とある。一大卒を置いていたのは、邪馬台国の時代の伊都国である。では、倭女王の卑弥呼の姓は阿毎氏だったのだろうか。倭国とは中国に遣使記事のある国を含むその周辺である。魏志「倭人伝」では帯方郡から萬二千里であり、旧唐書の方は萬四千里とあって二千里増えているが、出発地が長安と遠くなっただけで畿内の都には届かない。新羅（百済滅亡後で国域が広がっている）の東南なら九州である。しかも、この時期、倭国はすでに九州を越えた大きさになっているようである。「倭国伝」にはには「内官に十二等あり、すこぶる文字あり。俗は仏法を敬す。貴人は錦帽を戴く」と書かれている。官位があったのは制度が整っていたことの証だし、文字を使い、一般人（俗）にまで仏教が浸透していたようだ。仏教文化がすでに花開いていたのである。

「日本伝」には、「日本国は倭国の別種なり。その国、日のあたりにある故に日本をもって名となす。或いは、倭国自らその名、雅ならざるをにくみ、改めて日本となすという。或いは、日本はもと小国、倭の地を併せもつという」。続けて「その入朝する者、多く自ら矜大、實を以って対《こた》えず。故に中国、これを疑う」とある。

白村江敗戦後、郭務悰も長く滞在し、遣唐使が送られているし、中国語で会話もしたはずである。天智帝の時代、筑紫にはまだ荒廃した王城の跡が残り、その末裔が居たのだろう。旧唐書「日本伝」を編纂する時、見聞した事実とかなりの食い違いがあったと思われる。

後に編纂された新唐書では、倭国が消え「日本伝」のみである。

新唐書「筑紫城の阿毎氏」

新唐書「東夷伝」の「日本伝」には、「日本は古の倭奴国なり。京師を去ること萬四千里、新羅の東南の海中にあり。東西五月行、南北三月行」とあり、旧唐書「倭国伝」を参考にしている。率一人が検察する所も同じである。

十二の官位があり、文字もあり「其王姓阿毎氏、自言初主號天御中主」と書いてある。王の姓は阿毎で、天御中主を祖先に持ち、「皆以尊為號、居筑紫城」と名前に尊を付けて名乗り、筑紫城に住んでいた。

「彦瀲子神武立、更以『天皇』號、徙治大和州」（彦瀲の子の神武は天皇と号し、大和州に移り治めた）新唐書には歴代天皇の漢風諡号（間違いも多い）が書かれていることから、日本国の資料（日本書紀など）をもとに編纂されているのだ。書紀には阿毎氏の居城（阿毎氏は筑紫城に住み）の記述はないが、新唐書には書かれている。神武天皇の東遷と大和州を治めたことが書かれているが、旧唐書では「倭国伝」「日本伝」の双方ともにこの東遷の記述はない。日本書紀編纂の時点で、「歴史的に東遷した」とする必要が生まれたのだ。

しかも、旧唐書、新唐書ともに、倭王は阿毎氏である。阿毎氏は筑紫城に住んでいた。前王朝の歴史書・隋書に書かれた倭王・多利思北孤も、同じ筑紫城に居た。姓は同じく阿毎氏である。中国の正史（隋書）にある俀国と多利思北弧は日本書紀に書かれていないが、阿毎氏が九州の氏族なら、日出天子はどこにいたのか。

隋書「日出処天子」

倭国の「日出天子」の遣隋使（開皇二十年・六〇〇年）のことが書かれているのは、七世紀後半に編纂された隋書の「東夷伝」である。

ただ、中華書局から刊行された隋書では「倭」の活字が使われているが、「倭は原作では俀である」と書かれている。「俀は倭の別体とした。本書（隋書の帝紀）の煬帝紀上では倭としている。本巻（列傳第四十六の東夷伝）では俀となっていたが、今一律に倭と変えている」と校勘記にある。原書では「俀」の字をつかっている、と註記しているのだ。それも同じ隋書の帝紀では「倭」が使われているのに、である。

もともと、「東夷伝」には倭ではなく「俀」と書かれていた。正史に使われた文字であるから俀国が正しいし、俀国と倭国は別々の国だった可能性が大である。

しかし、ここでは「倭」の別体であろうというので、とりあえず倭国として読むことにする。

日出処天子は、聖徳太子とされている。天智天皇より更に歴史をさかのぼらねばならない。聖徳太子は推古朝の太子である。推古帝は遣使を隋王朝に出しているが、日本書紀には六〇〇年の遣隋使の記録はない。

「倭国は百済・新羅の東南にあり、水陸三千里である。魏と通じたことがあり、里数を知らないので距離を日数でいい、その国は東西五月行、南北三月行で、それぞれ海に至る。地形は東高西下で、都は邪靡堆で魏志にいう邪馬臺である。古に楽浪郡や帯方郡から一万二千里という。漢光武帝の時入朝し云々。倭奴国である」さらに、倭国大乱後「名を卑弥呼という女子があり、鬼道で衆を惑わしたが、この国の人は王に共立した」と続き、次の弟や宮室の様子は魏志と同じような描写である。魏志を正史と認めての引用であろう。

隋書「開皇二十年の遣使と阿蘇山」

倭王の姓は阿毎、名は多利思北孤で、阿輩雞彌と号し、隋の宮殿に遣使した。使者が言うには「倭王は天を兄とし、日（太陽）を弟とし、夜明け前に跏趺坐して政を聴き、日の出で務めを止め、弟に委ねる」、これを聞いた隋の高祖は、はなはだ「義理なし」と言い、これを改めるよう諭した。「王の妻は雞彌と号し、後宮に六、七百人の女性がいる。太子は利歌彌多弗利である。城郭はない。内官が十二ある」。この後も服飾の説明が続き、武器の描写の後、「兵隊はいるが、征戦はせず、王の朝会（朝廷に集まること）で必ず儀式に武装を整えた兵隊を整列させ、その国の音楽を演奏する」。その後、律による刑罰が書かれ、「沸騰中の湯の小石を探させる」ことや「蛇甕の中に小石を取らせる」ことなど曲者の判別が書かれる。また、文字はなかったが、仏法を敬い百済に仏教経典を求めて文字を使い始めたようである。

「婚嫁不取同姓」とあり、同族とは結婚しない。葬送の記述の後に「阿蘇山あり、その石は故なくして火起こり、天に接する」とある。固有名詞の山は、これのみである。表記も現在と同じ「阿蘇山」であり、頻繁に噴火する活火山を人々が祭祀していることも今に続いている。

他に、百済・新羅は倭国を大国で珍物が多いとして敬迎し、常に使を通じて往き来していたと書かれている。

隋書「大業三年に国交は絶える」

多利思北孤が朝貢の使を遣わした。使者は言う、「海西菩薩天子が重ねて仏法を興すし聞き遣使して朝拝し、兼ねて沙門数十人を連れ来て仏法を学ぶ」。その国書には「日出処天子致書、日没処天子無恙云々」と、有名な文があった。帝はこれを悦ばず、「蠻夷の書、無礼なる者あり。また以て聞する勿れ」と隋書はいう。

同年、文林郎裴清（裴世清）が倭国に使いしている。倭王は、小徳阿輩臺に数百人を付けて鳴り物入りで出迎えさせた。十日後また大禮哥多毗に二百人余りの騎馬で町外れまで出迎えさせ、その都で「海西に大隋があり、礼儀の国と聞いていたので、朝貢しました。私は都に離れた海の隅の田舎者で礼儀を知りません」と挨拶をしている。裴清も「皇帝の徳は二儀に並び、澤が四海に流れるように（四方に行き届いている）。王が皇帝の化（教化）を慕ったので、行人を遣わして此処に来て宣諭した」と言う。宣諭とは、「天子の詔をさとし申し渡す」ということだろうか。その後、裴清は「朝命はすでに達した」と、帰国する。しかし、末文に「此後遂絶」（この後、国交は絶えた）となり、隋書「東夷伝」は終わる。この後、隋とは国交がなかった。少なくとも、俀国との交流は絶えたのである。

日本書紀「四回の遣唐使」

「百済本紀」には、六〇七年「隋が文林朗裴清を倭国に送る。我が国（百済）の南路を経由した」と記録されている。ここには隋と書かれ、裴清は確かに百済を通り倭国に来ている。

書紀には、六一八年に隋が滅びるまでに四回の遣唐使の記述がある。遣隋使ではなく、遣唐使と書かれている。この点は、日本書紀編纂の時期の中国の国号が唐であったからだとされる。また、六〇〇年（開皇二十年）の遣使の記述は隋書「東夷伝」にあるが、日本書紀「推古紀」には書かれていない。

（第一回は六〇〇年・記述なし）、第二回は六〇七年から六〇八年小野妹子、第三回は六〇八年から六〇九年小野妹子・吉士雄成・倭漢直福因・高向漢人玄理・新漢人大圀・新漢人日文・南淵請安など活躍した人々である。彼らは十五年から三十二年間も中国に滞在している。第四回は六一〇年、第五回は六一四年から六一五年となっている。

これらの遣使を命じたのは、書紀では推古帝となっているが、隋書の六〇〇年と六〇七年は阿毎多利思北孤である。

3　文林郎裴清は俀国王を見た

隋の使者は倭王に会った

「日出処の天子」阿毎多利思北孤は、聖徳太子だろうか。聖徳太子は、近畿王家の太子となっている。日本書紀によると、推古帝は隋の鴻臚《こうろ》卿《きょう》裴世清《はいせいせい》（裴清）に対して丁寧に対応している。「鴻臚卿」とは、外交官のようなものである。

推古十六年夏四月、小野妹子と裴清は筑紫に着いた。難波吉士雄成を遣わし唐の客を召された。客の為に新しい館を難波に造った。六月十五日、客達は難波津に泊まった。飾り船で迎えて新館に入館、接待係は中臣宮地連烏磨呂・大河内直糠手・船史王平である。この時、妹子は「帰還の時、百済で煬帝の国書をかすめ取られて、届けられない」と言った。妹子を流刑に処すべきとの意見も出たが、天皇は「大唐への聞こえも良くない」と許した。

秋八月三日、唐の客は都に入った。七十五匹の飾り馬で海石榴市の路上に客を迎えた。十二日、客を朝廷に召して使いの旨を述べさせた。唐の進物を庭上に置き、使者裴世清は自ら書を持ち使いの旨を言上した。その書に「皇帝から倭皇にご挨拶を送る。使人の長吏大礼蘇因高らが訪れよく意を伝えた。自分は天命を受けて天下に臨んでいる。（略）天皇は海の彼方にあって国民をいつくしみ、国内は平和で人々も融和し、深い至誠の心があって、遠く朝貢されることを知った。（略）鴻臚寺の掌客裴世清を遣わして、送使の意を述べ、併せて別にあるおくりものをお届けする」とあった。

十六日、客達を朝廷で饗応した。九月五日、客達を難波の大郡でもてなした。

十一日、裴世清の帰国の際、小野妹子を大使とし、吉士雄成を小使として送らせた。天皇は「東の天皇が謹んで西の皇帝に申しあげます。使人鴻臚寺の掌客裴清らが我が国に来り、久しく国交を求めていた我が方の思いが解けました云々」と挨拶しているが、それまでの交流は無かったかのような表現である。この推古紀の記述の中には、聖徳太子も多利思北弧の姿も見当たらない。

六〇七年の遣唐使が福因・恵明・高向玄理・僧日文・南淵請安など八人であるが、隋書では「此後遂絶」とあり、国交が絶えたはずなのに遣唐使が送られている。隋書の記述と矛盾することが多すぎる。

倭国と俀国はまるで別国である。俀国はどこにあり、都はどこにあったのか。隋書を見る限り王都は大和にはなく、阿蘇山のある九州にあったと思える。筑紫城なら北部九州であろう。

4　聖徳太子は俀国王(倭国王)だったのか

二人の倭王

六〇〇年と六〇七年に、隋の煬帝に遣使を出したのは日出天子（阿毎多利思北弧）である。裴清は俀国王に会っているし、俀国王は男性であり、妻も世継もいる。隋書には見聞したことが書かれているのだ。

書紀では、聖徳太子（用明天皇と穴穂部間人皇后の皇子）は推古天皇の太子である。太子は天子になってはいない。が、太子が冠位十二階を定めて十七条憲法を作ったとされ、推古女帝ではなく太子が政治の中核にいたようだ。六一三年には都と難波の間に大道（官道）も出来ている。太子が斑鳩に宮を建てたのは、六〇一年である。仏教を取り入れる努力をしたのも太子である。後ろ盾の蘇我氏の絶頂期でもあったし、本当は聖徳太子が皇位を継いでいたのだろうか。

裴清の来朝の時、聖徳太子が天子として対応したのなら、推古帝は宮中のどこかに隠れていて隋の使者をだましたことになる。

軍隊はどうかというと、任那を救うために新羅征討大将軍となって筑紫に下ったのは、太子の弟、久米皇子である。久米皇子は目的を達せぬまま筑紫で薨去（殯葬を長門でしたのは、仲哀天皇と同じ）、次に新羅大将軍に命じられたのは、皇子の兄の当麻皇子だった。太子一族が軍隊を掌握していたのだろうか（兵有りと雖も征戦せずという多利思北弧の軍隊とはかなり違っている）。

法隆寺の釈迦三尊像の光背銘がいうように、天皇になり法王になっていた男性は確かに居た。しかし、太子の死亡年月と銘文の法王の死亡日とはずれている。二人が別人だとしたら、近畿の王権と俀国の歴史はどう関わるのか。

無傷で残った法隆寺の釈迦三尊像

最近の法隆寺の金堂の調査で明らかになったことがある。金堂が一番古い建築物になるのだが、天井の木材を年輪年代法で測定したところ、六六八年に伐られたものが見つかったそうだ。天智天皇の時代である。若草伽藍と呼ばれた元の法隆寺は、六七〇年に一宇も残さず焼失している。その前に、救世観音も玉虫厨子も釈迦三尊も新築の現「法隆寺」金堂に移されていたから、傷一つなく今に伝わったらしい。

それでは、金堂建造の目的は、やはり祟り封じなのか。それとも太子の面影を残す像を移して祀りなおすことに、新政権として意味があったのか。

二つの物語

継体→欽明→敏達とつながった直系皇統が、用明→崇峻→推古と、蘇我氏の勢力に取り込まれそうになっていた。そのまま推古→聖徳太子→山背大兄と進んでしまっては、武烈天皇の妹の手白香皇女を皇后に立て皇統をつないだ継体天皇の意味が失われてしまう。聖徳太子が天子であったとしたら、皇統はゆがめられる。聖徳太子は、天子であってはならなかった。

敏達天皇の直系に皇統を戻す為とはいえ、歴史上から天子を抹殺することは、天智天皇としても後ろめたかったのだろうか。上宮王家聖徳太子一族の霊を慰める事、それが、新しい法隆寺建立の目的だったのだろうか。怨霊を封じ、継体朝の王家の繁栄を願った。この物語なら太子は天子になっていたかも知れない。

別の物語では、上宮王家は九州にあった。白村江敗戦後に「法隆寺」が接収・移築（若草伽藍）され、仏像も移動した。天智天皇は上宮王家の祟り封じのために新しい法隆寺を建立した。国号を「日本」と変えた後、倭国の証しである「若草伽藍」の「法隆寺」に火をつけて証拠隠滅した。一字も残さず焼けたのは「もぬけのから」になった方だったが、人々は「天智朝は九州の怨霊に祟られて長くはない」と予感したとなる。

蘇我氏も九州の王家とつながりを持ちながら、畿内に進出していたことになるようだ。蘇我氏が持っていた歴史書は、九州の王家のものだったことになる。

国史を作った太子と大臣

聖徳太子と蘇我馬子は天皇記と国記、臣・連・伴造・国造・百八十部並びに公民達の本記を記録編纂している。蘇我氏滅亡の折に天皇記・国記及び珍宝を全て焼くとあるが、船史恵尺が素早く国記を取って中大兄皇子に献じたと日本書紀に書かれている。

日本書紀より百年早く「国記」「天皇記」などを蘇我氏が持っていた。留学生は帰国しておらず、国としての制度も整っていなかった時期である。国史を編纂した太子は極めて天子に近い条件に囲まれている。そして、蘇我氏に権力が集中していた。

蘇我入鹿が聖徳太子の皇子の山城大兄一族を追い詰め自殺させたのは、蘇我氏への権力集中に対する豪族達の不満を解消して権力を維持しようとした。それは、入鹿が選んだ苦渋の選択だったのかも知れないが、疑問は残る。

遣唐使の帰国を待って行われた大化の改新

六四〇年に、唐から高向玄理や日文（僧・旻）や南淵請安などが帰った。

彼らに学んだ人々が国の在り方を考え直し、計画したという出来事が、六四五年の蘇我本家を滅ぼした「大化改新」である。これは、日本書紀によると皇位継承の争いではない。このことに大きな意味があったとすれば、中国に学んだ人々の力を借りて、蘇我氏が持っていた権力を奪ったということである。そして、天皇（大王）の治める国家を目指した。

皇位についたのは、中大兄皇子の叔父の孝徳天皇であった。この天皇の時代に公地公民・班田収受が始まるなど、国家の基本的な骨格が出来ている。ここだけに「大化」「白雉」という年号もある。この後、年号が使われないのは何故だろう。この天皇が排除されたので使われなかったとは考えにくい。

留学から戻った日文は、「大化の改新」を行った孝徳帝を思想的に支えた人である。日文が亡くなる時、孝徳帝がその死を惜しんでいる。その孝徳帝も理想を達せぬまま崩御され、やがて、中大兄の新たな理想が取って代わることになった。そして、王家の理想と野望は、壬申の乱までもつれていくという物語になる。

しかしながら、再び疑問が生まれた。遣唐使が帰るまで、国家としての組織が十分でなかったとしたら、「倭王は近畿にはいなかった」ことにならないか。天子が府を開き、国の組織があり、「筑紫城」という王宮に住んでいたのなら、留学生の帰国を待って「改新」する必要はない。もう、それらは出来上がっていたから。そうなると、六世紀末の「日出処天子（阿毎多利思北孤）」は、近畿の聖徳太子ではなくなる。

5　倭王武の行方

天子（倭王）の条件

更に遡って、五世紀の倭王達は誰も国史を造らなかったのだろうか。戸籍も持っていた韓半島の国を「諸国軍事安東大将軍」として支配したがった倭の五王達が、自国には国史も年号（中国の冊封を受けていたなら、年号は中国王朝のものを使う）も戸籍も持たなかったとは、考えにくいことである。武力だけで国を治めることは出来ない。

倭王武は上表文を宋の皇帝に差し出している。当然、漢字を読み書きできる人々が居たのである。倭王という以上、王宮を持ち、役人がいて政治を行っていなければならない。租税を集める組織を持ち、文字を使い正史を作り、行政を司る役所を持ち、軍隊を持ち、官道を造り、文化的な団体を養い、世継がはっきりしていなければならない。倭王はそういうものを揃えていた国の首長であり、人物でなければならないのだから。

倭王武の願望

倭王武は「使持節・都督・倭百済新羅任那加羅秦韓慕韓七国諸軍事・安東大将軍」と爵号されるこ

とを望み、宋の順帝に四七七年遣使して方物を献じた。翌四七八年、「安東大将軍」に爵号された。その時の有名な上表文が「宋書」順帝紀に残されている。更に、梁の武帝即位の年、五〇二年には「征東大将軍」と爵号を進められている。

倭王武は、少なくとも五〇二年以降も生きていた。阿毎多利思北孤の百年ほど前の時代を、倭王武は生きていた。彼はどのように国を治め、倭王として存在したのだろうか。

順帝昇明二（478）年の倭王武の上表文は、次のように始まっている。

「封国偏遠、作藩于外。自昔祖禰、躬擐甲冑、山川跋歩、不遑寧処。東征毛人五十五国、西服衆夷六十六国、渡平海北九十五国、王道融泰、廓土遐畿」

（皇帝の冊封を受けた我が国は、中国から遠く隔たっているが、外臣として藩を作している。先祖が自ら甲冑を着て山川を踏み歩き、東は毛人の国を五十五国征し、西の衆夷を六十六国服させ、海を渡って海北の九十五国を平らげた。王道はゆきわたり都から離れた所まで広がった）

「累葉朝宗、不愆于歳」

（代々の中国王朝に朝貢する歳を間違わずにやってきた）

続けて、自分も先祖のように百済を通って朝貢しようと船を整えたが、高句麗が邪魔をしたので朝貢出来なかったのだという。

倭王武の上表文は、「竊自仮開府儀同三司、其余咸仮授以勧忠節（密かに開府儀同三司の官を名乗り、我が諸将にもそれぞれ称号を賜って忠誠を励みたい）」で終わっている。「開府」とは漢代に三公の官庁を府と称し、府を持つことをいった。三公とは最高位の三人の大臣の事である。「開府儀同三司」

とは隋唐両時代の従一品の官のことで、従って五世紀の倭王武は既に国家を構え、府を開いていたのである。

倭王の居住地は九州

倭国が百済を経て朝貢しなければ中国への道がなかったのは、倭王が九州にいたからではないか。海北の国を平らげたとあるのも、位置的には九州になる。数多くの人が宋書、隋書、旧唐書、新唐書を読みこなして、「倭王は九州にいた」と九州の倭王権を認めている。倭王武が順帝に朝貢した年の四月に順帝は禅譲し、宋は滅びた。わずか二年の短い在位である。彼に届いた東夷の倭王の国書は美文だったので、若い皇帝の胸を打ったのだろうか。それで、武の上表分が史書に残されたのだろうか。

隋書によれば、約百年後の俀王・阿毎多利思北孤は、「倭の五王」のように漢字一字の名前ではない。五王の伝統を受け継がなかったのは、別の王統なのだろうか。

隋書の記述からして、阿毎多利思北孤は九州にいたと思われる。六〇〇年と六〇七年の遣使は、九州から出ていた。が、書紀に書かれた文林朗裴清は、九州と大和の両方に行人として訪問視察を行ったのだろうか。隋書を読む限りは、九州のみを訪問しているとしか思えない。

仏教が浸透していた俀国で、亜毎多利思北弧が建立した寺院が塔原廃寺だとすると、そこに釈迦三尊像が本尊として安置されていたかもしれない。それが、白村江敗戦後に移築されたらしい若草伽藍といわれる遺構だったのではないか。

いや、塔原廃寺にあったあらゆる宝物は、「戦勝国に持ち去られるより、宝物を守るために大和に移築・

移動すべきだ」という大義名分から、征西していた大和の軍隊によって持ち去られたと、この期に及んで私は思う。

6　隣国に見られる倭国の空白

五世紀末から六世紀初に活躍した倭王武と、六世紀末から七世紀初に活躍した多利思北孤。前者は宋の冊封体制に生き、後者は自ら「天子」と名乗っている。その生き方の違いが名前の表現を変えさせたのだろうか。それとも、全く別の王統なのか。

宋書に名を残す倭王達の国は、隋書までの百年間にどうなったのだろうか。倭国では何があったのだろう。

三国史記の「新羅本紀」と「百済本紀」に気になる部分がある。

三国史記「新羅本紀」によると、五世紀に倭が半島に十四回も出兵している。

四〇二年　三月に倭人と通好して、奈勿王の子未斯欣を人質として倭に送った

四〇五年　倭兵が明活城を攻める

四〇七年　春三月倭人が東辺を侵し、夏六月にまた南辺を攻める

四一八年　高句麗と倭への人質が逃げ帰った

四三一年　倭兵が東の辺境を攻めてきて、明活城を包囲したが功なくして帰った

四四〇年　倭人が南の辺境に侵入。夏六月また東の辺境を攻める

四四四年　夏四月に倭人が金城を十日包囲して食料がつきて帰った
四五九年　夏四月に倭人が兵船百余隻を以って東辺を襲い、月城を囲んで進撃したが追撃してこれを破る
四六二年　夏五月倭人が活開城を襲い破り、一千名を捕らえて連れ去った
四六三年　倭人が歃良城（梁山）を攻めるも勝てずに去った
四七六年　倭人が東辺を攻める
四七七年　倭人が兵をあげて五道に侵入したが、何の功もなく帰った
四八二年　五月に倭人が辺境を攻める
四八六年　夏四月に倭人が辺境を攻める
五〇〇年　春三月倭人が長峯城を攻め落とした
（この後は長い空白となる）
六六五年　劉仁軌は新羅・百済・耽羅・倭人の四国の使者を連れ海へ出て西方へ帰り、会盟して泰山を祀った
六七〇年　十二月倭国が国号を日本と改める。自ら言うところでは、日の出る所に近いのでもって名とした

同じく三国史記「百済本紀」にある倭国関係記事の五世紀前後は、
三九七年　倭国と国交結び、王子の腆子を人質とする

四〇二年　倭国に使者を送り、大珠を求む
四〇三年　倭国の使者を手厚くねぎらう
四〇五年　腆支王即位
四〇九年　倭国の使者が夜明珠を送る　倭国の使者を熱く礼遇する
四一八年　倭国に白綿を送る
四二八年　倭国に使者を送る
（長い空白期間）
六〇七年　隋の使者が倭国に行くために百済の南路を通る
六五三年　倭国と国交を結ぶ
六六二年　白村江の戦い

五〇〇年から六〇八年までの間は、半島の国とは何事もなかったのだろうか。どちらも六世紀の倭国関連記述がない。偶然にしては、百年間の空白は大きすぎる。この間に、倭国では何があったのか。五〇二年（梁・武帝即位）武帝は倭王武に「征東大将軍」と爵号を進めているが、この後である。新羅に出兵を続けた後、新羅も入れて「六国諸軍事安東大将軍」を名乗った武は、どうなったのだろう。急に新羅・百済との関係が切れてしまっている。好太王碑文も三九九年・四〇〇年・四〇四年・四〇七年と倭人の侵出が書かれている。その倭国が、六世紀に突然半島から後退したのだろうか。

六世紀の百済では中国外交を活発にし、梁から「寧東大将軍」「綏東大将軍」と爵号を受け、聖明王が即位し、新羅と国交を結び、都を泗沘に遷し国号を「南扶餘」とする等、内外的に充実したかに見えた。が、高句麗の侵入に新羅からの援軍で撃退することもあったものの、新羅が百済北部に侵入したので聖明王自ら新羅攻撃に出て五五四年に敗死する。この後も、百済は陳・隋・唐へと朝貢を続けてなんとか新羅・高句麗の侵入攻撃を打開しようとするが、苦戦し続ける。百済は苦しい内情を幾度も唐の高宗に訴えた。しかし、唐は新羅の理を認めたのである。

六五三年、百済はやっと倭国と国交を結ぶのだが、六六〇年には唐・新羅連合軍により滅亡させられた。救援を頼むのが遅すぎたのだろうか。

「百済本紀」によると、百済と倭国間には、過去に同じような事が起こっている。その時は、国交を結んで救援が成功していた。

三九五年に、百済は広開土王と闘うが大敗した。その為であろうか、三九七年、倭国と国交を結び、王子の腆子を人質としている。この後、倭国に使者を送り大珠を求めたり、倭国の使者を手厚くねぎらったりした記述がある。

四〇五年、枕流王が死去し、末弟が弟を殺し王となったため、人質となっていた腆子王了が倭国の護衛により海中の島に待機の後、王となったのである。人質となっていた腆支王の即位を倭国が助けた。全く同じことを、白村江戦いの時も繰り返している。王子扶餘豊が人質として倭国に来ていた。そして、救援の将軍と兵隊を付けて百済に送り帰された。結果は百済の滅亡・救援軍の大敗であったが。人質を出すとは、そういうことだったらしい。

しかし、梁・陳・隋・唐へは朝貢し助けを求めたのに、百済は何故、倭国には何も言って来なかったのか。倭国の側に手助け出来ない状況があったのだろうか。たとえば、未曽有の天変地異、または、政治的事件が起こっていた……。

九州の政変・磐井の乱

考えられるのは、五二七年の「磐井の乱」である。が、日本書紀の「磐井の乱」は不思議である。磐井が新羅に対して貢物をだまし取っていたという。磐井は、まるで倭王のような態度である。だから、大和州へ移動した神武の王権が、出身地・九州の筑紫の王権を討ったのだろうか。

この内乱で、九州の倭国が大打撃を受けたのではないか。それで、隣国へ出兵する余力などなくなった。だから、百済は救援を頼めなかった。百済本紀と新羅本紀の倭国記事の空白は、そのことを言外に伝えているのではないか。

五世紀に高句麗と戦い続け、十四回も新羅に出兵していた倭が突然、半島経営から手を引いた理由は何か。倭王武の野心が、「征東大将軍」に徐爵されたことで満足したとは思えない。

こう考えていくと、筑紫君磐井が倭王だった可能性も出て来た。倭王武が継体に討たれた。博多湾岸に居た筑紫君葛子は、父の罪に連座する事を恐れて糟屋の屯倉を献上したのではなく、奪われたことになるのか。

書紀の「継体紀」に「百済本記」からの引用が載せられている。

「また聞けらく「日本の天皇と太子・皇子、倶に崩薨りますときけり」といふ」

継体帝の崩御年と「百済本記」の「天皇の死亡年」の記述が不整合だというのである。これがそのまま事実だとすると、「百済本記」の天皇・太子・皇子は「筑紫君磐井の一族」の本家の滅亡を伝えているのではないだろうか。

それでは、筑紫城に居た阿毎氏の一族とは何なのだろうか。阿毎多利思北弧は、天を以て兄となし、日を以て弟となし、夜明け前に結跏趺坐して、政を聴いた。夜が明けると理務を辞め、弟にゆだねたという。筑紫城に居たのは、確かに阿毎多利思北弧である。それなら、その宮殿は東を向いていたことだろう。彼らは「天子」と自ら称し、隋にも遣使していた。では、彼らが倭王を討った一族ということになるのだろうか。

そうすると、九州には倭王（筑紫君）につながる一族と阿毎氏につながる一族が居て、どちらも王統と主権を主張していたが、百済救済でぶつかったということだろうか。そうであれば、畿内の天智帝と通じていたのは阿毎氏であろう。なぜなら、天智帝の一族の和風諡号には「天《あめ》」が用いられているからである。または、縁もゆかりもない阿毎氏の皇統を継承したことを示すために、意図的に「天」を入れたのだろうか。

九州の政変「磐井の乱」は筑紫君磐井が討たれたのではなく「倭王が討たれた」、これが九州の墓制やラインが行き着いたところである。

7　倭国は二度滅亡した

王権の祭祀

弥生中期、九州には王権が継続していたようだ。歴代の王は、中国を宗主国とする冊封体制に組み込まれ、朝貢することで王の権威を保っていた。弥生の王は太陽の昇る山を拠り所とし、陽の沈む山を魂が天上に昇る山・再生を願う山として、祭祀をしていた。王が亡くなれば殯葬をし、王の魂が神となるのを見守った。次の王は、前王の霊力に守られ、子孫繁栄の為に墓制や墓の位置や葬送儀式にこだわった。王は自分の領地に祭祀場を作り、地域の山を御神体として祀った。山には国を守る霊力があると信じられていたのだろう。

弥生の中期以降、鉄や銅などの金属を手にした人々が出現した。彼らは生産力を高め、広い地域に覇権を確立した。大量の鉄を持った人々が列島のありようを変えていった。

やがて、九州の首長達は近隣の有力者と結びつき、祭られる神も増えて行った。その中で争いが生まれ、霊力を持った王が連合国の長として選ばれるようになった。大王と呼ばれたのだろうか。外交も活発になり、交易も盛んになり、国の体制が整うにつれて地域間の争いは苛烈を極めて行った。そのたびに、渡海するための海神や利権を争う戦神や農事の豊穣の神などの神々が、社会の要求により

飯盛山から見た脊振山

生まれたであろう。それぞれに勢力を伸ばそうと、離れた地域との結びつきができて、王権の分派が数多く生まれ、氏神も違い地域差も大きくなっていった。経済格差や利権の拡大は、古今を問わず争いの要因だったことだろう。邪馬台国と狗奴国の争いもそんな利害の対立から生まれたのだろうか。

邪馬台国が敗れた後に勢力を伸ばした狗奴国が、倭国と呼ばれたと思われる。

倭国王は過去の邪馬台国時代の神祭りを取り入れて、鏡や剣や鉄刀などを威信財とした。一貴山銚子塚古墳の被葬者のように過去の王権の祭祀ライン上に墓を造営する王もいた。海外に積極的に出て行った倭王は、中国の冊封体制に入り、盤石の王権を確立しようとした。

弥生時代には鉄を持たなかった近畿に、弥生時代末期になって最初に鉄を持ち込んだ人々がいた。鉄と一緒に持ち込まれた葬送文化と神々の祭祀に、先に定住していた人々は馴染んだろうか。技術の流入の速さは、人々の人量の移動を示している。

磐井の乱はヤマトの征西だったのか

六世紀、磐井は何の前触れもなく継体の軍に襲われている。筑紫君が国造に変わるのはこの乱後であり、九州に屯倉が入ってくるのもこの乱後である。

明らかな侵略だが、当然のことのように書紀には書かれてい

宮地嶽神社で受け継がれた筑紫舞。宮地嶽古墳は多くの王墓のラインと結びつく

る。侵略でないとしたら、祖先の土地を奪還するための「征西」だったのだろうか。狗奴国に敗れた邪馬台国の人々が東に逃れ、その末裔が熊襲を討つために征西したのであれば、この時、狗奴国が興した倭国は滅びたのである。

磐井が討れて葛子が命乞いをしたが、「日本の天皇・太子・皇子ともに死す」とあるので葛子も誅殺された可能性が高いが、この時、倭国はどうなったのだろうか。北部九州に広がっていた筑紫君一族の分家は残っただろうが、衰退は免れなかっただろう。生き残るために、新勢力と結びついていったと思われる。

次に北部九州で権力を握ったのは、阿毎氏である。国号は「倭」ではなく「俀」国である。阿毎氏が倭国を滅ぼしたので、前政権の「倭国」を名乗りたくなかったのだろうか。それを、隋が「俀国・ねじけたくに」と故意に呼んだのだろうか。日本書紀には「俀国」らしい国は出てこない。隋に国書を送った阿毎多利思北弧は実在したのに、日本の歴史書には多利思北弧はいないのだ。

新しい北部九州の勢力は、同じ列島内の勢力が屯倉を通して攻勢に出たことに巻き込まれた。外敵に備えるだけでなく、内なる敵にも軍備を整えなければならなくなった。倭国の都の周辺には、四王寺山城・宮地岳山城・雷山神籠石・高良山神籠石・女山神籠石など、戦いの為の山城が築かれていった。それぞれの山城には氏族の神が祭られ、神力を借りて都や王権を守ろうとした。神籠石の配置からして、新勢力の本拠地は筑紫平野の北側にあったことになる。

ヤマトの百済救援軍が王都を解体した

北部九州にやっと余力が出て来たころに、待っていたように百済が国交回復を望み、王子を人質として送ってきた。しかし、百済は滅亡し、忠臣が救援を要請してきた。阿毎氏を通じてヤマトの中大兄皇子（天智帝）に情報が入ったのだろうか。中大兄皇子は白村江敗戦を知った。

救援要請に九州の王権・倭王は船を作り、兵を集め、大挙して百済に向かい敗北した。そこへ、ヤマトの王権が「征西」したのである。日本書紀の記述どおりに一年遅れて。それは、百済救援軍の「必敗」を知った上での「征西」だった。九州の王都からの略奪と、亡命百済人の受け入れが目的だった。

九州の王権の出兵への制裁と敗戦の処理に、大和は征西した。もとより百済救援は二の次、九州に再度王権を復活させないための出兵だった。

斉明帝は朝倉の宮で、中大兄は長津宮でそれぞれの仕事をした。那の大津を長津と名を改めたのも、九州改造の一環に過ぎない。先に太宰府に入っていた蘇我日向も仕事をしたであろう。斉明帝の「死」は、百済出兵を回避するためのフィクションだったのではないか。

ヤマト王権は当初の計画通り、無傷で大和に引き返せた。斉明帝はたぶん崩じていなかったから中大兄の称制が引っ張られたのではないだろうか。または、孝徳天皇の皇后だった間人皇太后が皇位継

地元で「なきわかれ」と言い伝えられている石坂のカーブ

承の神器を預かっていたのか。斉明天皇と間人皇太后（中皇命）は天智天皇により陵墓の造営がなされている。

筑紫の王都には唐軍の都督府がおかれ、天智帝の大宰府は唐軍が引き上げた後に同じ場所に建造された。あるいは、唐軍の都督府の建物をそのまま利用した。

神祀りをしていた四王寺山城は太宰府の移転の為に、大野城に造り変えられ、基山の神も降ろされて筑紫神社に合祀された。塔原の寺は解体され、仏像も寺宝も持ち去られていた。「結跏趺坐」の姿に造られた釈迦三尊像は、阿毎多利思北孤その人に違いない。隋書に書かれた通りの姿で政を聞いていたのだろう。東西信仰の都の主要道路は、南北に造り変えられ、竈山（宝満山）の国生みの神も降ろされただろう。竈山が三笠山と名を変えられたのもこの時だったかも知れない。

それまでは「御笠堕風」の通り、畿内の勢力は誰も太宰府に近づくことさえできなかったのだ。

ここに、倭国は再び滅亡した。

滅亡後の倭国

百済への出兵と敗戦は倭国の責任であると、天智帝は熊津都督府の占領政府に対して主張したはずである。郭務悰にも会い、大和王権単一政権の確立をなしえた天智帝は、晴れて玉座に着いた。誰も意見をさしはさめなかった。政権交代の偉業を成し遂げたのである。六六二年から六七一年までのわずか十年間に、なされた改革は膨大だったことだろう。そして、大友皇子が皇太子になる勢いが見えて来た。それを阻止したのが「壬申の乱」であり、旧勢力（九州と東国）が大海人皇子に加担した。九州の王権の末裔たちは、大海人皇子の勝利を喜んだのだろう。彼らは積極的に畿内王権に結びつき始めたが、桓武天皇により再び九州勢力は切り捨てられた。

そして、「遠の朝廷」という筑紫城は捨てられ、大宰府の時代になった。神籠石式山城も放置され忘れられられ、筑紫には細々と氏神を祀る社が残されていた。しかし、それすら延喜式による醍醐帝の大きな変革の前に、天皇家に顧みられない神社は小さく凋んでいったことだろう。多くは言い伝えも忘れられ、守り手も変わり、祭神も変わった。しかし、倭国の筑紫王権の末裔は、わずかにその痕跡を残しながら今日に至っているはずである。土地に残された記憶、同時代に生きた名もない人の伝承、その断片に過去が伝えられているはずである。

その断片の一つが地理ではないかと思う。明治以来、町村合併で多くの地名が消えた。核家族化で家や地域の伝承が伝わらないまま消えつつある。故郷の山河に親しまなくなり、自然と共に生きた暮らしが失われつつある。そういう今だからこそ、故郷の山河に潜んでいる歴史を見つめ直したい。

一枚の地図から北部九州の古代史に入り込み、そこに王朝があったことに思いをはせ、その王朝を消したのは何かと追求してきたが、倭王権を葬り去ったのは「倭王権の分派である畿内王権だ」という結論まで辿りついた。畿内に栄えていた銅鐸文化を武力で踏みにじった倭王権の分派は、自らの故郷に軍事的な凱旋をしたことになる。

　ここに来て思い付いたことがある。

　菅原道真の作として伝えられている有名なあの和歌は、道真が都に残した梅を歌ったのではなく、筑紫王権の滅亡後に歌われた、筑紫の人々の思いだったのではないかと。天神と恐れられたのは道真ではなく、天神と化した筑紫の王室だったのではなかったか。道長と天神が重ねて考えられたから、一層たたりが恐ろしかったのではないか。宇多天皇に忠臣と信頼されていた心の清い道真が、それほど恐ろしく祟るだろうか。彼はひたすら許されることを望み、都府楼前の南館に謹慎していたのだ。道真の霊が筑紫の天神と一体となったと信じられたから、都の人々は荒ぶる神の報復が怖かったのではないだろうか。

太宰府天満宮本殿

　東風吹かば匂い起こせよ梅の花あるじなしとて春な忘れそ

あとがき

地名から古代史を考えるようになったのがいつからなのかはっきりしないが、平凡社の『日本歴史地名体系』が出たとき「奈良県の地名」「京都府の地名」の二冊を注文しているので、その頃には地名で歴史を考えようとしていたようだ。が、「福岡県の地名」「熊本県の地名」を注文していないのは、日本の歴史は近畿の地名で分かると思っていたからだろう。

ちょうど古代史がブームになり九州王朝関係の本も数冊読んだ頃、図書館で借りた奥野正男著『鉄の古代史』（全三巻）を読んで邪馬台国論争は解決していると思った。同時に、九州について何も知らないことに気がついた。それらが契機となって、過去と現在が同時に映し出されている地図を読むようになった。

九州は古代から近隣の国々と深い関係があった。そのことは遺跡や遺物や文献資料だけでなく、自然や伝承とないまぜになって地名にも残っている。地図を使うことで、古代の人々が考えたこと、その願い・祈り・畏れ・地域的なつながりなど、目には見えないもの、資料としては残りにくいものまで読むことができた。やがて、地図上の歴史ある山岳や寺社・地名の中に隠れていた歴史のゴーストが徐々に姿を現したのであるが、それは「倭国」の影だった。

ここで紹介したのは、私が地図上に見つけた北部九州の基本的な古代の祭祀ラインである。定規で引いたラインを使って古代史に踏み込むなど奇妙だが、地図上の点と点が結ばれた時の満足感と充実感は格別だった。

二〇〇六年に退職したあと、少し時間に余裕が出てきたので講座や講演会に通って歴史を学びなおす機会を得た。講座では歴史を学ぶ面白さを教えていただいた上に、先生方は私の質問に対して常に快く答えてくださった。こうして本という形になったのも、先生方のおかげといえる。

本の編集・制作では、不知火書房の米本氏と忘羊社の藤村氏にお世話になり、大変ありがたかった。心からお礼を申し上げたい。最後に、私の紆余曲折の思考の過程を綴ったようなこの本を読んでくださった読者に感謝したい。

二〇一四年六月

伊藤まさこ

伊藤まさこ（いとう　まさこ）
熊本県生まれ。ブログ『地図を楽しむ』の管理人（http://tizudesiru.exblog.jp/）。
元小学校教員。現在、家族および犬猫と暮らしている。趣味は山野草を育てること。太宰府地名研究会会員。

太宰府・宝満・沖ノ島　古代祭祀線と式内社配置の謎

2014年8月10日　初版第1刷発行ⓒ
定価はカバーに表示してあります
著　者　伊藤まさこ
発行者　米本慎一
発行所　不知火書房

〒810-0024　福岡市中央区桜坂3-12-78
電　話 092-781-6962
FAX 092-791-7161
郵便振替　01770-4-51797
制作　藤村興晴（忘羊社）
印刷・製本　モリモト印刷

落丁本・乱丁本はお取替えいたします　Printed in Japan

ISBN978-4-88345-029-9 C0021

好評既刊・近刊予告（本のご注文は書店か不知火書房まで）

「倭国」とは何か Ⅱ　古代史論文集
九州古代史の会編　2500円

悲劇の好字　金印「漢委奴国王」の読みと意味
黄 當時　2200円

魔境マットグロッソ　アマゾン・ラプラタ分水嶺
平島征也　2800円

神功皇后伝承を歩く（上）　福岡県の神社ガイドブック
綾杉るな　1800円

宮地嶽神社と筑紫磐井の末裔たち　巨大古墳と九州王朝の謎
綾杉るな　近刊

太古の湖「茂賀の浦」と「狗奴国」菊池
中原 英　近刊